BRAZILIAN PORTUGUESE
Student Activities Manual

PONTO DE ENCONTRO

PORTUGUESE AS A WORLD LANGUAGE

SECOND EDITION

Clémence M. C. Jouët-Pastré
Harvard University

Anna M. Klobucka
University of Massachusetts Dartmouth

Patrícia Isabel Sobral
Brown University

Maria Luci De Biaji Moreira
College of Charleston

Amélia P. Hutchinson
University of Georgia

PEARSON

Boston Columbus Indianapolis New York San Francisco Upper Saddle River
Amsterdam Cape Town Dubai London Madrid Milan Paris Montreal Toronto
Delhi Mexico City São Paulo Sydney Hong Kong Seoul Singapore Taipei Tokyo

Executive Acquisitions Editor: Rachel McCoy
Editorial Assistant: Lindsay Miglionica
Publishing Coordinator: Regina Rivera
Executive Marketing Manager: Kris Ellis-Levy
Marketing Assistant: Michele Marchese
Senior Managing Editor for Product Development: Mary Rottino
Associate Managing Editor: Janice Stangel
Production Project Manager: Manuel Echevarria
Project Manager: GEX Publishing Services
Executive Editor MyLanguageLabs: Bob Hemmer
Senior Media Editor: Samantha Alducin
Development Editor MyLanguageLabs: Bill Bliss
Senior Art Director: Maria Lange
Procurement Manager: Mary Fischer
Prepress and Manufacturing Buyer: Alan Fischer
Publisher: Phil Miller
Cover Image: Cosmo Condina/Robert Harding

This book was set in 10/12 Palatino by GEX Publishing Services, and was printed and bound by LSC Communications/Kendallville.

Printed in the United States of America

ISBN 10: 0-205-78346-5
ISBN 13: 978-0-205-78346-5

31 2022

Contents

Nome: ______________________ Data: ______________

Lição preliminar ◆ Primeiros passos

PRÁTICA

Apresentações (Textbook pp. 04–05)

P-1 Apresentações. How would you reply to the following statements or questions? Select the appropriate response in each case.

1. Eu me chamo Amélia Bastos. E você?
   a) Como você se chama?
   b) Muito prazer.
   c) Eu me chamo Laura Figueiredo.
2. Muito prazer.
   a) Como é seu nome?
   b) Igualmente.
   c) Rui Carvalho.
3. Como é seu nome?
   a) Maria José Cordeiro.
   b) Igualmente.
   c) O prazer é meu.
4. O senhor é Ivo Pontes?
   a) Muito prazer.
   b) Não. Meu nome é José Vieira
   c) Desculpe.

P-2 Mais apresentações. In everyday life, people may use the following expressions when meeting or introducing other people. Write what you would answer.

1. Muito prazer. ______________________
2. Raquel, este é meu amigo João. ______________________
3. Como você se chama? ______________________
4. Seu nome é Ana Maria? ______________________
5. Meu nome é Armanda Ramos. ______________________

Saudações, despedidas, expressões de cortesia (Textbook pp. 04–09)

P-3 Saudações. You see people at different times. Write what you would say to greet them, depending on the time.

MODELO: 11:00 a.m. *Bom dia.*

1. 9:00 a.m. ______________________
2. 3:00 p.m. ______________________
3. 10:30 a.m. ______________________

4. 12:30 p.m. ____________________

5. 10:00 p.m. ____________________

6. 7:00 p.m. (there's still daylight) ____________________

P-4 Como vai? Select the best choice to complete each question.

1. Bom dia, Sr. Martins. Como [vai você / vai o senhor] ?
2. Oi, Cristina! Como [vai a senhora / vai você] ?
3. Boa tarde, Dona Teresa. Como [vai a senhora / vai você] ?
4. Boa noite, Roberto. Como [vai o senhor / vai você] ?

P-5 Oi! You are meeting a close friend. To show the conversation that takes place, use the expressions below to fill in column B.

Tchau. Sinto muito. Até amanhã. Oi! Muito bem, e você?!

A	B
Oi! Como vai?	1. ______________
Mal, muito mal.	2. ______________
Obrigado. / Obrigada.	3. ______________
Tchau.	4. ______________

P-6 Situações. What Portuguese expression would you use in the following situations? Select the appropriate expression for each situation.

1. You spilled a cup of coffee on your friend.
   a. Desculpe b. De nada c. Por favor
2. You want your friend to let you copy her class notes.
   a. Desculpe b. De nada c. Por favor
3. Your mother thanks you for helping her.
   a. Desculpe b. De nada c. Por favor
4. You want your father to lend you money.
   a. Desculpe b. De nada c. Por favor
5. You greeted a stranger, thinking he was someone you knew.
   a. Desculpe b. De nada c. Por favor

Nome: ____ Data: ______________________

P-7 Mais situações. Select the Portuguese expressions you would use in the following contexts.

1. Someone opens the door for you.
   Obrigada/o
   Por favor
2. Your classmate thanks you for helping her with her homework.
   Por favor
   De nada
3. You want to get someone's attention.
   Com licença
   Sinto muito
4. Your friend received a D on an exam.
   Sinto muito
   Desculpe
5. You sneezed while talking to your professor.
   Por favor
   Desculpe
6. You ask a friend for a favor.
   Por favor
   Obrigada/o

Identificação e descrição de pessoas (Textbook pp. 11–12)

P-8 Cognatos. Associate each cognate with his opposite in Portuguese.

1. otimista __________ a. materialista
2. parcial __________ b. tradicional
3. idealista __________ c. introvertido/a
4. moderno/a __________ d. calmo/a
5. extrovertido/a __________ e. imparcial
6. nervoso/a __________ f. pessimista

P-9 Não, não. You have a very opinionated friend who volunteers his opinions about you and the friends you both have in common. Disagree with him.

MODELO: Você é irresponsável.
Não, não sou irresponsável. Sou (muito) responsável.

1. Você é impaciente. ______________________________
2. Regina é incompetente. ______________________________
3. Você é pessimista. ______________________________
4. Sílvia é tímida. ______________________________

P-10 Descrições. Write a description of each person using as many of the following cognates as possible. Use the correct form of the verb **ser**.

materialista	extrovertido	inteligente	eficiente	generoso	sério
sentimental	dinâmico	elegante	otimista	competente	impaciente
pessimista	religioso	romântico	moderno	idealista	calmo

1. Meu melhor amigo/Minha melhor amiga ____________________
   ____
2. Eu ____________________
3. O presidente dos Estados Unidos ____________________
4. Meu ator preferido/Minha atriz prefer id a ____________________
   ____
5. O meu professor/A minha professora ____________________
6. Meu companheiro/Minha companheira de quarto ____________________
   ____

P-11 Vamos escrever! Give the names of two of your friends (one male and one female), and then write a brief description of each of them. What are they like? What are they not like? Describe them in as much detail as you can.

1. Meu amigo se chama ____________________
   ____
   ____
   ____
2. Minha amiga se chama ____________________
   ____
   ____
   ____

O que há na sala de aula? (Textbook pp. 13–14)

P-12 Pessoas e coisas. Indicate which two classroom objects you associate with each person, place, or thing:

1. O/A professor/a ________	a. lápis, caneta
2. O/A aluno/a ________	b. relógio, televisão
3. A sala de aula ________	c. giz, apagador
4. O quadro ________	d. mesa, livro
5. O caderno ________	e. mochila, cadeira

Nome: ______________________________ Data: ____________________

Onde é que está? (Textbook pp. 14–15)

P-13 O diretor. You are directing a play and you want the actors to be in certain places on the stage. You have made a drawing to guide them. Write down the location of each actor or actress as shown on the drawing.

MODELO: Alice __________ da porta.
Alice *está em frente* da porta.

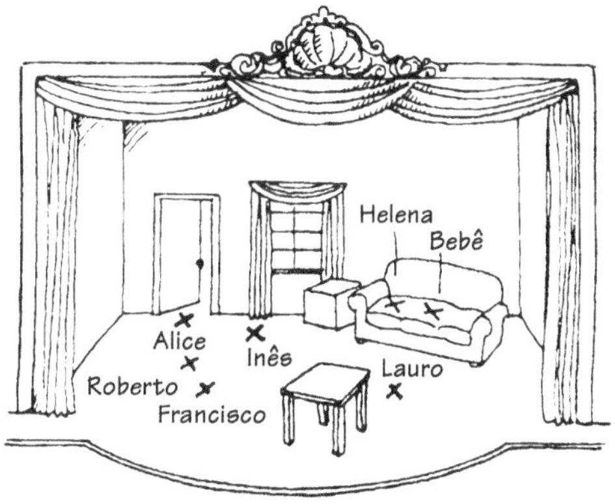

1. Roberto ______________________________ de Francisco.
2. Inês ______________________________ da cortina da janela.
3. O bebê ______________________________ de Helena.
4. Lauro ______________________________ a mesa e o sofá.
5. Roberto ______________________________ de Alice.
6. A mesa ______________________________ Francisco e Lauro.

P-14 Na sala de aula. Give the locations of the following objects and person in your Portuguese class using the phrases below.

em frente do/da	ao lado do/da	debaixo do/da
em cima do/da	atrás do/da	entre

MODELO: O quadro *O quadro está ao lado da porta.*

1. O/A professor/a ______________________________.
2. O DVD ______________________________.
3. A janela ______________________________.
4. A minha mochila ______________________________.
5. O relógio ______________________________.

Os números 0-99 (Textbook pp. 16–17)

P-15 Papelaria. The bookstore manager is ordering supplies for the semester. Complete the list by writing out the numbers in parentheses.

1. (65) canetas ______________________________.
2. (90) cadernos ______________________________.

3. (74) CDs virgens ______________________________.
4. (16) dicionários ______________________________.
5. (28) calculadoras ______________________________.

P-16 Albergue da Juventude do Rio de Janeiro. Read the following information on the Youth Hostel in Rio and give the information requested below. Spell out the numbers.

> **Albergue da Juventude do Rio de Janeiro**
> R. Vinícius de Moraes, 174
> Ipanema
> Rio de Janeiro - RJ
> Tel: + 55 (21) 3813-2726
> Fax: + 55 (21) 3813-3320
>
> **Capacidade**
> • 20 quartos duplos com banheiro
> • 20 quartos simples com banheiro
>
> **Tabela de Preços**
> (Todas as taxas estão incluídas.)
>
> **Baixa Temporada**
> • Q. Duplo: R$80,00
> • Q. Simples: R$70,00
>
> **Alta Temporada**
> • Q. Duplo: R$120,00
> • Q. Simples: R$110,00
>
> Baixa temporada: março a junho, setembro a dezembro
> Alta temporada: janeiro, fevereiro e julho

1. Número de telefone: ______________________________
2. Número total de quartos: ______________________________
3. Número de quartos simples: ______________________________
4. Taxa extra a pagar: ______________________________
5. Custo total por pessoa em quarto duplo: ______________________________
   - na baixa temporada ______________________________
   - na alta temporada ______________________________

P-17 Perguntas pessoais. Answer the following questions.

1. Qual é o seu endereço? ______________________________
2. Qual é o número de seu telefone? ______________________________
3. Qual é o endereço de seu dormitório? ______________________________
4. Qual é o endereço de seu melhor amigo/de sua melhor amiga? ______________________________
______________________________.
5. Qual é o número de telefone de seu melhor amigo/de sua melhor amiga? ______________________________
______________________________.

Nome: ______________________________ Data: ____________________

Os meses do ano e os dias da semana (Textbook pp. 17–18)

P-18 Dias da semana. Associate each statement on the left with the appropriate day of the week.

1. The first day of the weekend. ________ segunda-feira
2. The first day of the week on Brazilian calendars. ________ domingo
3. The last day of the week on Brazilian calendars. ________ quinta-feira
4. Thanksgiving is celebrated on this day. ________ sexta-feira
5. When the 13th falls on this day, some consider it bad luck. ________ sábado

P-19 Perguntas. Answer the following questions.

1. Que dia é hoje? ______________________________
2. Que dia é amanhã? ______________________________
3. Em que dias há aula de Português? ______________________________
4. Qual é a data de hoje? ______________________________
5. Quantos dias há em abril? ______________________________

P-20 Os meses. In which months do these holidays take place in the United States? Associate each holiday with a month.

1. Dia do Trabalho ________ julho
2. Dia de Ano Novo ________ setembro
3. Dia de São Patrício ________ dezembro
4. Dia de Ação de Graças ________ fevereiro
5. Dia da Independência ________ janeiro
6. Dia de Natal ________ março
7. Dia dos Presidentes. ________ novembro

P-21 Datas dos exames e das tarefas. There is a new student in the class and she is asking you for the dates to turn in her class work, as well as the dates of the exams. Write out the dates as in the model.

MODELO: 12/10: O exame parcial é no dia *doze de outubro*.

1. 29/8: O teste de vocabulário é no dia ______________________________.
2. 18/9: A composição em sala de aula é no dia ______________________________.
3. 23/10: A apresentação sobre o Brasil é no dia ______________________________.
4. 15/11: O teste oral é no dia ______________________________.
5. 6/12: O exame final é no dia ______________________________.

As horas (Textbook pp. 18–20)

P-22 Que horas são? Your coworker is eager to go home and is constantly checking (and telling everyone) what time it is. Select the correct time for each clock's face corresponding to each of the times she tells.

MODELO: São onze e meia.

1.

2.

3.

4.

5.

1. É uma e vinte. ___________
2. São nove e meia. ___________
3. São cinco em ponto! ___________
4. São dez para as quatro. ___________
5. São quinze para as onze. ___________

a. 9:30
b. 10:45
c. 1:20
d. 3:50
e. 5:00

P-23 As horas. Associate the indicated times in Portuguese.

MODELO: 3:10 p.m. *São três e dez da tarde.*

1. 7:30 a.m. ___________
2. 2:50 p.m. ___________
3. 5:25 a.m. ___________
4. 9:15 p.m. ___________
5. 1:20 p.m. ___________
6. 12:00 a.m. ___________

a) São nove e quinze da noite.
b) São cinco e vinte e cinco da manhã.
c) É uma e vinte da tarde.
d) É meia-noite (em ponto).
e) São dez para as três (*or* duas e cinquenta) da tarde.
f) São sete e meia da manhã.

Nome: ______________________________ Data: ____________________

P-24 Um convite. You have received this invitation to your Brazilian friend Silvana's wedding. Indicate if the information below is **verdadeira** (V) or **falsa** (F) according to the invitation.

Mariano Adão Figueiredo | *Adalberto Pereira Simões*
Lucinda Borges Figueiredo | *Regina Medeiros Simões*

Convidam para a cerimônia religiosa
do casamento dos seus filhos

Silvana Borges Figueiredo e Roberto Medeiros Simões

a realizar-se sábado, dia 7 de maio de 2012, às
15:00 horas, na Igreja Nossa Senhora
de Fátima, Rua Miguel das Cruzes, 234, Recife

1. O casamento vai ser na sexta-feira. V F
2. O dia marcado é 7 de maio de 2012. V F
3. O casamento será às 16 horas. V F
4. A cerimônia será na Igreja Nossa Senhora da Aparecida, no Recife. V F
5. O endereço da igreja é Rua Miguel das Cruzes, 234. V F

P-25 Inscrição. You are a foreign student planning to take some classes at the **Universidade Federal da Bahia** in Brazil. Fill out the following application form for enrollment in classes.

Cursos de Língua Portuguesa e Cultura Brasileira

1. Nome completo: ______________________________
2. Data de nascimento: ______________________________
3. Sexo (masculino/ feminino): ______________________________
4. Número de passaporte: ______________________________
5. Endereço: ______________________________
6. Cidade: ______________________________
7. País: ______________________________
8. Telefone: ______________________________
9. E-mail: ______________________________
10. Informe os Cursos de Língua Portuguesa desejados: 4 semanas: julho, janeiro ou fevereiro; ou 14 semanas: agosto-novembro ou março e junho: ______________________________

11. Da lista abaixo, informe os cursos de Estudos Brasileiros:

Sociedade Brasileira Contemporânea (agosto-novembro)	________
História da Arte Brasileira (março-junho)	________
Literatura e Cultura Afro-Brasileira (agosto-novembro)	________
Literatura Brasileira (março-junho)	________
Literaturas e Culturas Africanas (agosto-novembro)	________
História do Brasil (março-junho)	________

12. Data: ____________________ 13. Assinatura: ____________________

LABORATÓRIO

Apresentações

P-26 Apresentações. First, listen to the introductions and select the appropriate alternative whether the speakers are addressing each other formally or informally.

1. FORMAL INFORMAL
2. FORMAL INFORMAL
3. FORMAL INFORMAL

P-27 Muito prazer. You are meeting two classmates for the first time; respond to each appropriately.

1. ...
2. ...
3. ...
4. ...

Saudações, despedidas, expressões de cortesia (Textbook pp. 06–09)

P-28 Saudações. Listen as several people greet each other. First repeat each greeting, then select the approximate time when it took place.

1.
   a) 6:00 a.m. – 11:00 a.m. b) 1:00 p.m. – 7:00 p.m. c) 8:00 p.m. – 2:00 a.m.
2.
   a) 6:00 a.m. – 11:00 a.m. b) 1:00 p.m. – 7:00 p.m. c) 8:00 p.m. – 2:00 a.m.
3.
   a) 6:00 a.m. – 11:00 a.m. b) 1:00 p.m. – 7:00 p.m. c) 8:00 p.m. – 2:00 a.m.
4.
   a) 6:00 a.m. – 11:00 a.m. b) 1:00 p.m. – 7:00 p.m. c) 8:00 p.m. – 2:00 a.m.
5.
   a) 6:00 a.m. – 11:00 a.m. b) 1:00 p.m. – 7:00 p.m. c) 8:00 p.m. – 2:00 a.m.

P-29 Você ou o/a senhor/a? Listen to the conversations and then indicate whether the speakers are addressing each other formally (by **o senhor** or **a senhora**) or informally (by **você**).

1. Diálogo 1:
   você o/a senhor/a
2. Diálogo 2:
   você o/a senhor/a
3. Diálogo 3:
   você o/a senhor/a

P-30 Bem ou mal? Listen to two short conversations and then select the appropriate alternative to indicate how each speaker is feeling.

CONVERSA 1

1. Dona Matilde	BEM	MAL
2. Seu Vasco	BEM	MAL

CONVERSA 2

3. Sônia	BEM	MAL
4. Rui	BEM	MAL

P-31 Cortesia. You will hear several expressions in Portuguese. Look at the drawings and write the numbers corresponding to the appropriate statement.

Expression 1 Expression 2
Expression 3 Expression 4

1. ____________________

2. ____________________

3. ____________________

4. ____________________

P-32 Mais expressões. You are planning a trip to Brazil and you want to learn expressions for saying goodbye as well as some polite expressions. Before listening to the recording, read the situations below to familiarize yourself with them. Then, listen and repeat each expression, and write it next to the appropriate situation.

1. You say goodbye to someone you will see tomorrow. ____________________
2. You are saying goodbye to a young friend; you don't know when you'll meet again. ____________________
3. You want to ask for a favor. ____________________
4. You respond to someone who has just thanked you. ____________________
5. You say goodbye to someone you will meet later today. ____________________

Identificação e descrição de pessoas (Textbook pp. 11–13)

P-33 Sim ou não? Listen to Laura and Tomás, two good friends who are talking in the campus lounge, and to the statements that follow their conversation. Indicate whether each statement is true or false by selecting **sim** or **não**. Do not worry if you don't understand every word.

1. SIM NÃO
2. SIM NÃO
3. SIM NÃO
4. SIM NÃO

P-34 Como são? Professor Marques is describing some students. Listen and fill in each blank with the correct word.

A. João Gomes é dinâmico e __________ (1).

B. Raquel Sousa é __________ (2) e __________ (3).

C. Zé Soares é __________ (4) e sentimental.

D. Manuel Pina é __________ (5) e __________ (6).

E. Susana Freire é __________ (7) e __________ (8).

P-35 Ditado. Listen carefully to a brief comparison of two friends. The first time, just listen. The second time, write the missing words in the blanks.

__________ (1) Gina Morais. Sou __________ (2) e __________ (3).

Minha __________ (4) é diferente. Ela é introvertida e __________ (5).

P-36 O mundo lusófono. The speaker will spell out the names of several important cities in the Portuguese-speaking world. Write them in the spaces provided.

1. ____ ____ ____ ____ ____ ____ ____ ____
2. ____ ____ ____ ____ ____ ____ ____ ____
3. ____ ____ ____ ____ ____ ____ ____ ____
4. ____ ____ ____ ____ ____ ____ ____ ____
5. ____ ____ ____ ____ ____ ____ ____ ____
6. ____ ____ ____ ____ ____ ____ ____ ____

Nome: ______________________ Data: ______________

Pronúncia

Sílabas tônicas e acentos

Stress and stressed syllables are very important in Brazilian Portuguese, because they can change quite radically the sound that is attributed to the vowels, especially **e** and **o**.

In most languages, when we pronounce a word, we do it in little segments, unless it is so short that it has only one segment, as in the English word *think*. Each segment we pronounce is a syllable. The word *banana*, on the other hand, has three syllables, *ba-na-na*, just like in Portuguese.

When you pronounce the word banana in English, the second syllable is stronger or louder than the other two. That is the stressed syllable. The same applies to the word **banana** when pronounced in Portuguese. In fact, most English words have the stress on the penultimate syllable, the one before last. The same is true in Portuguese.

According to their position in the word, vowels can be stressed or unstressed. In Portuguese, stressed vowels are usually in the penultimate syllable. If the stressed syllable is either the antepenultimate (two before last) or the last, then the stress is often indicate by means of an accent over the vowel.

There are combinations of letters/sounds that always form a stressed syllable at the end of the word, such as the combination of a vowel and the letter **l**, **r** or **z**. Listen to the words below and repeat them after the speaker.

pap**el** Bras**il** praz**er** Portug**al** rap**az** fel**iz**

Now compare the sound of the words you just heard with the following:

ol**á** a**má**vel **fá**cil vo**cê** portu**guês** di**fí**cil

In each word in this second group, one of the two general rules stated above does not hold: **olá**, **você** and **português** are not stressed on the penultimate syllable; **amável**, **fácil** and **difícil** are not stressed on the last syllable, even though they end in a vowel followed by the letter **l**. Therefore, the written accent tells the reader how to pronounce these words.

Keep this explanation in mind when you study the next section on vowels, **vogais**. It will help you to know intuitively how to pronounce each of the examples.

As vogais

Listen carefully to the explanation of how vowels are pronounced in Brazilian Portuguese. Repeat each of the words after the speaker when asked to do so.

Portuguese has five oral vowels and five nasal vowels. The sound of oral vowels represented in writing by the letters **e** and **o** varies depending on whether they are open, closed, or unstressed. Note that an acute accent (**acento agudo**) over a vowel means that it is open (as in **lógico**) and the circumflex accent (**acento circunflexo**) means that it is closed (as in **você**). Note also that unstressed vowels are often in the last syllable.

The vowels represented by letters **a**, **i** and **u** are always pronounced the same, which is also true of nasal vowels. In this section, you will concentrate on the practice of oral vowels.

a

The Brazilian Portuguese **a** is pronounced as the English **a** in *father* whether it is stressed or unstressed. Listen carefully and then repeat. Imitate the Portuguese pronunciation as closely as possible.

stressed **a:**	carteira	está	obrigado	tarde	lado
unstressed **a:**	senhor**a**	ótim**a**	licenç**a**	séri**a**	tímid**a**

e

The pronunciation of the Brazilian Portuguese **e** depends on whether it is open, closed, or unstressed. Note also that the conjunction **e** (*and*) and any unstressed **e** at the end of a word are pronounced like **i. Repita as seguintes palavras.** (*Repeat the following words.*)

open **e**:	sério	Manuela	é	atlético	colega
closed **e**:	prazer	professor	você	senhor	generoso
unstressed **e**:	nome	hoje	nove	e	telefone

i

The pronunciation of the Brazilian Portuguese **i** is similar to the pronunciation of the English *i* in *machine*, but shorter. **Repita as seguintes palavras.**

lixo   amiga   Rita   livro   idealista

o

The pronunciation of the Portuguese **o** depends on whether it is open, closed, or unstressed. The unstressed **o** is pronounced as **u. Repita as seguintes palavras.**

open **o**:	relógio	ótimo	logo	horas	resposta
closed **o**:	colega	como	todo	senhor	dona
unstressed **o**:	Paulo	muito	por	calmo	menos

u

The pronunciation of the Brazilian Portuguese **u** is similar to the pronunciation of the English *u* in *tuna*, but shorter. **Repita as seguintes palavras.**

popular   desculpe   Duarte   Luísa   tu   uma

Nome: ______________________________ Data: ____________________

O que há na sala de aula? (Textbook pp. 13–14)

P-37 Identificação. It's the first day of class and you are trying to identify objects and persons around you. Listen to the recording, look for the object or person in the picture, and write the letter corresponding to each one in the space provided.

MODELO: You hear: um quadro

You write: _a_

1. ______________________________
2. ______________________________
3. ______________________________
4. ______________________________
5. ______________________________
6. ______________________________
7. ______________________________
8. ______________________________
9. ______________________________
10. ______________________________
11. ______________________________

Onde é que está? (Textbook pp. 14–15)

P-38 O que é isto? Listen to the questions for each of the pictures in your workbook. Answer by identifying the object.

MODELO: 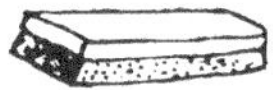

O que é isto?

É um apagador.

1. .... 2. .... 3. .... 4. .... 5. .... 6. ....

P-39 O que está... ou quem está? Your instructor is asking questions about the location of several people and objects. Look at the drawing and answer each question.

MODELO: O que está ao lado do quadro?

A porta.

1. ...
2. ...
3. ...
4. ...
5. ...
6. ...
7. ...

Nome: ______________________________ Data: ____________________

P-40 Onde está? Look at the drawing again. Your instructor is asking you to locate persons and objects in the room. Answer each question as specifically as possible. Your answer may vary from the one provided as long as you give the correct location.

MODELO: Onde está o quadro?
Está atrás da professora.
(*Está ao lado da porta* would also be correct.)

1. …
2. …
3. …
4. …
5. …

Pronúncia

As vogais nasais

The nasal vowels are sounds that correspond to the five oral vowels, but with some added nasal resonance. A vowel is nasal if a **tilde** (~) is written above it or if it is followed by **–m** or **–n** within the same syllable. The common word **muito** has a unique pronunciation because the **i** is pronounced as a nasal vowel. **Repita as seguintes palavras e expressões.**

não//	Armando//	amanhã//	importante//	ambicioso//	televisão//	João//
bem//	muito bem//	também//	lamento//	licença//	entre//	
sim//	impulsivo//	muito//	introvertido//			
bom//	muito bom//	um engenheiro muito bom//				

Os números 0-99 (Textbook pp. 16–17)

P-41 Os números. Repeat the numbers after the speaker.

P-42 Bingo. Your Portuguese Club is playing bingo. Below, select each number you hear.

1.	2.	3.	4.	5.
B5	I16	N31	G48	O65
B8	I18	N34	G50	O67
B10	I21	N42	G55	O68
B13	I22	N45	G56	O70
B15	I30		G60	O75

P-43 Problemas de matemática. You are helping your little cousin practice addition. Listen to each math problem, write the problem and the correct answer, and then repeat the problem, according to the model.

MODELO: You see: __________ + __________ =

You hear: Dois mais dois

You write: 2 + 2 = 4

You say: *Dois mais dois são quatro.*

1. __________ + __________ = __________
2. __________ + __________ = __________
3. __________ + __________ = __________
4. __________ + __________ = __________
5. __________ + __________ = __________
6. __________ + __________ = __________
7. __________ + __________ = __________
8. __________ + __________ = __________

P-44 Urgente. You are a telephone information operator in Brazil and receive the following requests for phone numbers. Answer each call by giving the correct number.

MODELO: Por favor, o número do Corpo de Bombeiros. (*fire department*)

Corpo de Bombeiros 21 342 22 23

dois-um, três-quatro-dois, vinte e dois, vinte e três

1. Aeroporto de Campinas — 19 841 35 11
2. Hospital Miguel Couto — 21 780 53 33
3. Embratel — 21 355 44 20
4. Delegacia de Polícia de Pinheiros — 11 765 42 42

Os meses do ano e os dias da semana

P-45 Um diálogo. João Gomes and Raquel Silveira are studying to be teachers of Portuguese. They are rehearsing a dialogue they designed to practice the vocabulary in this section with their students. Raquel plays the role of a little girl who asks a lot of questions and João is her father. Listen to the following conversation and then associate the question with the answer. Don't worry if you don't understand every word.

PERGUNTAS	RESPOSTAS
1. Quantos dias tem uma semana?__________	a) Tem vinte e quatro (horas).
2. E quantas horas tem um dia?__________	b) Tem vinte e oito, vinte e nove, trinta ou trinta e um dias. Depende do mês.
3. Quantos dias tem um mês?__________	c) Tem sete (dias).

P-46 Que dia da semana? Look at the calendar. You will hear questions asking on what days of the week certain dates fall. Answer each question by naming the appropriate day.

MODELO: Que dia da semana é o dia 17?

É sexta-feira.

MAIO						
2ª.	3ª.	4ª.	5ª.	6ª.	SÁB.	DOM.
		1	2	3	4	5
6	7	8	9	10	11	12
13	14	15	16	17	18	19
20	21	22	23	24	25	26
27	28	29	30	31		

Nome: ______________________________ Data: ____________________

1. …
2. …
3. …
4. …
5. …
6. …
7. …

As horas (Textbook pp. 18–21)

P-47 Que horas são? You will hear a time for each of the clocks drawn below. If the time you hear corresponds to the time shown on the clock, select **sim.** If it doesn't correspond, select **não**.

1. Clock 1: Sim Não
2. Clock 2: Sim Não
3. Clock 3: Sim Não
4. Clock 4: Sim Não
5. Clock 5: Sim Não

P-48 O horário dos ônibus. You will hear a bus station employee announcing the arrival time of buses from several cities in Brazil. Select the correct time of each bus' arrival. Don't worry if you don't understand everything you hear.

MODELO: You hear: O ônibus de Sorocaba chega às onze e meia.
You select: *11:30*

1. __________ a) 2:00
2. __________ b) 3:50
3. __________ c) 7:20
4. __________ d) 5.30
5. __________ e) 9:15

P-49 A que horas é a aula? Look at the class schedule below and answer each question by saying at what time each class meets.

MODELO: A que horas é a aula de Biologia?
Às oito.

AULA	HORAS
Biologia	8:00
Matemática	9:30
Português	11:15
Economia	1:45
Sociologia	3:20
Fotografia	4:50

1. ...
2. ...
3. ...
4. ...
5. ...

Expressões úteis na sala de aula (Textbook pp. 22–23)

P-50 Na aula. You will hear several useful expressions that are frequently said in class. In the space provided, write the number corresponding to the expression illustrated by each drawing.

1. ___________
2. ___________
3. ___________
4. ___________

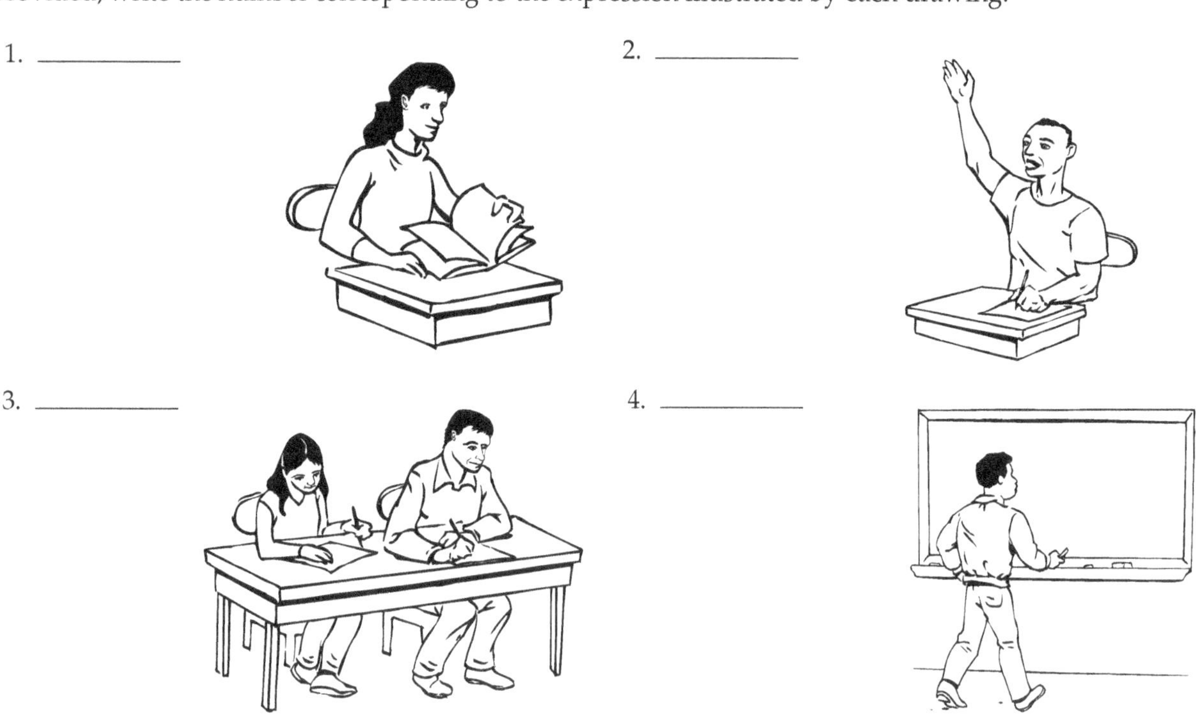

Nome: ______________________________ Data: ____________________

Pronúncia

Os sons do "d" e do "t"

The Brazilian Portuguese **d** followed by a consonant or by an **a, e, o** or **u** sound is pronounced almost like an English **d** but with the tip of the tongue touching the back of the front teeth. **Repita as seguintes palavras.**

obrigada// quadro// endereço// computador// cadeira// duas//

The Brazilian Portuguese **d** followed by an **i** sound is typically pronounced as the English *j* in words such as *judge* and *jeans*. Keep in mind that this explanation refers to sounds, not to letters, and that the letter **e** can also represent an **i** sound. **Repita as seguintes palavras.**

dia// tarde// dinâmico// onde// tradicional// vídeo//

The Brazilian Portuguese **t** followed by a consonant or by an **a, e, o** or **u** sound is pronounced almost like an English **t** but with the tip of the tongue touching the back of the front teeth. **Repita as seguintes palavras.**

apresentações// televisão// muito// tudo// até// extrovertido//

The Brazilian Portuguese **t** followed by an **i** sound is typically pronounced as the English *ch* in words such as *cheese* and *cheer*. Keep in mind that this explanation refers to sounds, not to letters, and that the letter **e** can also represent an **i** sound. **Repita as seguintes palavras.**

noite// vinte// notícias// futebol// íntima// sentimental//

VÍDEO

P-51 Apresentações. In the opening section of this video, you will be introduced to thirteen Brazilians who live in Rio de Janeiro and whom you will see time and again throughout the program. Watch and listen to the speakers as they introduce themselves; then match their names with the information you have heard.

1. Mariana ________	a. 21 anos
2. Carlos ________	b. gaúcha
3. Dona Raimunda ________	c. PUC
4. Chupeta ________	d. Niterói
5. Mônica ________	e. 17 anos
6. Daniel ________	f. Ceará
7. Adriana ________	g. 51 anos
8. Rogério ________	h. Copacabana
9. Juliana ________	i. 26 anos
10. Dona Sônia ________	j. Olaria
11. Sandra ________	k. ator
12. Caio ________	l. apelido
13. Manuela ________	m. UFRG (UFRJ)

P-52 Descrições. Now choose three of the speakers you have just watched. Listen again to their introductions and write down the following information about them. Depending on your instructor's guidelines, you should use either English or Portuguese in the first section. If writing in Portuguese, spell out the numbers. In the second section, try to give answers in Portuguese using some of the cognates you have learned in **Lição preliminar** to describe the speakers and justify your choice.

A. Names, ages, professions or occupations, and any other distinguishing information you were able to understand, such as place of birth, where they live, etc.

1. ____

2. ____

3. ____

B. Why did you choose these three people? What was it about them that interested you? State two reasons for each person.

4. ____

5. ____

6. ____

Nome: ____________________ Data: ____________________

Lição 1 ◆ A universidade

Prática

À PRIMEIRA VISTA (Textbook pp. 30–36)

Os estudantes e os cursos

1-1 Os cursos de Paula, Cindy, Roberto e Mário. What is the course that the following students are required to take, according to their field of study (requirement of their major).

1. Paula estuda Administração de Empresas (*business administration*). Curso: __________

Filosofia	Química	Português	Psicologia
Economia	Geografia	História	Trigonometria

2. Cindy Hall estuda Língua e Cultura Brasileira na Universidade de São Paulo. Curso: __________

Álgebra	História	Economia	Psicologia
Biologia	Literatura	Geometria	Geografia

3. Roberto de Oliveira estuda Ciências Sociais. Curso: __________

Informática	Física	Química	Biologia
Contabilidade	Sociologia	Espanhol	Geometria

4. Mário Portas estuda Medicina. Curso: __________

Português	História	Cálculo	Contabilidade
Anatomia	Jornalismo	Geografia	Geologia

1-2 Como são as aulas? Describe the following courses, using one of these adjectives:

excelente, popular, fácil, difícil, interessante, chato/a

MODELO: Contabilidade *A aula de Contabilidade é difícil.*

1. Biologia ____________________
2. Literatura ____________________
3. Informática ____________________
4. Cálculo ____________________
5. Português ____________________
6. História ____________________

1-3 Na universidade precisamos de... Select the item that best completes each statement.

1. Há um gravador na minha aula de...
   a) Matemática
   b) Português
   c) Economia
2. Compro um livro na...
   a) biblioteca
   b) aula
   c) livraria
3. André consulta... na aula de Geografia.
   a) mapas
   b) dicionários
   c) calculadoras
4. Jenny e Carlos escutam CDs em português...
   a) no laboratório de línguas
   b) no ginásio
   c) no restaurante da faculdade
5. Nas aulas de Informática há...
   a) gravadores
   b) computadores
   c) telefones
6. Compro uma calculadora para a aula de...
   a) História da Arte
   b) Álgebra
   c) Português

1-4 Atividades. Where would these activities take place? Associate the activity with the appropriate place. Do not repeat the place.

1. ______________ almoçar com os colegas
2. ______________ encontrar a professora
3. ______________ comprar livros e dicionários
4. ______________ tomar café
5. ______________ descansar
6. ______________ praticar português
7. ______________ atender os clientes

a. no laboratório de línguas
b. no restaurante da faculdade
c. no escritório
d. na livraria
e. no café
f. no sofá
g. na sala de aula

1-5 O primeiro dia de aula. Today is Cristina's first day of school. Fill in the blanks with the appropriate words in the list.

Português	dinâmico
universidade	Matemática
comprar	falam
caderno	escuta

Hoje é o primeiro dia de aula da Cristina. Ela chega à (1) ______________ às oito e meia porque a aula de (2) ______________ é às nove. O professor é simpático e (3) ______________ . Na aula, os alunos estudam um mapa do Brasil e (4) ______________ em português. Às onze e meia a Cristina tem aula de (5) ______________. Para esta aula ela precisa (6) ______________ uma calculadora e um (7) ______________ na livraria. Depois ela vai ao laboratório de línguas e (8) ______________ CDs com exercícios de pronúncia em português.

Nome: ______________________________ Data: ____________________

ESTRUTURAS

Síntese gramatical

1. **Subject pronouns**

SINGULAR		PLURAL	
eu	*I*	**nós**	*we*
você	*you*	**vocês**	*you (plural of tu/você)*
o senhor	*you (formal/male)*	**os senhores**	*you (formal/male or mixed)*
a senhora	*you (formal/female)*	**as senhoras**	*you (formal/female)*
ele	*he*	**eles**	*they (male or mixed)*
ela	*she*	**elas**	*they (female)*

2. **Present tense of regular *-ar* verbs**

falar (*to speak*)

SINGULAR		PLURAL	
eu	**falo**	nós	**falamos**
você, ele/ela o/a senhor/a	**fala**	vocês, eles/elas os/as senhores/as	**falam**

3. **Definite and indefinite articles**

	SINGULAR			PLURAL		
	MASC.	FEM.		MASC.	FEM.	
DEFINITE ARTICLES	o	a	*the*	os	as	*the*
INDEFINITE ARTICLES	um	uma	*a/an*	uns	umas	*some*

4. **Contractions of *a*, *de*, and *em* with articles**

	o	a	os	as	um	uma	uns	umas
a	ao	à	aos	às	a um	a uma	a uns	a umas
de	do	da	dos	das	dum, de um	duma, de uma	duns, de uns	dumas, de umas
em	no	na	nos	nas	num, em um	numa, em uma	nuns, em uns	numas, em umas

5. **Present tense of the verb *estar* (*to be*)**

eu	**estou**	*I*	*am*
você	**está**	*you*	*are*
ele/ela	**está**	*he/she*	*is*
nós	**estamos**	*we*	*are*
vocês	**estão**	*you*	*are*
eles/elas	**estão**	*they*	*are*

6. **Question words**

como	*how/what*	**qual** (*pl.* **quais**)	*which/what*
onde	*where*	**quem**	*who*
que/o que	*what*	**quanto/a**	*how much*
quando	*when*	**quantos/as**	*how many*
por que	*why*		

Subject pronouns (Textbook pp. 37–38)

1-6 Pronomes pessoais. Fill in the Portuguese pronouns to indicate who is doing what, according to the words in parentheses. In the cases where there are no parentheses, the verb endings will help you decide which pronoun you should use. Do not repeat any pronouns.

MODELO: trabalha de manhã (Rita)
Ela trabalha de manhã.

1. ______________ tiramos boas notas. (meu amigo e eu)
2. ______________ estuda História da Arte. (André)
3. ______________ trabalha com computadores. (professora)
4. ______________ dançam nos fins de semana. (os estudantes)
5. ______________ chega à universidade de manhã.
6. ______________ ando de bicicleta todos os dias.

1-7 Quem? Complete each conversation with the correct subject pronouns.

MODELO: *Eu* estudo português.

A. MARIA: Rita, ______________ (1) fala muito bem português.
RITA: Obrigada. ______________ (2) praticamos muito nas aulas e ______________ (3) gosto da cultura brasileira.

B. MÁRIO: André e Cristina estudam Antropologia?
PAULA: Não, ______________ (4) estudam História da Arte.
MÁRIO: E o que ______________ (5) estuda, Paula?
PAULA: ______________ (6) estudo Economia.

C. MIGUEL: Susana e Cláudia trabalham com o Dr. Rodrigues.
E com quem ______________ (7) trabalha?
DR. PIRES: ______________ (8) trabalho com a Rita e a Dona Irene Fonseca.

Present tense of regular *-ar* verbs (Textbook pp. 39–42)

1-8 Atividades dos estudantes. Match what the following people do with the appropriate actions.

1. Mariana, com os amigos no café. ______________
2. Carlos, todos os dias na biblioteca. ______________
3. Os estudantes à universidade, de manhã. ______________
4. Você, como garçom num restaurante elegante. ______________
5. Eu, de bicicleta nos fins de semana. ______________

a. trabalha
b. ando
c. conversa
d. chegam
e. estuda

Nome: ______________________________ Data: ____________________

1-9 As nossas atividades. What do these people do on a regular basis? Fill in the blanks with the verb in parentheses in the appropriate form.

1. Nós __________ (conversar) com os amigos no fim de semana.
2. Ele __________ (trabalhar) no restaurante à noite.
3. Eu __________ (chegar) à faculdade às 2:00 da tarde.
4. Eles __________ (jantar) em casa todas as noites.
5. Você __________ (estudar) na biblioteca.
6. Vocês __________ (comprar) livros na livraria.

1-10 Perguntas pessoais. Answer the questions of left column with the answers of the right to find out more about yourself and your classmates.

1. Onde você estuda este semestre/trimestre? __________
2. Você trabalha este semestre/trimestre? __________
3. Que língua vocês falam na aula de Português? __________
4. Onde é que vocês dançam nos fins de semana? __________
5. A que horas vocês almoçam nos dias da semana? __________

a. Não trabalho.
b. Dançamos na discoteca.
c. Almoçamos ao meio-dia.
d. Falamos português.
e. Estudo na biblioteca.

Articles and nouns: gender and number (Textbook pp. 43–45)

1-11 Artigos. Fill in the blanks with an appropriate article for each word.

o, a, os, as

1. _____ cadeira
2. _____ livros
3. _____ computador
4. _____ universidade
5. _____ mês
6. _____ cadernos
7. _____ dia
8. _____ televisão
9. _____ mapa
10. _____ mesas

1-12 Qual artigo? Complete each conversation with correct articles.

A. **um, uma**

MARIA JOSÉ: O que você compra, Sandra?

SANDRA: _____ (1) caderno. E você?

MARIA JOSÉ: _____ (2) calculadora

B. **o, a**

JAIME: Onde está _____ (3) meu dicionário?

ALBERTO: Não sei. Também não sei onde está _____ (4) minha caneta.

PEDRO: Não sei onde está _____ (5) lápis.

C. **o, a, os, as**

SÍLVIA: Quanto custam ______ (6) mapas da América do Sul e da Europa?

EMPREGADO: ______ (7) mapa da América do Sul custa vinte reais e ______ (8) mapa da Europa custa quinze reais.

SÍLVIA: E quanto custam ______ (9) cadeiras e ______ (10) mesas?

EMPREGADO: ______ (11) cadeiras com braços (*arms*), noventa e oito reais.

SÍLVIA: É muito caro!

D. **um, uma, uns, umas**

PROFESSORA: O que há na sala de aula?

NUNO: ______ (12) mesas.

PROFESSORA: E o que há na mesa?

NUNO: ______ (13) cadernos.

1-13 O plural. What are these people doing? Change the sentences below by incorporating the new subjects and making the *italicized* words plural. Do not forget to use the appropriate form of the verb.

MODELO: Alexandre estuda com *um amigo*. Os colegas do Alexandre...
Os colegas do Alexandre estudam com uns amigos.

1. Você procura *o mapa* de Portugal. Vocês...

____.

2. Joana dança com *um colega* da universidade. Nós também...

____.

3. Eu compro *uma caneta*. Você e a Clarice...

____.

4. Alice estuda muito para *a aula*. Os amigos da Alice...

____.

5. Ricardo adora *a discoteca*. Os colegas de Ricardo...

____.

Contractions of *a*, *de*, and *em* with articles (Textbook pp. 46–48)

1-14 A que horas? Complete the following statements about your daily schedule.

MODELO: Caminho para a universidade *às nove horas*.

1. Chego à universidade ______________________________.
2. A aula de Português é ______________________________.
3. Almoço ______________________________.
4. Estudo no laboratório ______________________________.
5. Chego em casa ______________________________.
6. Janto ______________________________.

Nome: ________________________________ Data: ____________________

1-15 As atividades e os lugares. Match these people's activities with the places in which you think they are most likely to occur. Do not repeat any place.

MODELO: Rita trabalha *no escritório.*

1. Sérgio estuda literatura na ______
2. Joana e Carlos almoçam nos ______
3. Eu e a Susana dançamos na ______
4. O professor descansa em ______
5. Mariana pesquisa células humanas no ______
6. Os estudantes moram nos ______
7. Melina e Fred acampam nas ______

a. restaurantes da cidade.
b. montanhas.
c. casa.
d. discoteca.
e. dormitórios.
f. laboratório.
g. universidade.

1-16 Gosta ou não gosta? Primeiro passo. State these people's likes and dislikes as indicated in the model.

NOME	GOSTA	NÃO GOSTA
Bruno	do restaurante universitário	mesas no restaurante
Carla	da aula de História	sala de aula
Chico	das sextas-feiras	domingos
Raquel	do restaurante São Jorge	café Belém
Suzete	da praia	ginásio
Miguel	da Adélia	as amigas da Adélia

MODELO: Sérgio da aula de biologia cadeiras da sala de aula
Sérgio *gosta da aula de Biologia, mas não gosta das cadeiras da sala de aula.*

1. Bruno ______________________________.
2. Carla ______________________________.
3. Chico ______________________________.
4. Raquel ______________________________.
5. Suzete ______________________________.
6. Miguel ______________________________.

1-17 Gosta ou não gosta? Segundo passo. Write four sentences stating some of your own likes and dislikes.

1. Gosto ______________________________.
2. Gosto ______________________________.
3. Não gosto ______________________________.
4. Não gosto ______________________________.

1-18 Diálogos. Complete each conversation with appropriate contractions of **a**, **de**, or **em** with definite articles (**o, a, os, as**).

A. **JOSÉ:** Você precisa ______ (1) dicionário para a aula de Português?
MÁRIO: Preciso, onde está?
JOSÉ: Está ______ (2) mesa.

B. **SÍLVIA:** A que horas você chega ______ (3) laboratório ______ (4) segundas-feiras?
JOÃO: Chego ______ (5) meio-dia. E você?
SÍLVIA: Eu chego ______ (6) uma. Trabalho ______ (7) escritório até quinze para a uma.

C. **RITA:** Onde é que você faz ioga?
JUDITE: Faço ______ (8) ginásio. Você também?
RITA: Não, não gosto ______ (9) ginásio. Faço ______ (10) escola de ioga que fica ______ (11) Rua Marques Silva.

Present tense of the verb *estar* (Textbook pp. 49–50)

1-19 Informações. A new student is requesting information to you. Match the following questions and answers

1. Oi, como vai? ______
2. Onde está o professor Mendes? ______
3. Os livros de Português estão na livraria? ______
4. Obrigado! ______

a. De nada!
b. Vou bem, obrigado/a
c. Está no escritório.
d. Estão, sim. Os dicionários também.

1-20 Onde estão? You are explaining to your classmates where they can find these people and at what time. Choose places from the list and write sentences using the verb **estar.** Write out the time.

a biblioteca	o café	o ginásio	o laboratório
o escritório	a casa	a discoteca	a praia

MODELO: nós / 2:40 p.m.
Nós estamos no laboratório às vinte para as três da tarde.

1. eu / 8:00 a.m. ____.
2. vocês / 1:30 p.m. ____.
3. ela / 10:10 a.m. ____.
4. eu e ele / 9:15 p.m. ____.
5. você / 3:45 p.m. ____.

1-21 Um menino curioso! Your five-year-old neighbor loves to ask questions. Answer his questions.

1. Onde você está às nove da manhã?

____

2. Onde está o dicionário do meu pai?

____

3. Como está seu professor de Português?

____

4. Onde está o presidente dos Estados Unidos agora mesmo (*right now*)?

____

5. Como está o presidente?

____

6. E você, como está?

____

Question words (Textbook pp. 50–52)

1-22 Associações. A foreign student is answering some questions. Select the correct response for each question.

A	B
1. Como você se chama? ______	a. Inglês e português.
2. De onde você é? ______	b. Rua do Mercado, 140, Recife.
3. Que línguas você fala? ______	c. Na biblioteca.
4. Onde você trabalha? ______	d. Rita Freitas.
5. Qual é o seu endereço permanente? ______	e. Cinco.
6. Qual é o número do seu telefone? ______	f. É 81-3361-7890.
7. Por que você está nos Estados Unidos? ______	g. Do Brasil.
8. Quantas aulas você tem? ______	h. Para estudar.

1-23 Como? Qual? Quando? Quanto(s)/a(s)? Por que? Que? Quem? Complete the questions with question words.

1. ______________ é a capital do Brasil? É Brasília.
2. ______________ é o concerto? É no sábado.
3. ______________ custa o livro de Física? Custa 45 reais.
4. ______________ é o Rodrigo Santoro? É muito bonito.
5. ______________ alunos há na aula de Português? Há 22.
6. ______________ é o presidente dos Estados Unidos atualmente? É…
7. ______________ você não anda na praia hoje? Porque tenho um exame amanhã.
8. ______________ matérias você estuda este semestre? Eu estudo Português, Literatura Comparada e História do Brasil.

1-24 Qual é a pergunta? Ask the questions that would produce these answers. Do not repeat any interrogative pronoun.

1. Estudamos de manhã. ______
2. O elefante é um animal muito grande. ______
3. Cinco pessoas tomam café. ______
4. O Seu Alexandre é o pai da Ângela. ______
5. Os estudantes estão no café. ______

a. Onde?
b. Quantas?
c. Como?
d. Quando?
e. Quem?

1-25 Entrevista. You have the opportunity to interview your favorite celebrity. Who is he or she? Write at least five questions you would like to ask him/her.

1. NOME DO/A ENTREVISTADO/A: ______________________________
2. ______________________________
3. ______________________________
4. ______________________________
5. ______________________________
6. ______________________________

Mais um passo: Some regular *-er* and *-ir* verbs (Textbook pp. 55–56)

1-26 O que essas pessoas fazem? What do these people do? Fill in the blanks with the correct form of the verb in parentheses.

1. O dono *(owner)* da Domino's Pizza não ______________ (comer) pizza.
2. Eu ______________ (escrever) muito para o curso de Literatura.
3. Você ______________ (assistir) a muitos jogos de futebol?
4. Onde ela ______________ (aprender) chinês?
5. Eu ______________ (comer) cereal todos os dias.
6. Eles não ______________ (resistir) a chocolate.

1-27 Entrevista. Answer the following questions using complete sentences.

1. Seus amigos comem no restaurante da universidade?

   ____

2. Onde você aprende a trabalhar com computadores?

   ____

3. Onde mora o reitor (*president*) da sua universidade?

   ____

4. Você estuda Filosofia?

   ____

5. O que você assiste na televisão aos domingos?

____

6. Onde os professores de Química trabalham?

____

ENCONTROS

Para ler (Textbook pp. 59–60)

1-28 Primeiro olhar. Look at the shopping list Dona Carmem Neto has written. It contains school supplies that her children (*filhos*) need, as well as some items she has to buy for other people. Read the list, then select the following supplies for each of them.

Urgente!

– Perfume para a Mamãe	*– Um toca-CDs para Márcia*
– Mochilas para Márcia e André	*– Papel para Márcia e Luís*
– Um cartão de aniversário para o Dr. Rebelo	*– Vitaminas para o bebê*
	– 5 canetas para André
– 7 cadernos de composição para Luís	*– Um dicionário para Nellie (amiga de André)*

1. Márcia
   a) mochilas, toca-CDs e canetas
   b) mochila e canetas
   c) cadernos e papel
   d) mochila, toca-CDs e papel
2. André
   a) mochilas e canetas
   b) dicionário, papel e computador
   c) cadernos e mochilas
   d) toca-CDs e papel
3. Luís
   a) dicionário, canetas e papel
   b) cadernos e mochilas
   c) cadernos e papel
   d) computador, dicionário e cadernos

1-29 O que sabemos sobre a família Neto? Answer the following questions.

1. Quantos filhos Dona Carmem tem, provavelmente?
   a) cinco
   b) quatro
   c) três
2. Quantos filhos de Dona Carmem estudam?
   a) dois
   b) três
   c) quatro

3. Como se chamam os filhos de Dona Carmem?
   a) Maurício, Márcia, José b) André, Márcia e Luís c) André, Márcia, Luís e um bebê (não sabemos o nome dele)

4. Quem é Nellie?
   a) amiga de André b) namorada de André c) amiga de Márcia

1-30 Estudar no Rio. You have decided to apply for admission to a summer program in Rio de Janeiro. Complete the following information.

Coordenação Central de Cooperação Internacional da PUC-Rio

Formulário de Inscrição

1. Ano Acadêmico: ______________________________
2. Esta inscrição é para o curso de graduação ou pós-graduação: ______________________________
3. Nome completo do aluno: ______________________________
4. Estado Civil (Solteiro; Casado; Viúvo, Separado Judicialmente; Divorciado; Outro): ______________________________
5. Endereço permanente (Rua e número; CEP; Cidade; Estado; País): ______________________________
6. Telefone: ______________________________

Venho, por meio desta, solicitar minha inscrição na PUC-Rio. Caso aceitem minha inscrição, comprometo-me a obedecer às regras acadêmicas e financeiras da universidade a fim de receber meu Histórico Escolar no final do ano acadêmico.

7. Data: ______________________________
8. Assinatura: ______________________________
9. Número do Passaporte: ______________________________

Para escrever (Textbook pp. 61–63)

1-31 Acentos. A friend of yours is attempting to market a magazine (*revista*) to the Brazilian population in the Boston, MA area. To explore his potential market, he has prepared the following questionnaire, and has asked you to proofread it for any missing accent marks. Which sentence is correct?

1. ______________ a. Qual e o seu nome completo?
   b. Qual é o seu nome completo?
2. ______________ a. Quantos anos voce tem?
   b. Quantos anos você tem?
3. ______________ a. Como os seus pais se chamam?
   b. Como os seus páis se chamam?
4. ______________ a. Quantas pessoas têm na sua família?
   b. Quantas pessoas tem na sua familia?
5. ______________ a. Quantos estudam ingles?
   b. Quantos estudam inglês?

Nome: ______________________________ Data: ____________________

6. __________ a. Que lingua vocês falam em casa?

b. Que língua vocês falam em casa?

7. __________ a. Como é um dia típico no seu trabalho atual?

b. Como é um dia tipico no seu trabalho atual?

1-32 Preparação: vida universitária. You are going to a college away from home. Your parents have written you a letter, asking many questions about your new life. Answer with as much detail as possible.

1. Que matérias você estuda? A que horas? Quais dias?

   ____

2. Como são os cursos? E os professores?

   ____

3. Você estuda muito? Onde você estuda, na biblioteca, no laboratório de línguas ou no seu quarto?

   ____

4. Onde você trabalha? A que horas? Que dias? Seu trabalho é interessante?

   ____

5. O que você precisa comprar para seus cursos? Você precisa de dinheiro *(money)*?

   ____

1-33 Uma carta. Write your mother a brief letter about your college life, using information from the previous exercise. Also, tell her what your friends are like and what you do on weekends. Provide any other information you think would be interesting to her.

Querida mamãe,

____

____

____

____

____

____

____

____

____

HORIZONTES (Textbook pp. 64–65)

1-34 São Paulo e Rio de Janeiro. Select the answer that correctly completes each of the following statements, according to the information given in the **Horizontes** section on pages 64–65 of your textbook.

1. São Paulo e Rio de Janeiro estão situadas na...

   a) região Nordeste. b) região Centro-Oeste. c) região Sudeste.

2. As duas maiores cidades do Brasil são...

   a) Belo Horizonte e Brasília. b) Rio de Janeiro e São Paulo. c) São Paulo e Brasília.

3. São Paulo é...
   a) uma das quinze maiores cidades do mundo.
   b) a maior cidade do mundo.
   c) uma das dez maiores cidades do mundo.

4. Em São Paulo há muitas pessoas de origem...
   a) alemã e norueguesa.
   b) italiana e japonesa.
   c) russa e vietnamita.

5. São Paulo gera mais de...
   a) 30% do PIB.
   b) 15% do PIB.
   c) 45% do PIB.

6. Um dos elementos mais importantes do Rio de Janeiro é...
   a) a comida.
   b) a praia.
   c) a política.

7. Um dos maiores eventos anuais do Rio é...
   a) a feira do livro.
   b) o Rock in Rio.
   c) a passagem do ano.

LABORATÓRIO

À PRIMEIRA VISTA (Textbook pp. 30–36)

1-35 Meu amigo João. You will hear a young man talk about a friend. Complete the statements by selecting the appropriate answer according to the information you hear. You may go over the statements before listening to the recording.

1. João trabalha...
   a) de manhã.
   b) à tarde.
   c) à noite.

2. Ele trabalha...
   a) no laboratório.
   b) no escritório.
   c) na universidade.

3. Seu curso preferido é o de...
   a) Antropologia.
   b) História.
   c) Economia.

4. O professor de História é...
   a) chato.
   b) muito bom.
   c) sério.

1-36 Duas conversas. You will hear two brief conversations. Then, indicate whether the statements below are true (**verdadeiro**) or false (**falso**). Don't worry if there are some words you don't understand.

CONVERSA 1

1. Cristina é uma estudante americana. VERDADEIRO FALSO
2. Cristina estuda História da Arte. VERDADEIRO FALSO
3. Ela fala português muito bem. VERDADEIRO FALSO
4. Ela tira notas baixas. VERDADEIRO FALSO

CONVERSA 2

5. Felipe está bem. VERDADEIRO FALSO
6. Felipe estuda Matemática. VERDADEIRO FALSO
7. O curso é muito difícil. VERDADEIRO FALSO
8. Felipe tira notas muito boas. VERDADEIRO FALSO

Nome: ______________________________ Data: ____________________

Pronúncia

Os ditongos orais

Brazilian Portuguese has many diphthongs, which are combinations of a vowel and an **i** or **u** sound. Some common diphthongs are listed below.

ai

The Brazilian Portuguese diphthong **ai** is pronounced like the English **y** in *my*. **Repita as seguintes palavras.**

pai mais baixa vai federais regionais

au

The Brazilian Portuguese diphthong **au** is pronounced like the English **ow** in *cow*. **Repita as seguintes palavras.**

aula Paula tchau mau Cláudio automático

ua

The Brazilian Portuguese diphthong **ua** is pronounced like the English **ua** in *quack*. **Repita as seguintes palavras.**

quatro água línguas quarta-feira aquarela quase

eu

The Brazilian Portuguese diphthong **eu** has no English equivalent. **Repita as seguintes palavras.**

eu meu seu adeus teu Euclides

oi

The Brazilian Portuguese diphthong **oi** has no English equivalent. **Repita as seguintes palavras.**

dois oito noite depois oi oitenta

iu

The Brazilian Portuguese diphthong **iu** has no English equivalent. **Repita as seguintes palavras.**

traduziu assistiu discutiu partiu viu abriu

1-37 Mário, Carolina e Jim. You have just met these students in the cafeteria. As they tell you about themselves, write the following information for each of them.

Nome	Aula	como é a aula	A que horas chega?	Onde estuda?
Mário	*Química*	*fácil*	*às nove*	*(1)*
Carolina	*(2)* ________	*(3)* ________	*(4)* ________	*em casa* ________
(5) ________	*Português*	*interessante*	*(6)*	*Laboratório*

1-38 As atividades de Paula. You will hear a description of Paula's studies and activities during the week. As you listen, select the information you hear. Don't worry if you don't understand every word.

HORÁRIO

De manhã

1. lugares:

Faculdade de Ciências Humanas	Faculdade de Direito	Centro de Computação	Biblioteca
Em casa	Café	Praia	Discoteca

2. atividades:

Está na aula	está fazendo ginástica	faz compras	estuda
dorme	conversa com os amigos	conversa com a família	caminha
anda de bicicleta	dança		

À tarde

3. lugares:

Faculdade de Ciências Humanas	Faculdade de Direito	Centro de Computação	Biblioteca
Em casa	Café	Praia	Discoteca

4. atividades:

Está nas aulas	está fazendo ginástica	faz compras	estuda
dorme	conversa com amigos	conversa com a família	caminha
anda de bicicleta	dança		

À noite

5. lugares:

Faculdade de Ciências Humanas	Faculdade de Direito	Centro de Computação	Biblioteca
Em casa	Café	Praia	Discoteca

6. atividades:

Está nas aulas	está fazendo ginástica	faz compras	estuda
dorme	conversa com os amigos	conversa com a família	caminha
anda de bicicleta	dança		

Nos fins de semana

7. lugares:

Faculdade de Ciências Humanas	Faculdade de Direito	Centro de Computação	Biblioteca
Em casa	Café	Praia	Discoteca

8. atividades:

Está nas aulas	está fazendo ginástica	faz compras	estuda
dorme	conversa com os amigos	conversa com a família	caminha
anda de bicicleta	dança		

Nome: ______________________________ Data: ____________________

1-39 Perguntas pessoais. You will hear four questions. Answer the questions at your own pace.

1. ______________________________
2. ______________________________
3. ______________________________
4. ______________________________

ESTRUTURAS

Subject pronouns (Textbook pp. 37–38)

1-40 Informal ou formal? You will hear four persons to whom you have to speak. Select the subject pronoun you would use when addressing each one.

1. ________	VOCÊ	O SENHOR	A SENHORA	VOCÊS	OS SENHORES
2. ________	VOCÊ	O SENHOR	A SENHORA	VOCÊS	OS SENHORES
3. ________	VOCÊ	O SENHOR	A SENHORA	VOCÊS	OS SENHORES
4. ________	VOCÊ	O SENHOR	A SENHORA	VOCÊS	OS SENHORES

1-41 Pronomes pessoais. Your instructor is talking to the class. Select the subject pronouns she is using.

PRONOMES								
1. _____	eu	você	nós	vocês	ele	ela	eles	elas
2. _____	eu	você	nós	vocês	ele	ela	eles	elas
3. _____	eu	você	nós	vocês	ele	ela	eles	elas
4. _____	eu	você	nós	vocês	ele	ela	eles	elas
5. _____	eu	você	nós	vocês	ele	ela	eles	elas
6. _____	eu	você	nós	vocês	ele	ela	eles	elas

Pronúncia

O "m" e o "n" nasalisados or nasalados

When "m" and "n" appear at the end of a word, or after a vowel and before a consonant, they are not pronounced. Instead, they indicate that the preceding vowel is nasal (i.e., they nasalize it). **Repita as seguintes palavras.**

igualm**en**te b**om** també**m** estuda**n**tes co**n**te**m**porânea i**n**teressa**n**te

Present tense of regular *-ar* verbs (Textbook pp. 39–41)

1-42 A que horas é que eles/elas chegam? The chart below shows the times when various students arrive at the Faculdade de Medicina. In complete sentences, say that they arrive at the time shown.

MODELO: You see: Linda 8:00 a.m.
You say: *Linda chega às oito da manhã.*

	A.M.	
1.	eu	10:00
2.	Paulo	9:00
3.	João e Alice	11:00
	P.M.	
4.	Pedro e eu	2:30
5.	você	3:00

1-43 Não, não... Listen to these questions and following the model, give a negative answer to each question.

MODELO: Vocês andam de bicicleta?
Não, não andamos, não.

1. ______________________________
2. ______________________________
3. ______________________________
4. ______________________________
5. ______________________________

Articles and nouns: gender and number (Textbook pp. 44–45)

1-44 O plural. Listen to these phrases. Then repeat each one, giving the plural form of the noun you hear.

MODELO: Compro o livro.
Compro os livros.

1. ______________________________
2. ______________________________
3. ______________________________
4. ______________________________
5. ______________________________
6. ______________________________
7. ______________________________
8. ______________________________

Nome: ______________________ Data: ______________

Present tense of the verb *estar* (Textbook pp. 49–50)

1-45 Na sala de aula. Listen to the description of where different objects and people are in the classroom and associate them with their locations according to the information you hear.

1. ________ o relógio
2. ________ a televisão
3. ________ os cadernos
4. ________ eu
5. ________ João e Sérgio
6. ________ Mariana e eu

a. ao lado da janela
b. entre Mariana e Pedro
c. em cima da mesa
d. em frente do quadro
e. atrás do professor
f. ao lado da porta

1-46 Onde? A que horas? You are telling the basketball coach where to find you and your friends. Using the chart below, say where each of you can be found at each indicated time.

MODELO: You see: João e Maria laboratório 3:00
You say: *João e Maria estão no laboratório às três da tarde.*

1.	Tomás	ginásio	8:00	4.	eles	restaurante	1:00
2.	Rosa	biblioteca	10:30	5.	Ana e eu	aula de Física	2:15
3.	nós	faculdade	11:00	6.	eu	minha casa	7:00

Question words (Textbook pp. 50–52)

1-47 Entrevista. You are being interviewed by your school newspaper. Orally answer each question.

1. ______________________
2. ______________________
3. ______________________
4. ______________________
5. ______________________

1-48 Dados sobre Carlos. Complete the blanks below with questions and answers based on the description you hear. You should read the answers and questions below before listening to the conversation. Do not worry if there are words you do not understand.

PERGUNTAS	RESPOSTAS
Como o rapaz se chama?	
	Estuda Informática.
	Na Universidade Federal do Paraná.
Onde ele trabalha?	
	Trabalha às terças e quintas à tarde.
A que horas ele chega do trabalho?	
	Ele é sincero, paciente e perfeccionista.

Mais um passo: Some regular *-er* and *-ir* verbs (Textbook pp. 55–56)

1-49 As atividades de um estudante. You will hear a student talk about himself and his activities. Listen carefully and indicate if the following activities are mentioned or not.

	Sim	Não
1. Toma notas nas aulas.	________	________
2. Assiste televisão à noite.	________	________
3. Come no restaurante da universidade.	________	________
4. Caminha na praia.	________	________
5. Escreve no computador.	________	________
6. Dança na discoteca.	________	________
7. Aprende muito nas aulas.	________	________

1-50 Vida de estudante. You will hear three brief selections followed by some related statements. Decide whether each of the statements is true or false. Write **verdadeiro** if a statement is true, and **falso** if it is false. You may listen to the description as many times as you wish. Don't worry if there are some words you don't understand.

1. a. ____________
   b. ____________
   c. ____________
2. a. ____________
   b. ____________
   c. ____________
   d. ____________
   e. ____________
3. a. ____________
   b. ____________
   c. ____________
   d. ____________
   e. ____________
   f. ____________

Pronúncia

Os ditongos nasais

Brazilian Portuguese has five nasal diphthongs, which are combinations of a nasal vowel and an **i** or **u** sound.

There are two spelling versions of the same diphthong: **–ão**, which is stressed, and **–am**, which is unstressed. **Repita as seguintes palavras.**

não **são** **ach**am **gost**am **fal**am **alemão**

The diphthong **–em** can be stressed or unstressed. **Repita as seguintes palavras.**

tamb**ém** **bem** **quem** **sem**pre **tem** **em**

The diphthong **–õe** is always stressed and in the final word position. **Repita as seguintes palavras.**

pens**õe**s li**çõe**s situa**çõe**s milh**õe**s tradi**çõe**s opini**õe**s

The diphthong **–ãe** is also always stressed and in the final word position. **Repita as seguintes palavras.**

mãe alemães pães Guimarães capitães

The diphthong **–ui** occurs only in the word *muito*. **Repita esta palavra.**

muito

Vídeo

Vocabulário útil

o doutorado	*PhD*	**o mestrado**	*MA*
o ensino	*education*	**o município**	*municipality, urban community*
a graduação	*undergraduate studies*	**o vestibular**	*university entrance exams*

1-51 Os estudos. What and where do the following people study, or what did they study? Associate their names with study-related terms and names of universities.

1. Adriana ________
2. Caio ________
3. Daniel ________
4. Manuela ________
5. Mônica ________
6. Rogério ________

a. 3ª. (terceira) série do ensino médio
b. Psicologia
c. Estudos da Linguagem
d. Jornalismo
e. Português e Espanhol
f. Artes Dramáticas

1-52 Os horários. Primeiro passo. Listen to the speakers talking about their schedules (**horários**) and complete the descriptions given below.

A. Caio tem aulas de interpretação três vezes por ____________ (1), Expressão ____________ (2) e Vocal ____________ (3) vezes, e a parte teórica ____________ (4) vezes por semana.

B. Durante a graduação, Adriana tinha (*had*) aulas ____________ (5) e trabalhava como ____________ (6) durante o dia.

C. No passado, Manuela costumava (*used to*) ter aulas das ____________ (7) às ____________ (8) ou uma da tarde, mas agora tem aulas nas ____________ (9) e quintas das onze às ____________ (10).

1-53 Os horários. Segundo passo. Now compare your own current schedule to those of Caio, Adriana and Manuela. What are the similarities and differences you are able to identify?

A. Caio e eu
   1. semelhanças: ____________________
   2. diferenças: ____________________

B. Adriana e eu
   3. semelhanças: ____________________
   4. diferenças: ____________________

C. Manuela e eu
   5. semelhanças: ____________________
   6. diferenças: ____________________

1-54 As paixões. The following people talk about the areas of study they are passionate about. Identify what those areas are.

1. Adriana:

Filosofia	Sociologia	Ética no jornalismo
Língua portuguesa	Gramática da língua portuguesa	

2. Mônica:

Filosofia	Sociologia	Ética no jornalismo
Língua portuguesa	Gramática da língua portuguesa	

3. Rogério:

Filosofia	Sociologia	Ética no jornalismo
Língua portuguesa	Gramática da língua portuguesa	

1-55 Um processo difícil. Daniel and Carlos both talk about entering the university. Both of them note also what a difficult process it is. Answer the questions below with the information they give.

A. Daniel:

1. O que Daniel está pensando em fazer? ________________________________.
2. O que ele pensa sobre a escolha de uma carreira? ________________________________

B. Carlos:

3. O que os jovens do município de Nova Iguaçu, na Baixada Fluminense, pensam sobre o ingresso na universidade? ________________________________
4. O que está mudando a opinião desses jovens nessa região?________________________________

____.

C. E você:

5. Como é o ingresso na universidade no seu país? ________________________________

1-56 A educação no Brasil. What is the picture of education in Brazil, as described by Rogério and Mônica? Watch the video as many times as you need to understand the gist of their ideas. Then identify whether each of the statements is true (V) or false (F) according to what they say about the following aspects.

1. O sistema educacional brasileiro está passando por uma reformulação significativa e bastante positiva.	V	F
2. Não houve modificações no sistema educacional brasileiro nos últimos anos.	V	F
3. Não há diferenças entre o ensino público e o privado.	V	F
4. O ensino público em São Paulo é igual ao de qualquer capital do Norte e Nordeste do Brasil.	V	F
5. No Sul do Brasil uma pessoa pode ter uma boa educação nas escolas públicas.	V	F
6. Em geral, no Nordeste uma pessoa pode ter uma boa educação em uma escola pública.	V	F
7. No Nordeste é difícil ter uma boa educação em uma escola pública.	V	F
8. As escolas públicas se diferenciam segundo as regiões do país .	V	F

Nome: ______________________________ Data: ____________________

Lição 2 ◆ Entre amigos

Prática

À PRIMEIRA VISTA (Textbook pp. 70–76)

2-1 Associação. Associate each word with its opposite.

1. baixa ______	a. antipático
2. simpático ______	b. triste
3. fraca ______	c. idealista
4. alegre ______	d. alta
5. realista ______	e. forte
6. casada ______	f. solteira

2-2 Palavras cruzadas. Solve the following clues to find out more about this person.

1. Não é baixo.
2. Não é casado.
3. Não é velho.
4. Não é gordo.
5. É simpático.
6. Não tem dinheiro (*money*).

				1 A						
		2		L						
	3			E						
		4		G						
		5		R						
6				E						

2-3 Opostos. You disagree with the descriptions of the characters in a book review of a novel you just read. Correct each description as in the model.

MODELO: João não é mau, é ***bom***.

1. Olga não é calada, é ________________________________.
2. Carlos não é preguiçoso, é ________________________________.
3. Maria Luísa não é feia, é ________________________________.
4. Raimundo não é pobre, é ________________________________.
5. Sebastião não tem o cabelo comprido, tem o cabelo ________________________________.

2-4 Nacionalidades. Your friend would like to confirm where some well-known figures are from. Answer the questions, following the model.

MODELO: O Pelé é do Brasil?
É sim, é *brasileiro*.

1. A Cesária Évora é de Cabo Verde? É sim, é ______________________.
2. O Saramago é de Portugal? É sim, é ______________________.
3. A Gisele Bündchen é do Brasil? É sim, é ______________________.
4. O Pepetela é de Angola? É sim, é ______________________.
5. A Maria Mutola é de Moçambique? É sim, é ______________________.

ESTRUTURAS (Textbook pp. 78–80)

Síntese gramatical

1. Adjetivos

	MASCULINO	FEMININO
SINGULAR	menino alto	menina alta
PLURAL	meninos altos	meninas altas
SINGULAR	amigo interessante	amiga interessante
PLURAL	amigos interessantes	amigas interessantes
SINGULAR	aluno popular	aluna popular
PLURAL	alunos populares	alunas populares
SINGULAR	aluno espanhol	aluna espanhola
	aluno trabalhador	aluna trabalhadora
PLURAL	alunos espanhóis	alunas espanholas
	alunos trabalhadores	alunas trabalhadoras

2. **Present tense of the verb ser**

eu	sou	nós	somos
tu	és		
você o senhor/a senhora ele/ela	é	vocês os senhores/as senhoras eles/elas	são

3. ***Ser* and *estar* with adjectives**

ser + adjective ⟶ norm; what someone or something is like
estar + adjective ⟶ comments on something; change from the norm; condition

4. **Possessive adjectives**

MASCULINE	FEMININE	
meu(s)	minha(s)	*my*
seu(s)	sua(s)	*your, his, her, their*
nosso(s)	nossa(s)	*our*

Adjectives (Textbook pp. 77–80)

2-5 Opiniões. Practice gender and number agreement by selecting all the adjectives that could describe these people.

1. A mãe do meu amigo é... (faladora/gordo/ricas/bonita)
2. O pai do meu amigo é... (materialista/feia/velho/loiro)
3. As alunas do meu curso preferido são... (simpáticos/populares/inteligentes/atléticas)
4. Os professores da minha universidade são... (fracas/agradáveis/prontas/trabalhadores)
5. Robin Williams é... (extrovertido/engraçado/calada/simpático)

2-6 De onde são? Write the nationality, origin, or identity of these people and places.

1. Caetano Veloso é um cantor ________________________________.
2. Brad Pitt é um ator ________________________________.
3. São Paulo é uma cidade ________________________________.
4. Angola e Moçambique são dois países ________________________ (continente).
5. Paula Rego é uma pintora ________________________ (origem).

2-7 De que cor são as bandeiras? First, read the following list of countries and the colors of their flags. Then use this information to describe each flag, but write the adjective form of each color. The order of colors offered below is the most commonly used, especially for Portugal and Brazil. It is a good idea to maintain it.

PAÍSES	CORES DA BANDEIRA
Angola	vermelho, preto, amarelo
Cabo Verde	azul, branco, vermelho, amarelo
Guiné-Bissau	vermelho, amarelo, verde, preto
Moçambique	verde, branco, preto, amarelo, vermelho
Portugal	verde, vermelho, azul, amarelo, branco

MODELO: Brasil verde, amarelo, azul, branco

A bandeira brasileira é *verde, amarela, azul e branca.*

1. A bandeira portuguesa é ________________________________.
2. A bandeira angolana é ________________________________.
3. A bandeira moçambicana é ________________________________.
4. A bandeira cabo-verdiana é ________________________________.
5. A bandeira guineense é ________________________________.

2-8 Descrições. Your pen pal from Brazil is interested in finding out more information about the following people. He has asked you for specific information. Describe the people from the perspective indicated.

MODELO: O Governador de seu estado – em relação à política.
O Governador de meu estado é inteligente e leal.

1. as moças (*young women*) norte-americanas – em relação ao trabalho ______________________
____
2. os seus amigos – em relação aos estudos ______________________
____
3. Madonna – em relação à música ______________________
____
4. Arnold Schwarzenegger – em relação à aparência física ______________________
____
5. você – em relação aos seus amigos/ às suas amigas ______________________
____

Present tense and some uses of the verb *ser* (Textbook pp. 82–83)

2-9 De quem é? The technician in charge of the language lab notices that some of your classmates left their belongings behind. Follow the model to answer his abbreviated questions.

MODELO: De quem é o livro? (Marta)
O livro é da Marta.

1. De quem é o caderno? (José)

   O caderno ______________________.
2. E as canetas? (Afonso)

   As canetas ______________________.
3. E a calculadora? (Lourdes)

   A calculadora ______________________.
4. E o dicionário? (Rita)

   O dicionário ______________________.
5. E as mochilas? (Ernesto e Ana)

   As mochilas ______________________.

2-10 De quem? You are the chief security guard on the university campus. A robbery has been committed on the university premises, and the police have requested that you provide them with information about the following people and their belongings to try to solve the case. Complete your report selecting the words below.

1. A coleção de CDs é [do, da] D. Carolina.
2. O mapa do Brasil é [do, de] professor de Geografia.
3. As mochilas são [de, das] sete estudantes moçambicanos que há na universidade.
4. Os gravadores são [da, do] diretor do laboratório [das, de] línguas.
5. Os monitores de televisão são [das, da] professoras [de, do] Português.

Nome: ______________________ Data: ______________

2-11 Perguntas gerais. Your Portuguese class is about to begin and you are talking to a new international student. Answer her questions.

1. De onde você é?

   ____

2. A que horas é o teste de gramática?

   ____

3. Onde é a biblioteca?

   ____

4. De quem é essa mochila azul?

   ____

Ser and *estar* with adjectives (Textbook pp. 83–87)

2-12 Conversa telefônica. Your little friend Zé's mother is in Brazil on a business trip. She is talking on the phone with Zé. What is she saying? Complete their dialog by writing her side of the conversation.

ZÉ: Oi mamãe!
MÃE: (1) ______________________________
ZÉ: Tudo bem. E você?
MÃE: (2) ______________________________
ZÉ: Onde você está?
MÃE: (3) ______________________________
ZÉ: Qual é o nome do hotel?
MÃE: (4) ______________________________
ZÉ: Como é?
MÃE: (5) ______________________________
ZÉ: É em frente à praia?
MÃE: (6) ______________________________
ZÉ: Quando você volta?
MÃE: (7) ______________________________
ZÉ: São quatro e meia da tarde.
MÃE: (8) ______________________________
ZÉ: O papai está no supermercado.

2-13 Ser ou estar? Fill in the blanks with the correct form of **ser** or **estar**.

1. Xanana Gusmão __________ de Timor Leste.
2. Hoje o Carlos e a Cristina __________ na aula.
3. Quem __________ essa menina?
4. Hoje o João e eu __________ muito contentes.
5. A Luísa e a Amanda __________ altas e morenas.
6. O Lucas __________ brasileiro, mas agora __________ em Boston com a família.
7. Hoje o Felipe __________ triste.
8. A festa __________ na universidade.

2-14 Uma festa. Cecília Matos is giving a birthday party for her friend Adélia. Complete the following paragraphs by using the correct form of **ser** or **estar**.

Hoje (1) __________ sexta-feira. (2) __________ oito da noite e há uma festa de aniversário para a Adélia. Cecília Matos, sua amiga, (3) __________ muito ocupada porque (4) __________ o aniversário de Adélia e a festa (5) __________ em sua casa. Adélia (6) __________ brasileira. Ela (7) __________ faladora, simpática e muito engraçada.

Na festa há muita música e todos dançam. Cecília e Adélia (8) __________ no terraço. Elas conversam com amigas e ouvem música. Adélia (9) __________ muito contente com a festa e todos dizem que a festa (10) __________ muito divertida.

2-15 Como se diz? Use the correct form of **ser** or **estar** after determining if the situation describes a norm or a change from the norm.

SITUAÇÃO	DESCRIÇÃO
1. Marta is always in a good mood. She is a happy person.	Marta [é, está] feliz.
2. Today Marta received a D on her test and she is not herself. Marta is sad.	Marta [é, está] triste.
3. Anita just got an A or her biology exam. She is happy.	Anita [é, está] contente.
4. Felipe is always a good boy and today is no exception.	Filipe [é, está] um ótimo menino.
5. Pippins are good apples. One can recognize them because they are green.	As maçãs Pippins [são, estão] verdes.
6. Everyone agrees about the taste of sugar. It is sweet.	O açúcar [está, é] doce.
7. João is used to the warm waters of carioca beaches. Today, when he jumped into the water in Santa Monica Bay in California, he shouted:	A água daqui [está, é] fria!

Possessive adjectives (Textbook pp. 90–92)

2-16 Uma conversa. Complete the conversation using possessive adjectives.

GINA: Hoje à tarde você vai com a gente à praia, não é mesmo?

PAULO: Não, não vou. Preciso estudar para o (1) __________ exame de História.

GINA: Nossa, Paulo! O (2) __________ exame é na segunda de manhã e hoje é sábado. Além disso, (3) __________ notas são muito boas. Vamos à praia com a gente e amanhã você estuda!

PAULO: Não sei não... Os exames do professor Matoso são sempre muito difíceis.

GINA: Mas é muito melhor passar à tarde na praia e (4) __________ amiga preferida também vai estar lá (amiga do Paulo).

PAULO: A Maura vai?

GINA: Vai, sim. Todos os (5) __________ amigos do curso vão também (amigos do Paulo).

PAULO: Então não vou estudar hoje à tarde. Vamos à praia!

Nome: ______________________________ Data: ____________________

2-17 Coisas preferidas. What are your friends' favorite items in each category? Use dele or dela in your answers.

MODELO: livro – Maria

O livro preferido dela é A hora da estrela.

1. Pedro – programa de televisão

____

2. Tomás – ator

____

3. Jussara – restaurante

____

4. João – música

____

5. Janaína – cantor

____

2-18 Planos para o mês de julho. These are the plans of some young people for the month of July. Complete the paragraphs using the appropriate possessives.

A. Marcos e Maurício moram em Los Angeles com a família (1) __________. Os pais (2) __________ são do Brasil e falam português em casa. A avó (3) __________ não mora em Los Angeles, ela mora em Goiânia; a casa (4) __________ é muito grande e bonita. Marcos quer passar o mês de julho no Brasil e fala ao telefone com a avó (5) __________ para perguntar se pode ir. Ela está muito contente com os planos do neto.

B. Eu vou visitar a Califórnia. (6) __________ amiga Ana Martins estuda em Los Angeles e vou ficar no apartamento (7) __________. Quero ir de carro, mas (8) __________ carro é muito velho. (9) __________ amigos dizem que o carro é velho, mas está em boas condições.

Mais um passo (Textbook pp. 93–94)

2-19 Estou com fome! Match each statement with the appropriate expression.

1. Hoje a temperatura está baixa: –10°C! ______
2. Minha aula começa às 10 horas e já são 9h55. ______
3. Paulo não come desde ontem. ______
4. A temperatura hoje está muito alta: 40°C. ______
5. Há um escorpião perto das crianças. ______

a. As pessoas estão com calor.
b. Ele está com fome.
c. Elas estão com medo.
d. Nós estamos com frio.
e. Eu estou com pressa.

ENCONTROS

Para ler (Textbook pp. 97–98)

2-20 Estudar no Brasil. In a letter to a friend, you mentioned that you had read about a program for foreigners in Brazil. Share the following information with her and answer her questions based on the ad.

Carlos Silveira

CURSOS

PINTURA • CULTURA • DANÇA

Aulas de dança: samba, forró, frevo
Capoeira
Excursões: Rio de Janeiro, cidades históricas de Minas e Salvador

Avenida Sampaio de Oliveira, 1276
São Paulo—SP Tel: (11) 864-3656 Fax: (11) 495-1929

1. Qual é o nome da escola?

   ______________________________.

2. Em que cidade é a escola?

   ______________________________.

3. Qual é o endereço? (coloque só a rua e o número)

   ______________________________.

4. Qual é o número de telefone?

   ______________________________.

5. Que cursos oferecem?

   ______________________________.

Nome: ______________________________ Data: ____________________

Para escrever (Textbook pp. 100–102)

2-21 Procurando um par. To meet Mr./Ms. Right, you have contacted a dating service through the Internet. To help you find a suitable partner, the dating service company needs some personal information from you, as well as a profile of the potential partner you have in mind.

1. Nacionalidade

   Você:

   Par:

2. Idade (*age*)

   Você:

   Par:

3. Descrição física

   Você:

   Par:

4. Personalidade

   Você:

   Par:

5. Gostos: música, hobbies, etc.

   Você:

   Par:

6. Vida acadêmica: universidade, estudos, etc.

   Você:

   Par:

2-22 Um anúncio. Besides exploring the dating services on the Internet, you have decided to put an ad in the local newspaper. Bearing in mind the information you wrote in 2-21, write an ad providing as much information as possible about yourself and the person of your dreams.

1. Sou uma jovem/um rapaz...

   ____

   ____

   ____

   ____.

2. O meu par ideal...

   ____

   ____

   ____

   ____.

HORIZONTES (Textbook pp. 104–106)

2-23 O Sul e o Sudeste do Brasil. Indicate if the following statements are true (**verdadeiro**) or false (**falso**) selecting the respective alternative, according to the information given in the **Horizontes** section of your textbook, pages 104–106.

1.	A imigração para o Brasil foi muito intensa no século XVII.	VERDADEIRO	FALSO
2.	Quase a metade da população brasileira vive na região Sudeste.	VERDADEIRO	FALSO
3.	O Brasil é o terceiro maior país do mundo.	VERDADEIRO	FALSO
4.	O Sul é a maior região brasileira.	VERDADEIRO	FALSO
5.	O Sudeste é a região mais industrializada do Brasil.	VERDADEIRO	FALSO
6.	O menor parque industrial da América Latina fica no Sudeste do Brasil.	VERDADEIRO	FALSO
7.	A atividade agrícola é praticamente inexistente no Sudeste.	VERDADEIRO	FALSO
8.	O sistema de colonização do Sul foi diferente do praticado no resto do país.	VERDADEIRO	FALSO
9.	O Brasil é dividido em cinco regiões distintas.	VERDADEIRO	FALSO
10.	O Brasil é o segundo maior país da América do Sul.	VERDADEIRO	FALSO

LABORATÓRIO

À PRIMEIRA VISTA (Textbook pp. 70–76)

2-24 Quatro pessoas. You will hear a number followed by the description of a person. Write the appropriate number for each person's picture. Don't worry if there are some words you don't understand.

a. ______

b. ______

c. ______

d. ______

2-25 Verdadeiro ou falso? You will hear a conversation between friends. Listen carefully, then indicate whether the statements below are true or false by selecting **verdadeiro** or **falso**. You may read the statements before listening to the conversation.

1.	A amiga do Rafael chama-se Catarina.	VERDADEIRO	FALSO
2.	Ela é dos Estados Unidos.	VERDADEIRO	FALSO
3.	Ela estuda na universidade este semestre.	VERDADEIRO	FALSO
4.	Ela tem dezoito anos.	VERDADEIRO	FALSO
5.	Ela quer ser professora de Economia.	VERDADEIRO	FALSO

Nome: ______________________________ Data: ____________________

Pronúncia

Inserção do som "i"

In spoken Brazilian Portuguese, clusters of consonants are broken up by inserting an **i** sound. **Repita as seguintes palavras.**

p[i]sicologia   ét[i]nica   sub[i]tropical   ad[i]vogado   ab[i]soluto   ob[i]jeto

2-26 Como são estas pessoas? You will hear descriptions of five persons. Select the appropriate description of each person. Don't worry if there are some words you don't understand.

#	PESSOA	PAÍS	DESCRIÇÃO
1.___	Felipe Barbosa	Moçambique	a) alto, simpático, agradável
2.___	Helena Cardoso	Angola	b) inteligente, ativa, faladora
3.___	André Farias	Timor Leste	c) gordo, mais velho, inteligente
4.___	Eduardo Prado	Cabo Verde	d) moreno, trabalhador, solteiro
5.___	Sandra Silva	Portugal	e) alta, tem 20 anos, agradável
6.___	Iracema Pereira	Brasil	f) jovem, bonita, casada

2-27 Auto-descrição. You will hear a young man and a young woman describe themselves. Fill in the blanks as you hear the information.

nome   **nacionalidade**   **idade**   **descrição**   **lugar(es)**

1. Rapaz: ____

____.

2. Moça: ____

____.

Pronúncia

Os sons do "l"

At the beginning of words or syllables, the Brazilian Portuguese **l** is pronounced like the English *l*. **Repita as seguintes palavras.**

alegre   falar   chocolate   loiro   cabelo   angolano

At the end of words or syllables, the Brazilian Portuguese **l** is pronounced like the English *w* in *cow*. **Repita as seguintes palavras.**

abril   alto   falta   agradável   calmo   solteiro

O som do "lh"

The Brazilian Portuguese **lh** has no English equivalent. **Repita as seguintes palavras.**

olhos   velho   melhor   julho   trabalha   vermelho

ESTRUTURAS

Adjectives (Textbook pp. 77–79)

2-28 Uma comédia. Listen to the description of a play and the people involved in it. Select the form of the adjective corresponding to the description.

1. [excelente, excelentes]
2. [simpática, simpático, simpáticos, simpáticas]
3. [bonito, bonita, bonitos, bonitas]
4. [jovem, jovens]
5. [nervosa, nervoso, nervosos, nervosas]
6. [contente, contentes]

2-29 Descrições. You will hear a description of six students. As you hear the information, select one physical and one personality trait for each person or group of persons.

NOME(S)	ASPETO FÍSICO	PERSONALIDADE
1. Marcela	[forte, olhos castanhos, baixa]	[faladora, inteligente, alegre]
2. Ernesto	[moreno, baixo, cabelos pretos]	[trabalhador, tímido, simpático]
3. Amélia e Marta	[olhos azuis, altas, morenas]	[alegres, tímidas, trabalhadoras]
4. Armando e João	[altos, olhos verdes, magros]	[simpáticos, faladores, tímidos]

Pronúncia

Os sons do "r"

Most Brazilians pronounce the **r** sound at the beginning and at the end of words or syllables like the English *h* in *hot*. **Repita as seguintes palavras.**

Rio cor vermelho ouvir ir Renata

The Brazilian double **rr** is also pronounced like the English *h* in *hot*. **Repita as seguintes palavras.**

arrogante churrascaria território carro aborrecido errado

Between two vowels and after a consonant other than **l**, **n**, or **s**, Brazilian Portuguese **r** is pronounced like the American English *t* in *water*.

séria Brasil primeira praia magra moreno

Present tense and some uses of the verb *ser* (Textbook pp. 82–83)

2-30 Hora e lugar. What's going on in Coimbra? Say the time and place of each event.

MODELO: You see: a festa
You hear: A festa é à uma no parque
You say: *à uma* *no parque*

1. o concerto
2. a conferência sobre a imigração alemã
3. o baile
4. o banquete
5. o concurso de danças locais

Nome: ______________________________ Data: ____________________

Ser and *estar* with adjectives (Textbook pp. 83–85)

2-31 Informação. Listen as Professor João da Silva asks the class for information about some students. Then write the correct verb form you would use to answer each question.

é está somos estamos estão são

1. ______________________________.
2. ______________________________.
3. ______________________________.
4. ______________________________.
5. ______________________________.
6. ______________________________.

Possessive adjectives (Textbook pp. 90–92)

2-32 Qual é o adjetivo? Listen to the speaker's statements about his friends and then write the possessive adjective or adjectives you hear.

MODELO: You hear: Os meus amigos Carlos e Fernando são de Moçambique.

You write: *meus*

1. ______________________________.
2. ______________________________.
3. _______________, _______________.
4. ______________________________.
5. ______________________________.
6. ______________________________.

2-33 De quem é? Answer a friend's questions about people's possessions in the negative, using possessive adjectives. Listen to the recording carefully and record your answer.

MODELO: You hear: É o carro do Álvaro?

You answer: *Não, não é o carro dele.*

1. ...
2. ...
3. ...
4. ...
5. ...
6. ...

Mais um passo: Some idiomatic expressions with *estar* (Textbook pp. 93–94)

2-34 Os gostos variam. Listen to an interview with a famous Portuguese actress. Then indicate whether the statements below are true or false by selecting **verdadeiro** ou **falso**.

1. Quando está com fome, come muita salada.	VERDADEIRO	FALSO
2. Quando está com sono, lê (*reads*) um bom livro.	VERDADEIRO	FALSO
3. Quando está com frio, toma um banho gelado.	VERDADEIRO	FALSO
4. Quando está com pressa, corre muito.	VERDADEIRO	FALSO
5. Quando está com sede, bebe muita água.	VERDADEIRO	FALSO

ENCONTROS

2-35 Um estudante de intercâmbio. You will hear two friends talking about Marcos Freire, an exchange student. As you listen, try to find out his nationality, age, and what kind of person he is. Then mark the correct answers.

1. O Marcos é...
   a. brasileiro b. cabo-verdiano c. angolano
2. Ele tem...
   a. 18 anos b. 22 anos c. 25 anos
3. Ele é um moço...
   a. forte, mas preguiçoso b. agradável e inteligente c. calado e trabalhador

2-36 Quem? O quê? Onde? You will hear three short conversations. For each one write down the names of the persons, what they are doing or are going to do, and where they are. Play the recording again, if necessary, to check what you have written.

PESSOA(S)	ATIVIDADE	LUGAR
Amália e Eusébio	*escutar os CDs*	*laboratório*
1. Marta e		
2.		
3. Seu Pereira e D.		

Pronúncia

Os sons do "m", do "n" e do "nh"

Before vowels, the Brazilian Portuguese **m** is pronounced like the English *m* in *my*. **Repita as seguintes palavras.**

meu moreno informática Marta vermelho magra

Before vowels, the Brazilian Portuguese **n** is pronounced like the English *n* in *no*. **Repita as seguintes palavras.**

nome na negro Nobel no novo

The Brazilian Portuguese **nh** is pronounced similarly to the Italian *gn* in *lasagna*. **Repita as seguintes palavras.**

tenho engenharia castanhos minha companheiro espanhol

VÍDEO

Vocabulário útil

o/a advogado/a	*lawyer*	**o folclore**	*folklore*
agregar	*to bring together, to gather*	**a lepra**	*leprosy; one's negative characteristics*
o/a bibliotecário/a	*librarian*		
o/a carioca	*native of Rio de Janeiro*	**o malandro**	*rogue, rascal*
caseiro/a	*homebody*	**o/a metalúrgico/a**	*metal worker*
o decoro	*propriety, decency*	**o/a palhaço/a**	*clown*
entender	*to understand*	**reclamar**	*to complain*
a escola	*school*	**reconhecer**	*to recognize*

Nome: ______________________________ Data: ____________________

2-37 Meu amigo brasileiro/Minha amiga brasileira. Listen to the various individuals describe their friends. If you had to choose one of the individuals interviewed to be your friend, which one would it be? Give at least two reasons for your choice.

1. Meu amigo/Minha amiga seria (*would be*) ____________,
2. porque ____

____.

2-38 A amizade. The detailed accounts given by the interviewees make it clear that friendship plays an important role in Brazilian society, yet each individual describes his or her friendships in a different way. Complete the statements below to paint a full picture of the scope and diversity of their attachments.

1. Rogério tem amigos de ____________ anos de idade.
   onze e oitenta e quatro
   dez e cinquenta e cinco
2. Dona Raimunda ____________ amiga de todo mundo?
   é
   não é
3. Juliana gosta de ____________ pessoas.
   não agregar
   agregar
4. Carlos ____________ uma facilidade muito grande para fazer amigos.
   tem
   não tem
5. A mãe do Chupeta reclama que quando eles andam no shopping a cada ____________ minutos alguém para o Chupeta para falar com ele.
   cinco
   dez
6. A maioria dos amigos da Mariana são da ____________.
   faculdade
   praia
7. Daniel tem amigos da ____________.
   escola e do folclore
   escola e da praia
8. Mônica teve (*had*) dificuldade de arranjar amigos no princípio porque ela acha o carioca mais ____________.
   inteligente
   malandro

2-39 O que fazem os amigos? What are the professions or occupations of the following people's friends?

1. Rogério ______________________________.
2. Juliana ______________________________.
3. Mariana ______________________________.

2-40 As personalidades. Select the words the following people use to describe themselves.

1. Rogério
   perfeccionista
   caseiro/a
   crítico/a
   decoro
   extrovertido/a
   tímido/a
   responsável
   reservado/a
   alegre
   palhaço/a

2. Juliana
   perfeccionista
   caseiro/a
   crítico/a
   decoro
   extrovertido/a
   tímido/a
   responsável
   reservado/a
   alegre
   palhaço/a

3. Chupeta
   perfeccionista
   caseiro/a
   crítico/a
   decoro
   extrovertido/a
   tímido/a
   responsável
   reservado/a
   alegre
   palhaço/a

4. Mariana
   perfeccionista
   caseiro/a
   crítico/a
   decoro
   extrovertido/a
   tímido/a
   responsável
   reservado/a
   alegre
   palhaço/a

5. Daniel
   perfeccionista
   caseiro/a
   crítico/a
   decoro
   extrovertido/a
   tímido/a
   responsável
   reservado/a
   alegre
   palhaço/a

6. Mônica
   perfeccionista
   caseiro/a
   crítico/a
   decoro
   extrovertido/a
   tímido/a
   responsável
   reservado/a
   alegre
   palhaço/a

2-41. Conhecer-se a si mesmo. Rogério uses a famous quote from the Brazilian writer Nelson Rodrigues: "O ser humano só vai se entender no dia que reconhecer as suas lepras." Then he talks about how difficult it is to describe oneself. First of all, try to understand what the above quote is saying; can you paraphrase it (in English or in Portuguese)? And then, consider whether it is difficult or easy for you to talk about yourself. Why do you think that is?

____

____

____

____.

Nome: ______________________________ Data: ____________________

Lição 3 ◆ Horas de lazer

Prática

À PRIMEIRA VISTA (Textbook pp. 110–114)

3-1 Agenda da semana. Look at your neighbors' schedules for the week. Associate the people with their activities, according to the schedule.

DIA DA SEMANA	JOÃO	CLARA	CATARINA
Segunda	não trabalhar		caminhar na praia
Terça		tomar sol	
Quarta	falar com o diretor	nadar no mar	nadar no mar
Quinta		tocar violão	ler revistas
Sexta	comemorar o aniversário		estudar inglês
Sábado	ler o jornal		alugar um filme
Domingo	assistir televisão	assistir televisão com o João	jantar fora

1. Na segunda, Catarina ______
2. Na terça, Clara ______
3. Na quarta, Catarina e Clara ______
4. Na quinta, Clara ______
5. Na sexta, João ______
6. No sábado, Catarina ______
7. No domingo, João e Clara ______

a. aluga um filme
b. nadam no mar
c. caminha na praia
d. assistem televisão
e. toca violão
f. toma sol de manhã
g. comemora o aniversário

3-2 Suas atividades. A new friend is interested in your weekend activities. Answer his/her questions.

1. O que você faz na praia?

____

2. Quando você vai ao cinema?

____

3. Que tipo de música você escuta?

____

4. Você costuma ler o jornal de manhã ou à tarde?

____

5. O que os seus amigos fazem nas festas?

____

3-3 As comidas. Associate the foods and beverages with the appropriate meal.

1. café da manhã
2. almoço
3. jantar

a. feijoada completa
b. café com leite, suco de laranja e torradas
c. sopa de verduras

Nome: ________________________________ Data: ____________________

3-4 Palavras cruzadas: lugares e atividades. Complete the crossword puzzle based on the following questions.

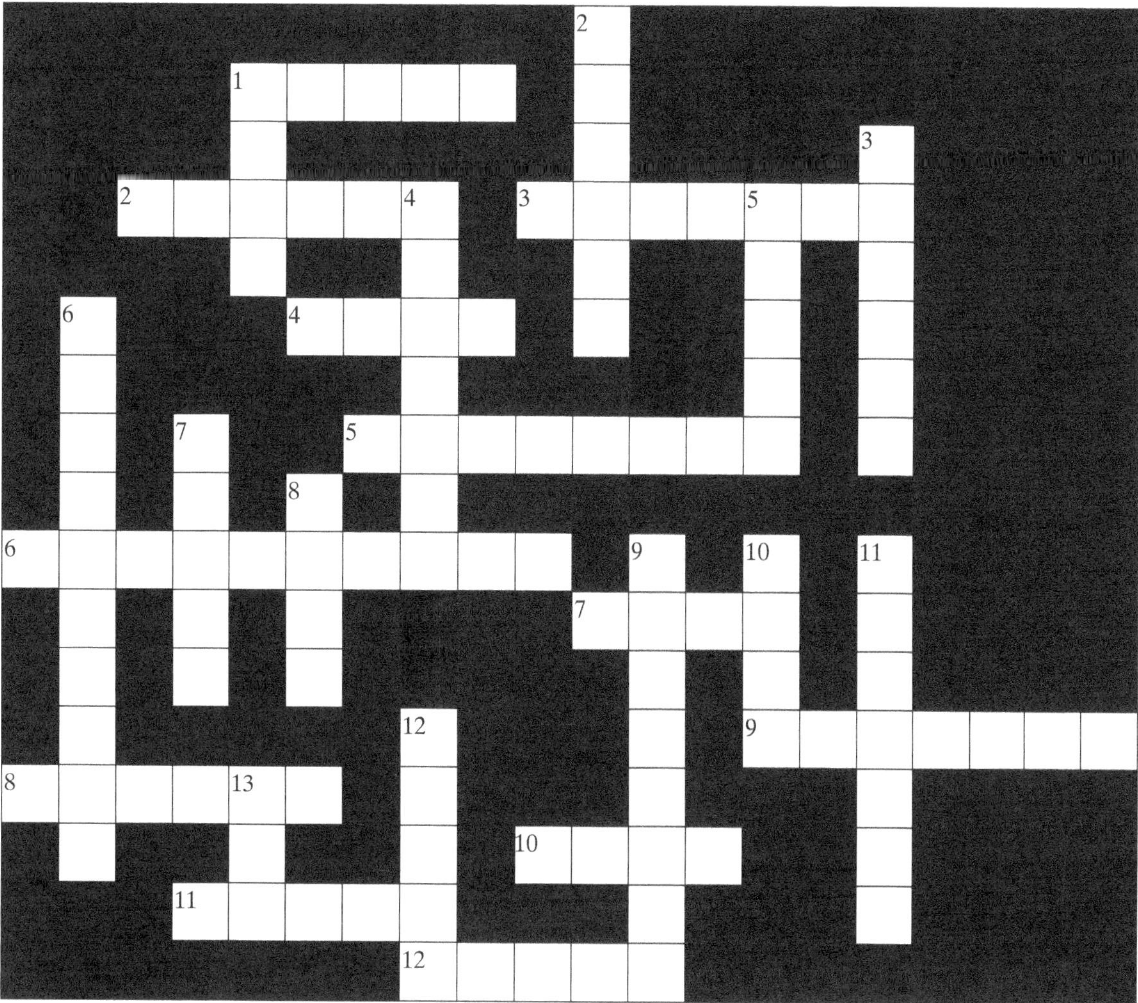

Horizontais

1. A moça ____________________ muito bem.
2. Verônica ____________________ um dicionário na livraria.
3. Os jovens assistem filmes nos ____________________.
4. Você mora em uma ____________________ muito bonita.
5. Toda a família vai ____________________ televisão depois do jantar.
6. Marta e Mariana estudam na ____________________.
7. Roberto ____________________ no mar.
8. Vamos assistir *Cidade de Deus* no ____________________ Roxy.
9. Pedro e eu ____________________ todas as janelas da casa.
10. Eu ____________________ hambúrguer com batata frita.
11. Os jovens tomam sol na ____________________.
12. Ana e Laura não são pobres, são ____________________.

Verticais

1. Lucas ______________________ muita salada.
2. Nós ouvimos ______________________ brasileira na casa da Maia.
3. Você ______________________ Português no laboratório de línguas.
4. Ricardo ______________________ um filme com Amanda.
5. Minha família vai ______________________ na Califórnia.
6. Silvina tem dois computadores no ______________________.
7. Eles vão assistir um novo ______________________ brasileiro.
8. Você ______________________ muito café.
9. Luísa e eu ______________________ muito nas festas.
10. Sara ______________________ português e espanhol na universidade.
11. Você ______________________ os exercícios no caderno.
12. Pedro gosta de ______________________ futebol todos os dias.
13. Mário nada no ______________________.

3-5 Em um restaurante. Dona Mariana is a regular customer at the *A Casinha* restaurant. Today she is very hungry. First, read the server's questions and then associate each one with the most logical response.

1. Boa tarde, dona Mariana. ______
2. A senhora vai querer ver o cardápio? ______
3. O que a senhora vai comer hoje? ______
4. E para beber, suco ou água? ______
5. Que sopa a senhora vai tomar? ______
6. A senhora vai querer sobremesa? ______

a. Sopa de legumes.
b. Bolo de chocolate.
c. Vou, sim.
d. Suco de laranja.
e. Tudo. Estou com muita fome!
f. Boa tarde, seu Pedro.

3-6 Uma excursão divertida. You and some classmates are organizing a picnic for the weekend. Write sentences telling what each of you will contribute, using the items and verbs from the list.

hambúrgueres	sorvetes	tocar	alugar	salada	pão
frango assado	cerveja	violão	frutas	comprar	água
preparar	refrigerantes	procurar	música	bicicletas	conversar

MODELO: Ana e Paula vão preparar a salada.

1. ____
2. ____
3. ____
4. Eu vou ______________________________________
5. João e eu vamos _______________________________
6. Todos nós vamos _______________________________

Nome: ______________________________ Data: ____________________

ESTRUTURAS

1. **Present tense of regular -*er* and -*ir* verbs**

comer (*to eat*)

eu	**como**	nós	**comemos**
você, o/a sr./a., ele/ela	**come**	vocês, os/as srs./as., eles/elas	**comem**

discutir (*to discuss*)

eu	**discuto**	nós	**discutimos**
você, o/a sr./a., ele/ela	**discute**	vocês, os/as srs./as., eles/elas	**discutem**

2. **Present tense of *ir***

ir (*to go*)

eu	**vou**	nós	**vamos**
você, o/a sr./a., ele/ela	**vai**	vocês, os/as srs./as., eles/elas	**vão**

3. **Expressing future action**

Eu **vou nadar** mais tarde.	*I'm going to swim later.*
Você **viaja** ao Brasil este verão?	*Are you going to travel to Brazil this summer?*

4. **Present tense of *ter***

ter (*to have*)

eu	**tenho**	nós	**temos**
você, o/a sr./a., ele/ela	**tem**	vocês, os/as srs./as., eles/elas	**têm**

Present tense of regular -*er* and -*ir* verbs (Textbook pp. 119–121)

3-7 Os fins de semana. On weekends in Brazil, friends go out to dinner at a restaurant after seeing a movie. Fill in the blanks with the correct form of the verb **comer** and **discutir**.

MODELO: João *come* muita feijoada e *discute* os filmes em detalhes.

A. Vocês ____________ (1) muita salada e não ____________ (2) os filmes em detalhes.

B. Você sempre ____________ (3) peixe e ____________ (4) os filmes com Laura.

C. Mariana ____________ (5) frango e ____________ (6) os filmes com Pedro.

D. Ana e eu ____________ (7) muito e ____________ (8) até tarde.

E. Os estudantes ____________ (9) pouco e ____________ (10) muito.

3-8 O que os estudantes fazem? Answer the following questions about your campus and your activities.

1. Em geral, a que horas os estudantes chegam ao restaurante para o almoço?

____

2. O que os estudantes comem no restaurante?

____

3. O que bebem?

____

4. O que fazem na biblioteca? E você, o que faz?

____

5. O que fazem nos fins de semana?

____

3-9 O que você faz? Here's a page from your weekly calendar. Fill in the blanks using some of these verbs in the appropriate context and in the correct form.

segunda	terça	quarta	quinta	sexta	sábado	domingo
comer	estudar	conversar	escrever	dançar	assistir	andar
tocar	beber	nadar	trabalhar	descansar	correr	morar
falar	praticar	falar	escutar	alugar	comprar	tomar

1. No sábado, eu ______________________ de manhã no parque.
2. Na quarta, eu ______________________ com o time de natação da universidade.
3. Na segunda, eu ______________________ música brasileira.
4. No domingo, eu ______________________ muitos quilômetros.
5. Na terça, eu ______________________ esportes.
6. Na sexta, eu ______________________ em uma discoteca.

3-10 Conselhos úteis. Your classmates trust your judgment and often tell you about their worries, wishes, etc. Tell them what they should do.

MODELO: Trabalho muito e estou cansado.
Você precisa descansar e comer bem.

1. Gostamos de comer e estamos um pouco gordos.

____

2. Estudo, mas não tiro boas notas.

____

3. Gosto de ir ao cinema e quero assistir um bom filme neste fim de semana.

____

4. Em nosso curso, desejamos comemorar o aniversário do/a professor/a.

____

5. Gosto de restaurantes de comida rápida, mas estou com o colesterol um pouco alto.

____

Present tense of *ir* (Textbook pp. 124–125)

3-11 Aonde vão? Where are these people going? Fill in the blanks with the correct form of the verb **ir**.

1. José e eu ______________________ à discoteca.
2. Os estudantes ______________________ ao cinema.
3. Marina ______________________ à casa da Paula.
4. Você ______________________ ao ginásio.
5. Eu ______________________ à universidade.

Nome: ______________________________ Data: ____________________

3-12 Os planos. You are interviewing your friend and his family. First, read your questions and then select the most logical response for each.

1. Com quem você vai ao cinema no domingo? Com Ricardo ou com Paulo? _______
2. Como você vai? De carro ou de bicicleta? _______
3. Para onde você vai depois de amanhã?
4. Quem vai ao cinema à tarde? _______
5. Para onde você vai hoje à noite? _______

a. De bicicleta.
b. Para Cuiabá.
c. Meus amigos.
d. Vou para uma churrascaria hoje à noite.
e. Vou com os dois.

Expressing future action (Textbook pp. 125–128)

3-13 Associações. Associate what the following people are going to do in the appropriate places.

1. Na lanchonete, dona Joana _______
2. No cinema, você _______
3. Em minha casa, eu _______
4. Na biblioteca, eles _______
5. No concerto, Ana e eu _______

a. vou ler um livro.
b. vai tomar um suco.
c. vai assistir um filme.
d. vão fazer a tarefa.
e. vamos ouvir música clássica.

3-14 O que eles/elas vão fazer? Match these people and what they are going to do in different contexts.

1. Ela vai comprar um livro. _______
2. Eles vão aprender sobre cultura brasileira. _______
3. Eles vão dançar. _______
4. Nós vamos tomar café. _______
5. Eu vou dormir. _______

a. Os alunos estão no curso de Português.
b. Os rapazes estão em uma festa.
c. Pedro e eu estamos em um café.
d. Eu estou em minha casa.
e. Ana está na livraria.

3-15 O que fazemos? You want to find out what you and your friends are doing in the near future. Select the appropriate answer for each question.

1. A que horas jantamos hoje? _______
2. Você vai ao cinema no fim de semana? _______
3. Você me telefona mais tarde? _______
4. Para onde você vai no próximo mês? _______
5. Vocês almoçam conosco no domingo? _______

a. Vou, sim. Com Maria.
b. Às sete e meia.
c. Para a Europa.
d. Telefono, sim.
e. Infelizmente não podemos.

3-16 O fim de semana. You have special plans for this weekend. Write what you plan to do each day at different times. Use the appropriate forms of the verbs in parentheses.

1. Às oito e meia da manhã __________ (correr) no parque.
2. Às dez da manhã __________ (assistir) televisão.
3. Ao meio dia __________ (comer) algo leve.
4. __________ (estudar) Português entre 4:30 e 6:30.

Domingo

5. __________ (andar) de bicicleta das 9:00 às 11:00.
6. __________ (escutar) música das 11:30 às 12:30.
7. À tarde __________ (escrever) e-mails.
8. __________ (dançar) à noite em uma boate pequena.

Present tense of *ter* (Textbook pp. 128–130)

3-17 Fazendo um bolo. Select **V (verdadeiro)** or **F (falso)** for the steps that should be taken to make a cake.

1. Temos que ter muitos ovos.	V	F
2. Um/a colega tem que ajudar.	V	F
3. É preciso ter um bom forno (*oven*).	V	F
4. Tenho que comprar vários quilos de farinha (*flour*).	V	F
5. Não precisamos ter manteiga.	V	F

3-18 Fazendo compras. You and a friend are writing down your grocery list. Complete the dialogue with the correct forms of **ter**.

VOCÊ: O que nós __________ (1) na geladeira (*fridge*)?

COLEGA: Nós não __________ (2) muita coisa: só alface e tomate!

VOCÊ: Então, eu __________ (3) que passar no supermercado para fazer compras.

COLEGA: Agradeço, porque eu não posso ir. Infelizmente, eu e João __________ (4) que ficar no trabalho até mais tarde.

VOCÊ: Tudo bem. Eu sei que vocês __________ (5) que terminar um projeto importante.

COLEGA: Acho que você __________ (6) que comprar pão, leite, peixe, ovos e manteiga.

VOCÊ: Concordo. Vou comprar também uma boa sobremesa.

Numbers above 100 (Textbook pp. 132–134)

3-19 Qual é o número? Select the Arabic numeral that matches the written number.

1. duzentos e trinta	320	230	220
2. quatrocentos e sessenta e cinco	645	575	465
3. oitocentos e quarenta e nove	849	989	449
4. setecentos e doze	612	702	712
5. novecentos e setenta e quatro	564	974	774
6. seiscentos e cinquenta e cinco	655	715	665

Nome: ______________________________ Data: ____________________

3-20 Dados sobre o Ceará. You are doing some research on the state of Ceará for your geography class. Based on the information given, answer the questions with the correct numbers.

O Ceará localiza-se na região Nordeste do Brasil. Ao leste do estado, encontram-se os estados do Rio Grande do Norte e da Paraíba, ao oeste, o estado do Piauí e ao sul, o de Pernambuco. Ao norte, o Ceará é banhado pelo Oceano Atlântico numa extensão de 573 km de costa. O maior rio do estado é o Jaguaribe, que corre numa extensão de 610 quilômetros. As temperaturas médias oscilam entre 24° e 30° C. Em razão de a maior parte do estado ser semi-árida, 88% de sua área é dominada por uma vegetação conhecida como caatinga, cuja característica marcante são pequenos arbustos retorcidos.

CEARÁ

1. Região do Brasil:
   a. Nordeste
   b. Sudeste
   c. Centro-Oeste
2. Estados adjacentes:
   a. São Paulo, Rio Grande do Norte e Minas Gerais
   b. Rio Grande do Norte, Paraíba, Piauí e Pernambuco
   c. Alagoas, Pernambuco e Goiás
3. Extensão da costa:
   a. 573 km
   b. 347 km
   c. 245 km
4. Extensão do maior rio:
   a. 610 km
   b. 590 km
   c. 287 km
5. Temperaturas médias:
   a. 28° e 32°
   b. 24° e 30°
   c. 25° e 33°

Mais um passo: Some uses of *por* and *para* (Textbook pp. 136–137)

3-21 Qual? If you were to translate these sentences into Portuguese, which word would you choose for each one, **por** or **para**?

_______ 1. The computer is **for** us.

_______ 2. Do you want to walk **through the** campus?

_______ 3. We danced **for** four hours.

_______ 4. They are leaving **for** the plaza.

_______ 5. The calculator is **for** the calculus class.

3-22 Por ou para? Complete the sentences with **para** or **por** and its appropriate contractions with articles (**pelo, pela, pelos, pelas**).

1. Os livros são __________ o João.
2. Eu gosto de andar __________ ruas de Ipanema.
3. Amanhã vou __________ Boston.
4. Escrevo um e-mail __________ a professora.
5. Hoje vou à praia __________ última vez.
6. Esta aspirina é __________ dor de cabeça (*headache*).
7. Vamos passar __________ restaurante antes da aula de Português.

ENCONTROS

Para ler (Textbook pp. 140–142)

3-23 O Moreno. You found this ad in a Brazilian magazine. Read it and answer the questions.

O Moreno
O MORENO
Fresco, incomparável, estimulante!
Amigo fiel das manhãs frias e quentes. Com *O Moreno*, a vida tem mais sabor! Com ou sem açúcar, é sempre delicioso até a última gota. Dá energia e enche seus dias de felicidade. Faça dele seu amigo inseparável nos bons e nos maus momentos.
Quem bebe o café O MORENO é feliz!

1. Quem é *O Moreno*?

____

2. Como é *O Moreno*?

____

3. Quais das características de *O Moreno* são parecidas com as características de um amigo?

____

4. Como é a pessoa que bebe *O Moreno*?

____

5. Qual é seu café preferido?

____

6. Quando você toma café?

____

Nome: ______________________________ Data: ____________________

Para escrever (Textbook pp. 142–144)

3-24 Primeira etapa: preparação. You are spending summer vacation with a friend in Rio de Janeiro. Write the first draft of a postcard you want to send to a classmate in your Portuguese class. Tell him or her a) the name of the hotel where you are staying, b) its location with respect to the beach, and c) your plans for the next two days. Use **Querido/a** (*Dear*) + name followed by a comma (e.g., **Querida Juliana,**) to address your friend and **Abraços** (literally, *hugs*) followed by a comma and your name as a closing.

3-25 Um cartão postal: versão final. Now that the first draft of your postcard is finished, ask yourself the following questions.

a. Did you provide your friend with the basic information about your vacation?
b. Are you using the most appropriate words to describe your thoughts?
c. Are you using the formal or the informal pronouns to address your classmate?
d. Do the verb endings agree with the persons or things they refer to?
e. Are you using the verb **ir** + infinitive to express plans?
f. Are the words spelled correctly? Are the accent marks in the right place?

Now write the final version of the postcard.

HORIZONTES (Textbook pp. 146–147)

3-26 O Nordeste do Brasil. Indicate if the following statements are true (**verdadeiro**) or false (**falso**) by writing **V** or **F** in the spaces provided, according to the information given in the **Horizontes** section on pages 146–147 of your textbook.

1. ______ A região Nordeste é composta por nove estados.
2. ______ O Nordeste ocupa quase todo o território brasileiro.
3. ______ A Bahia mantém muitas tradições afro-brasileiras.
4. ______ O estado de Pernambuco ainda hoje é o maior produtor de açúcar do mundo.
5. ______ O forró é um ritmo típico de Pernambuco.
6. ______ A maior festa de Pernambuco é o Carnaval.
7. ______ O Tambor de Crioula é uma festa típica do Maranhão.
8. ______ O Tambor de Crioula é uma festa dedicada a São Benedito, um santo negro e filho de escravos.
9. ______ No sertão (isto é, no interior) do Nordeste brasileiro, os períodos de seca afetam especialmente os estados do Piauí, Ceará e Pernambuco.
10. ______ O artesanato no Nordeste é inexpressivo.

Nome: ______________________________ Data: ____________________

LABORATÓRIO

À PRIMEIRA VISTA (Textbook pp. 110–114)

3-27 Diversões. Listen to two young people describing their leisure activities. Then, indicate whether the following statements are true or false by selecting **Verdadeiro** or **Falso.** Do not worry if you do not understand every word.

Descrição 1	**VERDADEIRO**	**FALSO**
1. Roberto vai muito ao cinema.	VERDADEIRO	FALSO
2. Os amigos de Roberto escutam música em casa.	VERDADEIRO	FALSO
3. Roberto conversa com amigos em um café.	VERDADEIRO	FALSO
4. Roberto nunca lê jornal.	VERDADEIRO	FALSO
5. Ele gosta muito de romances policiais (*detective novels*).	VERDADEIRO	FALSO

Descrição 2	**VERDADEIRO**	**FALSO**
6. Helena estuda música e arte.	VERDADEIRO	FALSO
7. Helena estuda no Ceará.	VERDADEIRO	FALSO
8. Helena toca violão e canta.	VERDADEIRO	FALSO
9. Ela gosta de cantar músicas em inglês.	VERDADEIRO	FALSO
10. Nos fins de semana, ela dança com amigos em discotecas.	VERDADEIRO	FALSO

3-28 O que você faz? A classmate you just met would like to know your preferences with regard to different activities. Answer his five questions according to the model.

MODELO: You hear: Você toca violão?
You say: *Toco, sim.* ou *Não, não toco, não.*

1. …
2. …
3. …
4. …
5. …

3-29 Em um restaurante. Listen to Marisa and Xavier ordering dinner at a restaurant, and then to the statements about their conversation with the waitress. Indicate whether the statements are true (**verdadeiro**) or false (**falso**).

1. VERDADEIRO FALSO
2. VERDADEIRO FALSO
3. VERDADEIRO FALSO
4. VERDADEIRO FALSO
5. VERDADEIRO FALSO
6. VERDADEIRO FALSO

3-30 O lanche. You are studying in Recife and normally have a snack in the afternoon at your favorite café. Respond appropriately to the waiter.

1. …
2. …

3-31 No supermercado. Listen for the items that different persons plan to buy in the supermarket and select the items from the list.

MODELO: You hear: Olga precisa de ovos e tomate.
You select: *ovos, tomates*

1. Marta: ______________________________

Batatas	Queijo	Suco de laranja	Leite
Pão	Café	Frutas	Peixe
Presunto	Alface	Cereal	Sorvete
Legumes	Arroz	Frango	Tomates

2. Roberto: ______________________________

Batatas	Queijo	Suco de laranja	Leite
Pão	Café	Frutas	Peixe
Presunto	Alface	Cereal	Sorvete
Legumes	Arroz	Frango	Tomates

3. Ana: ______________________________

Batatas	Queijo	Suco de laranja	Leite
Pão	Café	Frutas	Peixe
Presunto	Alface	Cereal	Sorvete
Legumes	Arroz	Frango	Tomates

4. Dona Maria: ______________________________

Batatas	Queijo	Suco de laranja	Leite
Pão	Café	Frutas	Peixe
Presunto	Alface	Cereal	Sorvete
Legumes	Arroz	Frango	Tomates

5. Dona Lia: ______________________________

Batatas	Queijo	Suco de laranja	Leite
Pão	Café	Frutas	Peixe
Presunto	Alface	Cereal	Sorvete
Legumes	Arroz	Frango	Tomates

6. As moças: ______________________________

Batatas	Queijo	Suco de laranja	Leite
Pão	Café	Frutas	Peixe
Presunto	Alface	Cereal	Sorvete
Legumes	Arroz	Frango	Tomates

7. Seu João: ______________________________

Batatas	Queijo	Suco de laranja	Leite
Pão	Café	Frutas	Peixe
Presunto	Alface	Cereal	Sorvete
Legumes	Arroz	Frango	Tomates

8. Sara: ______________________________

Batatas	Queijo	Suco de laranja	Leite
Pão	Café	Frutas	Peixe
Presunto	Alface	Cereal	Sorvete
Legumes	Arroz	Frango	Tomates

Nome: ______________________________ Data: ____________________

Pronúncia

Os sons do x

In Brazilian Portuguese, the consonant **x** in pronounced in four different ways.
At the beginning of a word and after **n**, the **x** is pronounced as the English *sh* in *she*. **Repita as seguintes palavras.**

xícara xarope xerox xale enxaqueca enxergar

At the end of a word, the **x** is pronounced as the English **x** in *ox*. **Repita as seguintes palavras.**

tórax clímax xerox pirex telex córtex

Before a consonant, the **x** is pronounced as the English **s** in *cast*. **Repita as seguintes palavras.**

excelente excepcionais expressões exposição sexta-feira contexto

Between vowels, the **x** can be pronounced in any of the above three ways and also as the English *z* in *zebra*. Because the context does not determine its pronunciation, you will have to learn how each individual word is pronounced. **Repita as seguintes palavras.**

English **sh**:	baixo	México	peixe
English **x**:	táxi	sexo	oxigênio
English **s**:	próximo	sintaxe	máximo
English **z**:	exemplo	exame	exercício

O som do ch

The Brazilian Portuguese **ch** in pronounced as the English *sh* in *she*. **Repita as seguintes palavras.**

lanchonete chá chocolate sanduíche choro chama-se

ESTRUTURAS

Present tense of regular *-er* and *-ir* verbs (Textbook pp. 119–121)

3-32 A dieta de Olga. Olga is on a diet to lose weight. Say whether she should eat or drink each of the following items.

MODELO:

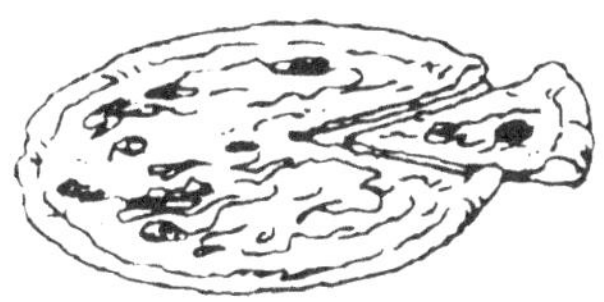

Olga não deve comer pizza.

1. …

2. …

3. …

4. …

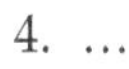

3-33 Para comer e beber. You and your friends are at a restaurant. Say what you are having according to the pictures and the cues you hear.

MODELO:

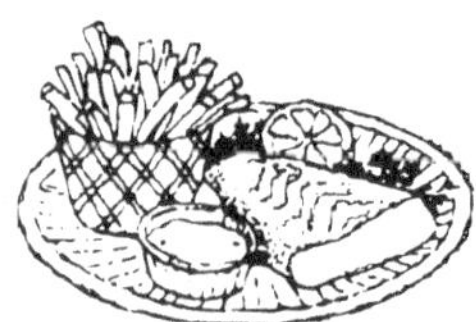

eu	você
Eu como peixe com batata frita.	Você bebe café.

1. …

2. …

3. …

4. …

5. …

Nome: _______________________________ Data: _______________

3-34 Para qual jornal escrevem? You and some of your friends are doing research on social conditions in the state of Ceará and sending the results of your research to local newspapers. Answer each question by saying to which city's newspaper the person(s) write(s). The numbers next to the cities on the map of Ceará identify the persons. Pause the recording at the beep to answer at your own pace.

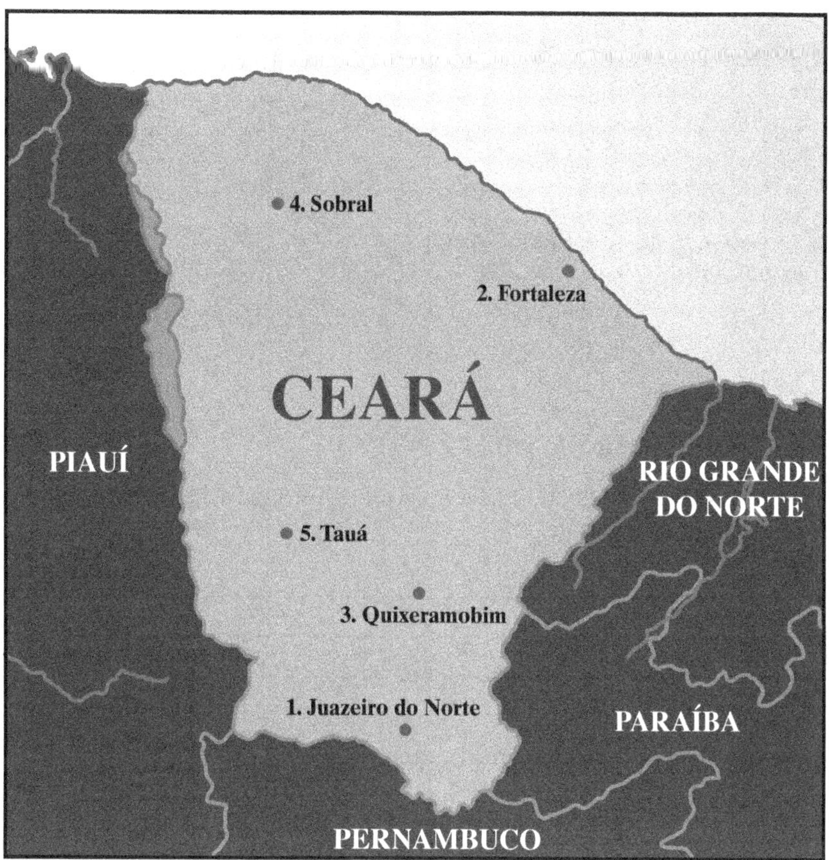

MODELO: Marina / Ubajara
Marina escreve para o jornal de Ubajara.

1. Luciana
2. Renata e Lígia
3. Maria Luísa
4. Pedro e você
5. os amigos do Roberto

Pronúncia

Os sons do g

The Brazilian Portuguese **g** when followed by **e** or **i** is pronounced like the English *s* in *measure* or *leisure*. **Repita as seguintes palavras.**

generoso agenda lógico giz religioso relógio

In all other cases, the Brazilian Portuguese **g** is pronounced like the English *g* in *garden*. **Repita as seguintes palavras.**

obrigado devagar logo agosto segunda igualmente agricultura

O som do j

The Brazilian Portuguese **j**, in any position, is also pronounced like the English *s* in *measure* or *leisure*. **Repita as seguintes palavras.**

já hoje janeiro junho corajoso Joana

Present tense of *ir* (Textbook pp. 124–125)

3-35 Os planos de Mônica. Listen to Mônica's plans for next week. For each activity that she is going to do, write the correct day and date.

SEGUNDA	TERÇA	QUARTA	QUINTA	SEXTA	SÁBADO	DOMINGO
11	12	13	14	15	16	17

MODELO: You hear: Mônica vai ao cinema no domingo.
You write: *Domingo, 17*

1. ____________
2. ____________
3. ____________
4. ____________
5. ____________
6. ____________

Nome: ______________________________ Data: ____________________

Expressing future action (Textbook pp. 125–128)

3-36 Meus amigos e eu. Assuming that the pictures below show what you and your friends are going to do, tell what your plans are. Include the cues you will hear in your answers.

MODELO: You hear: esta tarde
You say: *Nós vamos nadar esta tarde.*

1. 
2. 
3. 
4. 
5. 
6. 

Present tense of *ter* (Textbook pp. 128–130)

3-37 Coisas para fazer. Listen to two young women talk about all the things they have to do. Then, indicate whether the statements are true (**verdadeiro**) or false (**falso**). Do not worry if you do not understand every word.

Descrição 1	**VERDADEIRO**	**FALSO**
1. Cristina nunca tem muito o que fazer.	VERDADEIRO	FALSO
2. Ela tem aulas de manhã.	VERDADEIRO	FALSO
3. Ela e a mãe têm que acompanhar a avó ao médico.	VERDADEIRO	FALSO
4. A avó não tem boa saúde.	VERDADEIRO	FALSO
5. A avó tem oitenta anos.	VERDADEIRO	FALSO

Descrição 2	**VERDADEIRO**	**FALSO**
6. Luciana está sempre muito ocupada.	VERDADEIRO	FALSO
7. A irmã de Luciana tem um bebê.	VERDADEIRO	FALSO
8. Todos querem cuidar (*take care*) do bebê.	VERDADEIRO	FALSO
9. A mãe do bebê tem que dar banho nele.	VERDADEIRO	FALSO
10. Luciana tem que tocar violão para o bebê dormir.	VERDADEIRO	FALSO

Numbers 100 to 2.000.000 (Textbook pp. 132–134)

3-38 Identificação. You will hear only one number from each group below. Choose that number.

MODELO: You hear: cento e sessenta e três
You see: 273 338 136 163
You choose: *163*

1. 198	287	369	167
2. 104	205	405	504
3. 213	312	603	933
4. 416	624	704	914
5. 100	300	400	1.000

3-39 Os números. Listen to the numbers, then write each number in Arabic numerals.

MODELO: You hear: trezentos e trinta e seis
You write: *336*

1. __________ 3. __________ 5. __________ 7. __________ 9. __________
2. __________ 4. __________ 6. __________ 8. __________ 10. __________

Mais um passo: Some uses of *por* and *para* (Textbook pp. 136–137)

3-40 Por ou para? You will hear various questions regarding a trip. Answer them by completing the following sentences with **por, pelo, pela,** or **para**.

1. Vamos __________ Paraty.
2. Não, vamos passar __________ Angra dos Reis.
3. Vamos passear de barco __________ baía.
4. Vamos comer em lanchonetes. Não temos dinheiro __________ restaurantes.

Nome: ______________________________ Data: ____________________

3-41 As férias de Luana e Cauã. Luana and Cauã are discussing a travel package to Ceará. Listen to their conversation and select the appropriate questions and answers based on the information you hear. You should read below before listening to the conversation. Do not worry if there are words you do not understand.

perguntas	**respostas**
1. Para onde Luana e Cauã vão? ____________	a. Para o Ceará. b. Para o Rio Grande do Norte. c. Para Alagoas.
2. ____________? Sete dias.	a. Como vão viajar? b. Quantos dias levam para chegar lá? c. Quanto tempo vão ficar lá?
3. Quanto custa a viagem? ____________	a. A viagem custa $ 8.500 dólares. b. A viagem custa $ 2.500 dólares.
4. ____________? É excelente.	a. Como são os restaurantes nordestinos? b. Como é a comida nordestina?
5. Quem vai telefonar para a agência? ____________	a. Cauã. b. Luana.
6. Qual é o número do telefone? ____________	a. É 667-3245. b. É 997-3845.

VÍDEO

Vocabulário útil

acordar	*to wake up*	**o fondue**	*fondue, hot dish made of melted cheese*
altamente	*highly, very much*	**o homem**	*man*
o barulho	*noise*	**namorar**	*to court, to flirt*
a boate	*nightclub, discotheque*	**passear**	*to stroll, to go for a walk/ride*
chorar	*to cry*	**quando dá**	*when possible*
o esporte	*sport*	**sair**	*to go out*
festeiro/a	*partygoer, party animal*	**a trama**	*plot*

3-42 Tempo livre. The following people describe what they do in their free time. Match some of their activities on the right with the names on the left.

1. Dona Sônia _______
2. Adriana _______
3. Dona Raimunda _______
4. Juliana _______
5. Chupeta _______

a. fazer esporte e namorar
b. estar com amigos ou a mãe, tocar e cantar
c. caminhar na praia
d. ir ao teatro e ao cinema, ler
e. coisas alegres, passear, ir ao cinema e ao teatro quando dá

3-43 O próximo fim de semana. The following people describe what they will do the following weekend. First, read the statements below. Then, watch the video and listen closely to check whether the statements are **verdadeiros** (**V**) or **falsos** (**F**).

1. ___________ Rogério: No próximo fim de semana, ele vai estar na Escola de Samba Unidos da Tijuca.
2. ___________ Juliana: Ela vai estudar bastante e depois sair com a mãe.

3-44 E você? What will you do next weekend? Name at least two activities.

____

____

____

3-45 Os filmes. These speakers describe what kinds of films they like to watch. Match the following words and expressions with the right person.

1. Dona Sônia _______
2. Rogério _______
3. Dona Raimunda _______
4. Juliana _______
5. Daniel _______

a. pornografia não
b. água com açúcar (românticos)
c. todos os tipos
d. biografias
e. inteligentes

Nome: ____ Data: __________________________

3-46 As festas. The following people tell us whether they like parties and if they go to parties. First, read the statements below and note the alternatives. Then watch the video and select the correct responses.

A. Dona Sônia

1. Dona Sônia **é/não é** extremamente contrária a festas.
2. Ela **gosta/não gosta** de festas.

B. Adriana

3. Adriana ultimamente **vai/não vai** muito a festas.
4. Quando era mais nova, **sempre ia/não ia nunca** a festas de aniversário e casamento.

C. Rogério

5. Rogério **tem/não tem** muitas festas para ir.
6. Ele **é/não é** muito festeiro.
7. Ele **adora/não adora** comemorações.
8. Festa **é/não** é primordial para o brasileiro.

D. Dona Raimunda

9. Dona Raimunda **gosta/não gosta** de festa, aniversário e forró.

E. Juliana

10. Juliana **é/não é** muito festeira.
11. Juliana **gosta/não gosta** muito de ir a bares, restaurantes e teatro.
12. Ela **é/não é** muito de barulho.

F. Chupeta

13. Chupeta **adora/não adora** festas.
14. Ele **sai/não sai** muito.
15. Ele só vai a festas muito legais porque ele **pode/não pode** acordar tarde.

G. Daniel

16. É difícil encontrar alguém da idade do Daniel que **goste/não goste** de festa.
17. Se ele sai com os amigos, eles **dançam/não dançam** muito.

3-47 E você? Now, describe your own preferences and attitudes toward parties.

____

____

____

Nome: ______________________ Data: ______________

Lição 4 ◆ A família

PRÁTICA

À PRIMEIRA VISTA (Textbook pp. 152–156)

4-1 Associações. Select the most logical definition for each word.

1. tio ________
2. avó ________
3. primos ________
4. irmã ________
5. netos ________

a. filha de meus pais
b. irmão de meu pai
c. filhos de meus filhos
d. mãe de minha mãe
e. filhos de meus tios

4-2 A família de Tomás e de Margarida. Fill in the blanks expressing the relationships among the people in the family tree. Do not forget to use the articles when necessary.

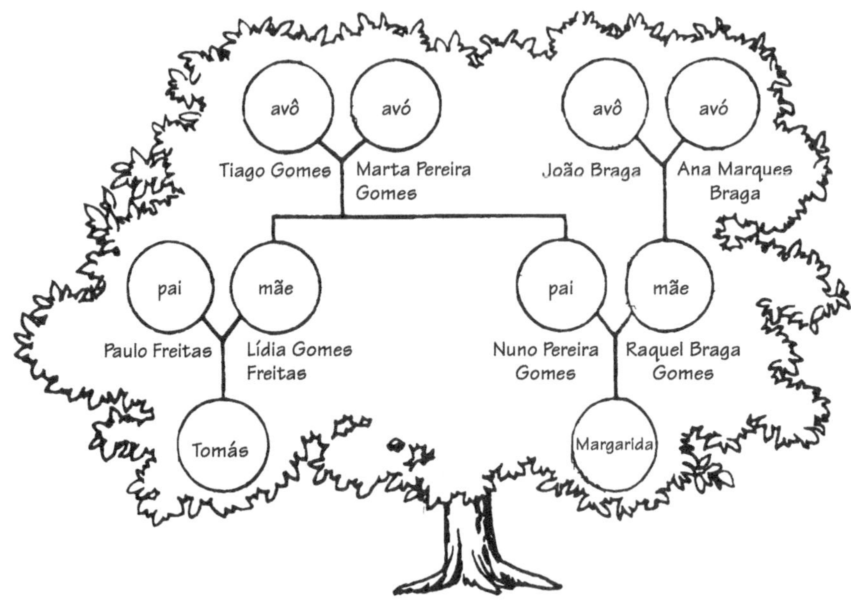

MODELO: Seu Tiago Gomes é o *esposo* da D. Marta Pereira Gomes.

1. Lídia Gomes Freitas é ____________________ de Nuno Pereira Gomes.
2. Tomás e Margarida são ____________________.
3. Nuno Pereira Gomes é ____________________ de Margarida.
4. D. Marta é ____________________ de Lídia Gomes Freitas.
5. Seu João Braga e a D. Ana Marques Braga são ____________________ de Margarida.
6. Tomás é ____________________ de Seu Tiago Gomes.
7. Nuno Pereira Gomes é ____________________ de Tomás.
8. Raquel Braga Gomes é ____________________ de D. Ana Marques Braga.

Nome: ____ Data: _________________________

4-3 Fundação Solidariedade Social. Read the following article about a Brazilian couple who started a non-profit organization (**organização sem fins lucrativos**) in Maringá, in the state of Paraná. Then complete the summary below.

A Fundação Solidariedade Social é iniciativa de um jovem casal de Maringá que se dedica a ajudar as famílias pobres da cidade, procurando empregos para os adultos e mantendo uma creche[1] para os seus filhos.

Marcos Ribeiro, formado em Economia e filho de uma família tradicional, decidiu um dia deixar sua carreira de jovem executivo e começar esta obra quando viu a situação desesperadora de muitas famílias de Maringá, uma cidade no Sul do Brasil que possui um padrão de vida[2] muito bom. A esposa dele, Sueli Borges Ribeiro, especialista em Educação Infantil, é a sua companheira de trabalho. O pai de Sueli, O conhecido escritor e jornalista Miguel Figueiredo Borges, publicou um artigo sobre esta organização sem fins lucrativos e a reação do público foi extraordinária. Hoje, a Fundação Solidariedade Social ajuda mais de cem famílias a refazerem as suas vidas.

Sueli é a terceira filha do casal Borges. Ela e sua mãe, D. Elvira, entrevistam as famílias e coordenam a equipe de voluntários que ajudam nos trabalhos da fundação. Os filhos de Sueli, de três e cinco anos, ficam na creche também e, assim, toda a família participa desta bela iniciativa.

1 *day care center*
2 *standard of living*

Marcos Ribeiro é formado em (1) _______________. Ele é casado com (2) _______________. O (3) _______________ dela é o escritor e jornalista Miguel Figueiredo Borges. Sua mãe, que se chama (4) _______________, trabalha também para a fundação. Marcos e Sueli têm dois (5) _______________, que participam das atividades da creche. Atualmente, a Fundação Solidariedade Social ajuda cerca de (6) _______________ famílias desfavorecidas.

4-4 Minha família nuclear. You are being interviewed about your family. Answer these questions.

1. Como é sua família: grande ou pequena?

____

2. Quantas pessoas tem na sua família?

____

3. Quantos irmãos e/ou irmãs você tem?

____

4. Quantos anos seus irmãos e/ou suas irmãs têm? E você?

____

5. Onde seu pai trabalha? E sua mãe?

____

6. Onde seus pais moram?

____

7. Você é solteiro/a ou casado/a?

____

8. Você tem filhos? Quantos?

____

Nome: ______________________________ Data: ____________________

ESTRUTURAS

Síntese gramatical

1. **Present tense of stem-changing verbs**

vowel changes (e > i, o > u)

sentir (*to feel*): **eu sinto**, você/ele/ela sente, nós sentimos, vocês/eles/elas sentem

dormir (*to sleep*): **eu durmo**, você/ele/ela dorme, nós dormimos, vocês/eles/elas dormem

stem-consonant changes

ouvir (*to hear*): **eu ouço**, você/ele/ela ouve, nós ouvimos, vocês/eles/elas ouvem

pedir (*to ask for/order*): **eu peço**, você/ele/ela pede, nós pedimos, vocês/eles/elas pedem

perder (*to lose*): **eu perco**, você/ele/ela perde, nós perdemos, vocês/eles/elas perdem

poder (*can, may*): **eu posso**, você/ele/ela pode, nós podemos, vocês/eles/elas podem

spelling changes

c > ç — **conhecer** (*to know*)
eu conheço, você/ele/ela conhece, nós conhecemos, vocês/eles/elas conhecem

g > j — **reagir** (*to react*)
eu reajo, você/ele/ela reage, nós reagimos, vocês/eles/elas reagem

g > gu — **seguir** (*to follow*)
eu sigo, você/ele/ela segue, nós seguimos, vocês/eles/elas seguem

2. **Adverbs**

FEMININE FORM: rápido/a — rapidamente

NO SPECIAL FEMININE FORM: fácil — facilmente

3. **Present tense of *fazer*, *dizer*, *trazer*, *sair*, and *pôr***

	FAZER	DIZER	TRAZER	SAIR	PÔR
eu	**faço**	**digo**	**trago**	**saio**	**ponho**
você, o sr./a sra. ele/ela	**faz**	**diz**	**traz**	**sai**	**põe**
nós	**fazemos**	**dizemos**	**trazemos**	**saímos**	**pomos**
vocês, os srs./as sras. eles/elas	**fazem**	**dizem**	**trazem**	**saem**	**põem**

4. ***Faz/Há* with expressions of time**

Faz cinco anos que Isabel mora em Blumenau. — *Isabel has lived in Blumenau for five years.*

Trabalhamos há duas horas. — *We've been working for two hours.*

Present tense of stem-changing verbs (Textbook pp. 157–160)

4-5 O que vocês pedem? preferem? sugerem? You and several members of your family are ordering dinner in a restaurant. Fill in the blanks using in the correct form of the following verbs: **pedir**, **preferir**, and **sugerir**.

A. Eu (1) ______________ (pedir) frango, mas meu irmão (2) ______________ (pedir) bife.

B. Minha prima (3) ______________ (sugerir) feijoada, mas eu (4) ______________ (preferir) massa.

C. Meu pai (5) ______________(pedir) salada, mas minha mãe (6)______________ (preferir) sopa.

D. Eu e minha irmã (7) ______________ (sugerir) frango, mas nossa avó (8) ______________ (sugerir) peixe.

E. Meu tio (9) ______________ (pedir) cerveja, mas eu (10) ______________ (pedir) água mineral.

F. Eu (11)______________ (sugerir) sorvete, mas minha tia (12) ______________ (preferir) frutas.

4-6 Podem ou não podem? Choose the correct form of the verb **poder** to make meaningful sentences.

1. A professora ______________ pedir um empréstimo (*loan*) no banco.
   a. podemos b. não posso c. pode
2. Minha irmã ______________ beber cerveja.
   a. não pode b. posso c. não posso
3. Eu ______________ dormir 12 horas.
   a. não posso b. não pode c. pode
4. Minha mãe e meu pai ______________ passar as férias em Portugal.
   a. podemos b. podem c. não podemos
5. Meu amigo e eu ______________ escrever uma carta em português.
   a. podemos b. podem c. não podem

4-7 Quantas horas estas pessoas dormem? Write the appropriate form of the verb *dormir*.

1. Eu ______________ 10 horas no fim de semana.
2. Meus pais ______________ 7 horas durante a semana.
3. Minha amiga ______________ 12 horas quando está de férias.
4. Os alunos ______________ 3 horas no período dos exames.
5. Eu e os meus amigos ______________ 11 horas depois de dançar na discoteca.

4-8 O que você faz? What you do in the following situations? Select an answer for each question.

1. O que você faz quando convida seus amigos para um jantar muito especial em casa?
2. O que faz você depois de ler o cardápio no restaurante?
3. O que você faz quando está muito cansado/a?
4. O que você faz quando ouve um bom conselho (*advice*)?
5. O que você faz quando alguém não ouve o que você pergunta (*ask*)?

a) Eu repito novamente a pergunta.
b) Eu durmo 9 horas.
c) Eu peço o prato que eu escolhi.
d) Eu sirvo muita comida e bebida.
e) Eu sigo o conselho.

Nome: ______________________________ Data: ____________________

Adverbs (Textbook pp. 163–164)

4-9 Meu mundo. Choose a synonym for the words in brackets.

informalmente	rapidamente	devagar	calmamente
irregularmente	diariamente	nervosamente	facilmente

1. Gosto de comer __________ (sem pressa).
2. Minha escritora favorita publica livros __________ (às vezes).
3. Os professores da minha universidade se vestem __________ (sem formalidade).
4. Em geral, meus pais analisam os problemas __________ (depressa).
5. Prefiro viajar __________ (com tranquilidade).
6. Resolvo meus problemas __________ (sem dificuldades).
7. Em público, falo __________ (com nervosismo).
8. Faço exercício __________ (todos os dias)

4-10 Na universidade. This is your daily life as a student. Complete the following statements by transforming the given adjective into an adverb ending in **–mente**.

MODELO: *Eu janto fora raramente (raro).*

1. De manhã, __________ (normal) tomo café.
2. __________ (geral) eu janto no restaurante da universidade.
3. Eu pratico esporte __________ (regular) de tarde.
4. Meus amigos vão à discoteca __________ (frequente).
5. Gosto de viver __________ (simples).
6. Vou para a universidade __________ (relativo) cedo.

4-11 Os hábitos de minha família. You are writing a composition about your family for your Portuguese class. Make a list of each of your family members' habits, using adverbs.

MODELO: *Meu pai usa o computador diariamente.*

1. ______________________________.
2. ______________________________.
3. ______________________________.
4. ______________________________.
5. ______________________________.
6. ______________________________.

Present tense of *fazer, dizer, trazer, sair,* and *pôr* (Textbook pp. 165–168)

4-12 Meu irmão Zé Luís, meus pais e eu. Complete these paragraphs with the correct forms of the verbs **fazer, dizer, trazer, sair,** and **pôr**.

De manhã:

Zé Luís e meu pai (1) __________ (sair) de casa às 7:30 da manhã. Meu pai sempre (2) __________ (dizer) que eles estão atrasados (*late*). Eles chegam à universidade às 8:00. Meu pai vai para o escritório e o Zé Luís vai à biblioteca e lá (3) __________ (fazer) as tarefas. Eu (4) __________ (sair) de casa às 9:30 e chego à universidade às 10:00. Primeiro vou à aula de Biologia e (5) __________ (fazer) experiências no laboratório. Depois de terminar, (6) __________ (pôr) os resultados da experiência na mesa do professor e vou às minhas outras aulas.

De noite:

Quando chego em casa (7) __________ (dizer) "Oi!" para os meus pais, que geralmente já estão na cozinha preparando o jantar. Meu pai sempre (8) __________ (trazer) pão fresco para o jantar e minha mãe (9) __________ (pôr) um vaso com flores na mesa. O Zé Luís e eu (10) __________ (pôr) a mesa, e todos comemos juntos e falamos sobre as atividades do dia.

4-13 A semana. What activities do you associate with the days of the week? Use the verbs indicated for your answers to say what you do.

1. domingo/fazer

   ____.

2. segunda/sair

   ____.

3. quinta/pôr

   ____.

4. sexta/trazer

   ____.

5. sábado/sair

   ____.

4-14 Um piquenique. A group of friends is planning a picnic. Complete their conversation using the correct forms of the verbs **fazer, dizer,** and **trazer.**

RUI: Quem vai fazer os sanduíches e a salada?

ALICE: Eu (1. fazer) __________ os sanduíches. João, você (2. fazer) __________ a salada?

JOÃO: Legal. (3. fazer) __________, sim.

RUI: E quem vai trazer as bebidas? Eu não posso ir ao supermercado.

CARLOS: Deixa comigo, eu (4. trazer) __________ as bebidas.

SUSANA: Marina e eu (5. trazer) __________ tudo no meu carro. A que horas vamos?

RUI: Eu (6. dizer) __________ às oito.

CARLOS: E eu (7. dizer) __________ às nove. Oito é muito cedo!

SUSANA: 'Tá' bom, às nove, então.

Nome: ______________________________ Data: ____________________

Há/Faz with expressions of time (Textbook pp. 169–173)

4-15 Há quanto tempo. . .? Your cousin wants to know how long you have been doing (or not doing) these activities. Write your answer in two different ways. Start one sentence with **Há . . . que . . .** or **Faz . . . que . . .** and the other with the verb in the present tense. Throughout the exercise, alternate the use of **há** and **faz**.

MODELO: jogar tênis
Há dois anos que jogo tênis / não jogo tênis.
Jogo tênis / Não jogo tênis há dois anos. or
Jogo tênis / Não jogo tênis faz dois anos.
Faz dois anos que jogo / não jogo tênis.

1. fazer ginástica

   ____

   ____

2. querer comprar um computador novo

   ____

   ____

3. não dormir 10 horas.

   ____

   ____

4. não ter tempo para. . .

   ____

   ____

5. (não) sair com. . .

   ____

   ____

6. (não) ouvir. . .

   ____

   ____

Mais um passo: The preterit tense of regular verbs and of *ir* (Textbook pp. 173–174)

4-16 Um dia muito agitado na vida de Sônia. Fill in the blanks with the verb in the correct form. Ontem, Sônia __________ (1. dormir) até as sete e meia da manhã. Ela __________ (2. assistir) as notícias da televisão e __________ (3. tomar) café da manhã. A seguir, Sônia __________ (4. ir) para a universidade. Ela __________ (5. estudar) na biblioteca até as duas da tarde. À noite, ela __________ (6. preparar) um jantar delicioso e __________ (7. servir) o jantar a seus amigos. Depois do jantar, ela __________ (8. sair) com os amigos eles __________ (9. ir) ao cinema.

4-17 E você, o que fez ontem? Answer the following questions according to what you did yesterday.

1. Quantas horas você dormiu ontem à noite?

____

2. Você saiu com seus amigos? Para onde?

____

3. O que você comeu no almoço?

____

4. Você assistiu televisão? O que você assistiu?

____

5. Você trabalhou? Onde?

____

6. O que mais você fez ontem?

____

ENCONTROS

Para ler (Textbook pp. 177–179)

4-18 Descrições. The term **a terceira idade** (literally, *third age*) is used in Portuguese to refer to senior citizens. Think of one senior citizen you know and answer the following questions.

1. Quantos anos esta pessoa tem?

____

2. Esta pessoa trabalha ou está aposentada (*retired*)?

____

3. Esta pessoa tem uma vida ativa ou sedentária?

____

4. Esta pessoa gosta de viajar?

____

Nome: ______________________________ Data: ____________________

4-19 A terceira idade. First, read the text below for its general meaning. Then, read it again and answer the following questions.

Programas para a terceira idade

A idade não conta

O que fazer depois dos sessenta anos? Esta pergunta preocupa muitas pessoas idosas. É importante lembrar que a vida não acaba na terceira idade. A educação, a atividade profissional em outras áreas, ou o turismo ativo são opções válidas para depois dos sessenta anos. E há muitas opções. Em diversas cidades brasileiras, existe o chamado Clube da Terceira Idade. É um grupo de apoio às pessoas com mais de sessenta anos, com atividades sociais e de lazer que acontecem todas as semanas. Dentre as atividades, há hidromassagem, ginástica, festas, comemorações especiais e também excursões para várias partes do país, a preços reduzidos. Na maioria das vezes, os passeios para os estados vizinhos são feitos de ônibus. Estudos mostram que as pessoas da terceira idade que têm esse tipo de vida são mais felizes e vivem mais.

Nos final dos anos oitenta, a Embratur (Empresa Brasileira de Turismo) criou um programa especial chamado "Turismo para a Terceira Idade", que oferece oportunidades de viagens de lazer para pessoas acima de sessenta anos. Atualmente, a Agência de Turismo Sênior, seguindo a filosofia da Embratur, é uma agência especializada na terceira idade, com o programa "Vida Ativa". A agência oferece aos clientes da terceira idade a oportunidade de conhecer não só o Brasil mas também outros países, através de viagens com grupos organizados, onde o convívio e a boa disposição são as notas dominantes. A Agência Sênior organiza viagens aéreas e de ônibus para lugares interessantes com preços reduzidos para os idosos.

Quem pode participar do Programa Vida Ativa?

Qualquer pessoa, aposentada ou não, pode participar deste programa ao completar sessenta anos. As pessoas da terceira idade podem ser acompanhadas de familiares ou amigos mais jovens, pois o programa não limita a idade dos participantes, e muitos idosos sentem-se mais confortáveis com a presença de algum familiar ou amigo.

A Agência Sênior também oferece refeições durante as viagens, considerando as necessidades alimentares especiais de alguns clientes. O café da manhã, por exemplo, tem as calorias apropriadas para a idade. No jantar, sempre há água mineral ou sucos sem açúcar.

1. Que organização dá apoio às pessoas idosas?
   a) O Clube dos Idosos.
   b) O Clube da Terceira Idade.
   c) A Associação da Terceira Idade.
   d) A Embratur.
2. Quantos anos devem ter as pessoas que querem participar dos programas para a terceira idade?
   a) Mais de 55 anos.
   b) Mais de 75 anos.
   c) Mais de 60 anos.
   d) Mais de 65 anos.
3. Que atividades as pessoas acima de sessenta anos podem fazer?
   a) As pessoas podem fazer hidromassagens e ginástica, ir a festas e comemorações.
   b) As pessoas podem fazer esportes variados.
   c) As pessoas podem fazer dança, bingo e futebol.
   d) As pessoas podem passear no centro comercial.
4. Como são as pessoas que participam das atividades do Clube da Terceira Idade?
   a) São tristes e desanimadas.
   b) São mais felizes e vivem mais.
   c) São muito dinâmicas.
   d) São joviais.
5. Que tipo de programa a Embratur criou nos anos oitenta?
   a) Turismo pelo Nordeste.
   b) Turismo familiar.
   c) Turismo internacional.
   d) Turismo da Terceira idade.

6. Como é o nome da agência de turismo que tem programas especiais para pessoas acima de 60 anos?
   a) Agência de Turismo Sênior.
   b) Agência da Terceira Idade.
   c) Agência para um futuro melhor.
   d) Programa Vida Ativa.
7. Que tipo de viagens essa agência oferece?
   a) Viagens áreas de luxo.
   b) Viagens de ônibus pelo interior do país.
   c) Viagens de trem com preços reduzidos para os idosos.
   d) A agência oferece viagens aéreas e de ônibus para lugares interessantes com preços reduzidos para os idosos.
8. Que tipo de alimentação a agência oferece aos participantes?
   a) A Sênior oferece refeições que consideram as necessidades alimentares dos clientes.
   b) A Sênior oferece refeições típicas das regiões.
   c) A Sênior oferece refeições mais baratas.
   d) A Sênior oferece refeições calóricas para os seus clientes.
9. O que os participantes podem beber durante as refeições?
   a) Os participantes podem beber bebidas energéticas.
   b) Os participantes podem beber refrigerantes.
   c) Os participantes podem beber água mineral e sucos sem açúcar.
   d) Os participantes podem beber café e chás.

4-20 Associações. Look at the reading again and write the adjectives that are associated with the following verbs.

1. interessar ______________________
2. reduzir ______________________
3. dominar ______________________
4. acompanhar ______________________
5. alimentar ______________________
6. aposentar ______________________

Para escrever (Textbook pp. 180–181)

4-21 1. Primeira fase. You are happy because your friend from Brazil is going to stay with you this summer. He or she wants to know about your family. Make a list of at least three family members you want to write about and what you want your friend to know about them. Include information such as name, age, what they are like, and what they like to do.

Minha família

____

____

____

____

____

____

____

____

____

____

____

____

____

2. **Etapa final.** Write a letter describing your family to your Brazilian friend. Use the information gathered in the previous exercise. Finally, let your friend know how you feel about his or her upcoming visit (for example: **Estou muito contente com a sua visita**). Use the verbs from the list or any other you wish.

chamar-se	tocar	preferir	falar
trabalhar	pôr	ter . . . anos	estar
poder	sair	estudar	ser
viver	começar	correr	jogar

____

____

____

____

____

____

____

____

____

____

____

____

____

HORIZONTES (Textbook pp. 183–185)

4-22 O Norte do Brasil e o Amazonas. Select the answer that best completes each of the following statements according to the information given in **Horizontes** on pages 183–184 of your textbook.

1. O Norte do Brasil é uma área enorme e. . .
   a) densamente povoada. b) escassamente povoada. c) povoada apenas por indígenas.
2. O Norte do Brasil tem. . . estados.
   a) sete b) cinco c) seis
3. Fazem parte da Região Amazônica. . .
   a) sete estados. b) oito países. c) dois estados e seis países.

4. A Região Amazônica possui. . .
   a) uma exuberante natureza. b) trezentas espécies de peixes. c) poucas espécies de aves.

5. A floresta amazônica tem animais como. . .
   a) girafas. b) elefantes. c) capivaras.

6. O Rio Amazonas nasce. . .
   a) na Amazônia brasileira. b) em Manaus. c) no Peru.

7. O Rio Amazonas é a junção dos rios. . .
   a) Negro e Tocantins. b) Negro e Solimões. c) Negro e Amazonas.

8. Pela quantidade de água doce que possui, o Rio Amazonas tem importância. . .
   a) local. b) nacional. c) mundial.

4-23 O que mais você sabe sobre a Amazônia? Fill in the blanks with the correct information, using the items and verbs from the list below.

menor	Yanomami	maior	peixes-boi
surfistas	altas	maior	cinco

A Região Amazônica é a (1) ____________ região do país e tem o (2) ____________ número de habitantes. Um dos grupos indígenas que habitam esta região chama-se (3) ____________. No Rio Amazonas podemos encontrar botos e (4) ____________. A pororoca atrai muitos (5) ____________ porque as ondas são muito (6) ____________, com até (7) ____________ metros de altura. O Rio Amazonas é o (8) ____________ rio do mundo, em termos de volume de água e extensão.

Laboratório

À PRIMEIRA VISTA (Textbook pp. 152–156)

4-24 A família de Irene. Look at Irene's family tree. You will hear a number followed by a word identifying each person's relation to Irene. Write the number next to that person's name.

MODELO: You hear: 0. avô
You write: Sr. Afonso ___*0*___

Sr. Afonso Santos — D. Gertrudes

João — Judite | Antônio — Lurdes

Pedro | Sandra | Irene | Nuno

1. D. Gertrudes ____________ 2. João ____________ 3. Judite ____________ 4. Antônio ____________
5. Lurdes ____________ 6. Pedro ____________ 7. Sandra ____________ 8. Nuno ____________

Nome: ______________________________ Data: ____________________

4-25 Os familiares dos meus colegas. Repeat each statement after the speaker. Then write the number of relatives mentioned and their relationship to the person named.

MODELO: You hear: Roberto tem dois irmãos.
You write: *dois irmãos*

1. Cláudia ____________________
2. Raquel ____________________
3. Paulo ____________________
4. Miguel ____________________
5. Ritinha ____________________
6. Carla ____________________
7. Zé ____________________
8. Tomás ____________________

4-26 A família de Amélia. You will hear Amélia Pinto Soares describing her family. Identify each family member's relationship to Amélia by writing it next to the appropriate name.

1. Carlos Soares ____________________
2. Artur ____________________
3. Gabriel ____________________
4. Pedro Luís ____________________
5. Marisa ____________________
6. Elvira ____________________

4-27 O batizado. Baptism is an important event in most Brazilian families. Read the statements below before listening to the description of the christening ceremony of a new member of the Rodrigues family. Then, indicate whether each statement is true (**Sim**) or false (**Não**) by marking the appropriate response. Don't worry if you don't understand every word.

1.	O casal Rodrigues vai comemorar o batizado do primeiro filho.	SIM	NÃO
2.	O bebê se chama João Carlos, como o seu padrinho.	SIM	NÃO
3.	Os avós paternos vão ser os padrinhos.	SIM	NÃO
4.	O batizado vai ser na casa de Antônio e Marta Pereira.	SIM	NÃO
5.	A família e os amigos mais próximos vão estar no batizado e em casa.	SIM	NÃO

4-28 A família de Diogo Schlosser. Diogo, an exchange student from Brazil, is talking to a group of friends about his family. For each description of Diogo's family members, write the name of his relative. You can repeat the names.

Ângela	Cristina	Conrado	Diogo
Ernesto	Ester	Leonor	Pedro

1. Muito jovem, muito inteligente e estuda medicina ____________________
2. Mãe ____________________
3. Trabalha em um banco ____________________
4. Preguiçoso, estudante ____________________
5. Avô, 70 anos e não trabalha mais ____________________
6. Irmã ____________________

7. Avó ___

8. Diretor da biblioteca nacional e é muito ocupado ___

9. Não trabalha mais e é muito calma ___

10. Irmão ___

11. Pai ___

12. Tem uma butique no Barra Shopping ___

13. Namorada de Pedro ___

14. Médico ___

Pronúncia

Os sons do s e do z

The Brazilian Portuguese **s** at the beginning of a word and the double **s** (**ss**) in the middle of a word are pronounced similarly to the *s* in the English word *second*. **Repita as seguintes palavras.**

só	segundo	passado	agressivo	assinatura	assunto

The Brazilian Portuguese **s** and **z** between vowels, and the **z** at the beginning of a word or syllable, sound like the *s* in the English word *disease* or the *z* in the English word *zebra*. **Repita as seguintes palavras.**

esposa	mesa	sobremesa	museu	música	presunto
zebra	zoológico	fazer	organizem	razões	cafezinho

When the **s** is at the end of a syllable or a word or is followed by **b**, **d**, **g**, **l**, **m**, **n**, **r**, or **v**, its pronunciation is similar to that of the *s* in the English word *measure*. **Repita as seguintes palavras.**

Lisboa	deslumbrante	mesmo	turismo	casas	tomates

When the **s** is followed by **c, f, p,** or **t** , its sound is similar to that of the *s* in the English word *see*. **Repita as seguintes palavras.**

pesca	escritório	esferográfica	revista	estilo	isto

In some areas of Brazil (Rio de Janeiro, parts of Santa Catarina, and the Northeast), the pronunciation of the **s** in the two cases outlined above is similar to that of English *sh* in the name *Ishmael*. You will find further information and practice of the pronunciation of **s** and **z** at the end of words in the **Ligação de palavras** segment of the **Pronúncia** section in **Lição 5** of your workbook.

Nome: ______________________________ Data: ____________________

ESTRUTURAS

Present tense of stem-changing verbs (Textbook pp. 157–160)

4-29 Quantas horas estas pessoas dormem? According to the times given, say how many hours these people sleep on different days of the week.

MODELO: You see: eu / terça / 8
You say: *Na terça eu durmo oito horas.*

1. Helena / sábado / 10
2. Paulo e Carlos / quarta / 7
3. nós / segunda / 6
4. eu / domingo / 9
5. você / quinta / 8

4-30 Bebidas. Your friends have a wide range of preferences when it comes to their choice of drinks. You are preparing for a party at your place and answering your roommate who wants to know what you will serve to each of your guests.

MODELO: You hear: O que você serve para Tiago?
You see: Tiago / água
You say: *Tiago prefere água. Sirvo água para ele.*

1. João / cerveja
2. Camila e Helena / Coca-Cola
3. Laura / suco de laranja
4. Marcelo e eu / chá
5. Regina / vinho
6. você / água mineral

4-31 Mais preferências. You and your roommate Flávia get along fine in spite of your very different preferences with regard to food and drink. State your divergences as illustrated below.

MODELO: You hear: Flávia prefere café.
You see: chá
You say: *Mas eu prefiro chá.*
You hear: Eu prefiro batata.
You see: arroz
You say: *Mas Flávia prefere arroz.*

1. água com gás
2. bife
3. refrigerante
4. torradas
5. massa
6. sopa de legumes

4-32 Aqui servem uma comida muito boa! Listen to this conversation between Paula and Marco and answer the questions that follow. Select the best answer based on what you hear.

1. a) em casa b) num restaurante c) numa festa
2. a) frango b) bife com batata frita c) feijoada
3. a) bife b) feijoada c) peixe com salada
4. a) bife b) frango frito com batata c) peixe
5. a) cerveja b) vinho branco c) vinho tinto

Pronúncia

Ligação de palavras (*linking*)

Linking occurs when a word ends in **r**, **s**, or **z** and is immediately followed by another word beginning with a vowel. The normal tendency is for the letters at the end of the word to form a syllable with the initial vowel in the next word. As you repeat the following expressions and sentences, avoid pausing between the words. **Repita as seguintes frases.**

1. Limpar a casa.
2. Por exemplo.
3. Estudar em casa.
4. Vamos usar a imaginação.
5. A mãe faz as torradas.
6. A filha traz os pratos.
7. Paulinho diz "obrigado".
8. Ele faz exercícios físicos, como correr e nadar.

Adverbs (Textbook pp. 163–164)

4-33 Mário conversa com o tio. Listen to this conversation between Mário and his uncle. Then choose the best answers to the questions that will follow according to the information you have heard.

1.	a) diariamente	b) semanalmente	c) raramente
2.	a) devagar	b) calmamente	c) imediatamente
3.	a) uma hora	b) duas horas	c) meia hora
4.	a) tocar no parque	b) formar uma banda	c) comprar uma guitarra

4-34 Uma tarde no parque. You will hear some sentences describing family activities at a park. Each sentence will be followed by a cue. Incorporate the cue into the sentence using the ending **–mente.** Pause the recording at the beep to answer at your own pace.

MODELO: Os avós caminham. / lento
Os avós caminham lentamente.

1. ______________________________
2. ______________________________
3. ______________________________
4. ______________________________
5. ______________________________

Nome: ____ Data: ___________________________

Present tense of *fazer, dizer, trazer, sair,* and *pôr* (Textbook pp. 165–169)

4-35 Uma manhã difícil. Chico is trying to get ready for school but his mother needs his help. Read the statements below and then listen to their conversation. If the statement is true, select **Sim.** If the statement is false, select **Não.**

	Sim	*Não*
1. O Chico e a mãe estão em casa.	SIM	NÃO
2. O Chico faz a cama.	SIM	NÃO
3. A mãe está ocupada.	SIM	NÃO
4. O Chico põe a mesa.	SIM	NÃO
5. O Chico sai às nove.	SIM	NÃO

4-36 Eu também. Your mother wants you to help out more at home and is pointing out the chores that your brothers and sisters do. Tell her that you also do those chores.

MODELO: You hear: Eles põem a mesa.
You say: *Eu também ponho a mesa.*

1. ____
2. ____
3. ____
4. ____
5. ____

4-37 Quem diz o quê? You know that the Portuguese word for "thank you" changes depending on who is saying it (male or female). Explain how the following people will say "thank you."

MODELO: You hear: Zita e Isabel
You say: *Zita e Isabel dizem "obrigada".*

1. ____
2. ____
3. ____
4. ____

Pronúncia

Ligação de palavras e crase

When there are two consecutive unstressed **a**s, one at the end of a word and the other at the beginning of the following word, they are often contracted into a sharper, open **a** sound. This is a form of crasis (contraction of two vowels), although not indicated as such by an accent. **Repita as seguintes frases.**

1. Uma família americana atípica.
2. Agora a tia Edna está casada com Arnaldo.
3. A minha avó visita as netas a toda a hora.
4. Compare a aprendizagem de violino à aprendizagem da língua.

If one **a** is stressed and the other unstressed, both sounds are pronounced separately (this is called a hiatus). **Repita as seguintes frases.**

1. A árvore genealógica.
2. Há apartamentos bons no centro da cidade.
3. Ela dá a caneta à Ana.

In normal speech, if a word ends with an unstressed **a, e,** or **o** and is followed by another word beginning with a vowel, the unstressed final vowel can contract with the vowel of the following word, which becomes the dominant sound. This form of crasis does not normally occur in slower, deliberate speech. In this segment, you will hear and repeat the same sequence of sentences twice, first slowly and the second time rapidly. **Repita as seguintes frases.**

1. A minha opinião é igual.
2. Qual é a sua opinião?
3. Tenho uma irmã chamada Inês.
4. Há bom relacionamento entre os padrinhos.
5. Complete as frases de acordo com as instruções.

Now listen and repeat the same sentences in rapid speech:

1. A minh'opinião é igual.
2. Qual é a su'opinião?
3. Tenh'um'irmã chamad'Inês.
4. Há bom relacionament'entr'os padrinhos.
5. Complet'as frases d'acordo com as instruções.

Há and *Faz* with expressions of time (Textbook pp. 169–173)

4-38 Há quanto tempo? You will hear a brief description of a boy and his activities. As you listen to the description, complete each sentence below by selecting the correct length of time.

1. Alexandre mora na mesma casa há. . .

   6 meses   1 ano   3 anos   4 anos   8 anos

2. Estuda no Colégio Salesiano faz. . .

   6 meses   1 ano   3 anos   4 anos   8 anos

3. Tem um gato há. . .

   6 meses   1 ano   3 anos   4 anos   8 anos

4. Tem uma bicicleta faz. . .

   6 meses   1 ano   3 anos   4 anos   8 anos

Nome: ______________________________ Data: ____________________

Mais um passo: The preterit tense of regular verbs and of *ir* (Textbook pp. 173–174)

4-39 Dois irmãos diferentes. You will hear Alberto talk about himself and his brother Cristiano. Select the appropriate name to indicate whether the following statements refer to what Alberto, Cristiano, or both did. Read the statements below before listening to the passage.

	ALBERTO	CRISTIANO	ALBERTO E CRISTIANO
1. Ontem, dormiu até às sete da manhã.	Alberto	Cristiano	Alberto e Cristiano
2. Bebeu apenas um café.	Alberto	Cristiano	Alberto e Cristiano
3. Comeu cereal.	Alberto	Cristiano	Alberto e Cristiano
4. Tomou café da manhã completo.	Alberto	Cristiano	Alberto e Cristiano
5. Saiu de casa com pressa.	Alberto	Cristiano	Alberto e Cristiano
6. Tomou um banho bem longo.	Alberto	Cristiano	Alberto e Cristiano
7. No último fim de semana, dormiu muito e foi a um café no centro da cidade.	Alberto	Cristiano	Alberto e Cristiano

ENCONTROS (Textbook pp. 175–177)

4-40 Planos para o Miguel. Listen to the plans of Miguel and his uncle and to the statements that follow. Indicate whether each statement is true (**Sim**) or false (**Não**) by selecting the appropriate response. Don't worry if you don't understand every word.

	SIM	NÃO
1.	SIM	NÃO
2.	SIM	NÃO
3.	SIM	NÃO
4.	SIM	NÃO
5.	SIM	NÃO

4-41 O que eles querem fazer? Paulo and his sister Sílvia are discussing their family's plans for the weekend. Select the preferences of each family member.

1. O pai quer:
   a. ler em casa b. ir à praia c. ir ao clube
2. A mãe quer:
   a. ler na praia b. ler em casa c. ir ao clube
3. Paulo quer:
   a. ler em casa b. ler na praia c. nadar
4. Sílvia quer:
   a. nadar b. tomar sol c. ir ao clube
5. Os avós querem:
   a. tomar sol b. ler na praia c. assistir televisão

Vídeo

Vocabulário útil

antigamente	*formerly, in the past*	**parecer-se**	*to resemble*
aposentado/a	*retired*	**parecido/a**	*similar*
o bobó de camarão	*dish made with shrimp, manioc, and coconut oil*	**a parteira**	*midwife*
carente	*destitute*	**o recasamento**	*remarriage*
conviver	*to be familiar/sociable with*	**o sobrinho-neto**	*great-nephew*
enfrentar	*to face*	**o timbre**	*tone*
hoje em dia	*nowadays*	**o vatapá**	*dish made of manioc flour, oil, fish*
a ovelha negra	*black sheep*	**a voz**	*voice*
o padrão	*model*		

4-42 Membros da família. Primeiro passo. In the video, the following people describe their families. Write down the information each person gives about his or her family members.

1. Dona Sônia ______________________________
2. Rogério ______________________________
3. Mariana ______________________________

Segundo passo. Now view this segment again, as many times as you need to, and answer the following questions based on the information given by each person. Write complete sentences.

A. Dona Sônia

4. O marido da Dona Sônia trabalha? ______________________________.
5. O que o filho dela faz? ______________________________.
6. Em que dia da semana a família se reúne? ______________________________.
7. O que eles leem (*read*) quando estão juntos? ______________________________.

B. Rogério

8. Rogério nasceu (*was born*) no hospital? ______________________________.
9. Em que ano ele nasceu? ______________________________.

C. Mariana

10. Ela mora com a mãe ou com o pai? ______________________________.
11. Onde o pai mora? ______________________________.
12. Com quem mora a irmã da Mariana? ______________________________.
13. O que eles tentam (*try*) fazer nos fins de semana? ______________________________.

Nome: ______________________________ Data: ____________________

Terceiro passo. How does your own family compare to the families of Dona Sônia, Rogério, and Mariana? Use the vocabulary and structures from **Primeiro passo** and **Segundo passo** above, and any other words you like, to describe your family.

____

____

____

____

____

4-43 Com quem eles se parecem? Primeiro passo. The following people comment on their resemblance to other members of their family. Select **Verdadeiro** or **Falso** to indicate whether the following statements are true or false.

1. A Sandra se parece com a mãe, em termos genéticos. VERDADEIRO FALSO
2. Todas as pessoas na família da Sandra são morenas. VERDADEIRO FALSO
3. Sandra é a ovelha negra da família, como ela costuma dizer. VERDADEIRO FALSO
4. Mariana é parecida com a mãe, mas só fisicamente. VERDADEIRO FALSO
5. As atitudes da Mariana e da mãe são muito parecidas. VERDADEIRO FALSO
6. Caio é a cópia da mãe. VERDADEIRO FALSO
7. Psicologicamente, Caio se parece muito com o pai. VERDADEIRO FALSO
8. O timbre de voz do Caio é parecido com o do pai dele. VERDADEIRO FALSO

4-44 Famílias típicas no Brasil. In the video, the following people comment on what the typical Brazilian is like. Listen to them and select **Verdadeiro** or **Falso** to indicate whether the following statements are true or false.

1. Manuela acha que no Brasil existe uma família típica. VERDADEIRO FALSO
2. Manuela acha que o número de divórcios diminuiu. VERDADEIRO FALSO
3. Rogério acha que a típica família brasileira tem muitos problemas. VERDADEIRO FALSO
4. Rogério acha que a família brasileira é muito alegre. VERDADEIRO FALSO
5. Dona Sônia acha que muitos chefes de família são mulheres. VERDADEIRO FALSO
6. Dona Sônia acha que os homens cuidam dos filhos. VERDADEIRO FALSO

4-45 As famílias mudam. Caio and Mariana both express their perceptions of changing roles within the Brazilian family structure. Complete the statements below based on what you hear them say.

A.

(1) Caio diz que a principal mudança ____.

(2) Antigamente, o homem era (*was*) ____.

(3) Hoje em dia, ____.

B.

(4) Mariana diz que antes o pai era ____

(5) e que hoje a mãe ____.

(6) Muitas vezes, ____.

C. **E você?** Have roles within the family changed in your country? Identify two changes within the family structure that you have noticed or experienced.

____

____

____

____

Nome: ______________________________ Data: ____________________

Lição 5 ◆ A casa e os móveis

PRÁTICA

À PRIMEIRA VISTA (Textbook pp. 190–195)

5-1 Onde eu ponho? You are helping a friend move into a new apartment. For each part of the house, select the appropriate furniture, fixtures, and appliances.

1. A cama
   A sala de estar   A sala de jantar   A cozinha   O quarto de dormir   O banheiro   O terraço
2. O sofá
   A sala de estar   A sala de jantar   A cozinha   O quarto de dormir   O banheiro   O terraço
3. A cômoda
   A sala de estar   A sala de jantar   A cozinha   O quarto de dormir   O banheiro   O terraço
4. O micro-ondas
   A sala de estar   A sala de jantar   A cozinha   O quarto de dormir   O banheiro   O terraço
5. A mesa
   A sala de estar   A sala de jantar   A cozinha   O quarto de dormir   O banheiro   O terraço
6. O chuveiro
   A sala de estar   A sala de jantar   A cozinha   O quarto de dormir   O banheiro   O terraço
7. A churrasqueira
   A sala de estar   A sala de jantar   A cozinha   O quarto de dormir   O banheiro   O terraço
8. A geladeira
   A sala de estar   A sala de jantar   A cozinha   O quarto de dormir   O banheiro   O terraço
9. O espelho
   A sala de estar   A sala de jantar   A cozinha   O quarto de dormir   O banheiro   O terraço
10. O tapete
    A sala de estar   A sala de jantar   A cozinha   O quarto de dormir   O banheiro   O terraço

5-2 Palavras cruzadas. Complete the crossword puzzle by answering the following clues. You will use words referring to parts of the house, furniture, or appliances.

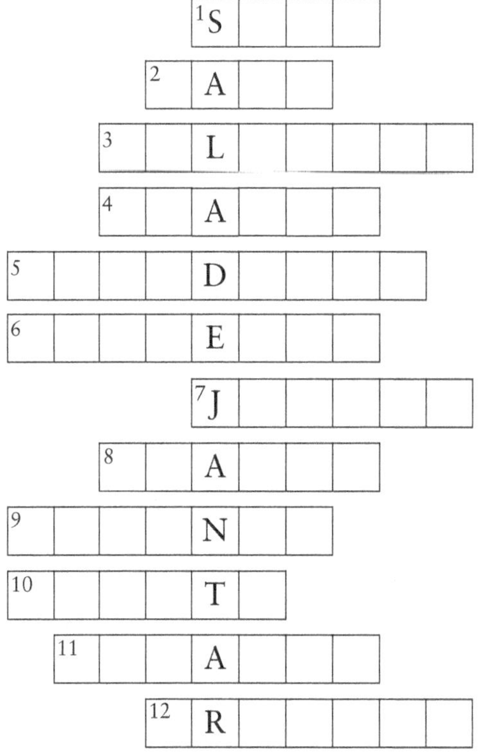

1. É um móvel onde duas ou três pessoas podem sentar (*sit down*).
2. É o móvel principal no quarto.
3. É uma cadeira grande e confortável, geralmente com braços (*arms*).
4. É o acessório que usamos para ler à noite, quando está escuro.
5. É o eletrodoméstico que mantém as comidas frias.
6. É onde tomamos banho.
7. Fica ao ar livre e geralmente tem árvores e flores.
8. É o que usamos depois de tomar banho.
9. Preparamos a comida nesta parte da casa.
10. Geralmente fica no centro da sala de estar, debaixo da mesa.
11. É onde fica o carro.
12. É o lugar onde ficam as roupas.

5-3 Paleta de cores. You are going to paint the walls, windows, trim, etc. of your house, using the colors on the left. What color combinations on the right will produce the colors you have chosen?

1. verde ______	a. vermelho e branco
2. rosa ______	b. amarelo e azul
3. cinza ______	c. vermelho e amarelo
4. roxo ______	d. preto e branco
5. laranja ______	e. azul e vermelho

Nome: ______________________________ Data: ____________________

5-4 Qual é a cor? Answer the questions with the appropriate color(s) for each item.

1. Qual é a cor das cortinas da sua cozinha?

   ____

2. Qual é a cor da mesa da sala de jantar da sua casa?

   ____

3. Quais sao as cores das plantas do jardim da sua casa?

   ____

4. Qual é a cor do sofá da sua casa?

   ____

5. Qual é a cor da sua casa?

   ____

5-5 O que você deve fazer? Read each situation and then select the most appropriate reactions to it.

1. Você tem uma viagem muito importante amanhã e quer levar a roupa certa. Quando você vai ao armário pegar a roupa, você nota que está suja. Você deve ____________.

   a. fazer a roupa
   b. comprar a roupa
   c. passar a roupa
   d. lavar a roupa
   e. secar a roupa
   f. arrumar a roupa

2. Você quer vender o seu apartamento. Hoje um agente imobiliário vem ver o apartamento, que está muito sujo. Você deve ____________.

   a. usar o micro-ondas
   b. comprar comida
   c. preparar o jantar
   d. pôr a mesa
   e. passar a roupa
   f. limpar o apartamento

3. Você e uns amigos vão cozinhar e almoçar no jardim da sua casa esta tarde. Você deve ____________.

   a. preparar o café da manhã
   b. limpar a churrasqueira
   c. preparar o jantar
   d. passar a roupa
   e. limpar os livros
   f. fazer a cama

5-6 Atividades domésticas. Associate activities with items.

1. a mesa ______
2. a máquina de lavar louça ______
3. a máquina de secar ______
4. o aspirador ______
5. o fogão ______
6. a geladeira ______
7. a máquina de lavar ______
8. a televisão ______
9. o rádio ______
10. o jornal ______

a. lavar a roupa
b. ler
c. comer
d. assistir
e. lavar os pratos
f. limpar o tapete
g. ouvir
h. secar a roupa
i. preservar alimentos
j. cozinhar

5-7 Que bagunça! You and your roommate are having friends over tonight. Your apartment is a little messy, but you have to go out. Write your roommate a note telling him or her not to worry (**não se preocupe**) and explaining what chores you will do when you return.

____

____

____

____

____

____

ESTRUTURAS

Síntese gramatical

1. **Present progressive**

eu	estou	falando
você, o sr./a sra., ele/ela	está	comendo
nós	estamos	assistindo
vocês, os srs./as sras., eles/elas	estão	

2. **Expressions with *ter, estar com,* and *ficar com***

Tenho muito frio (medo, sono, calor).
Eles estão com pouca (sede, sorte, pressa).
Ficamos com sono (medo, fome) quando…

3. **Demonstrative adjectives and pronouns**

this	**esta** casa	**este** quadro	these	**estas** casas	**estes** quadros
that	**essa** casa	**esse** quadro	those	**essas** casas	**esses** quadros
(over there)	**aquela** pessoa	**aquele** edifício	(over there)	**aquelas** pessoas	**aqueles** edifícios

4. **Present tense of *dar, ler, ver,* and *vir***

	DAR	LER	VER	VIR
eu	dou	leio	vejo	venho
você, o sr./a sra., ele/ela	dá	lê	vê	vem
nós	damos	lemos	vemos	vimos
vocês, os srs./as sras., eles/elas	dão	leem	veem	vêm

5. ***Saber* and *conhecer* (to know)**

	SABER	CONHECER
eu	sei	conheço
você, o sr./a sra., ele/ela	sabe	conhece
nós	sabemos	conhecemos
vocês, os srs./as sras., eles/elas	sabem	conhecem

Nome: ______________________________ Data: ____________________

Present Progressive (Textbook pp. 197–199)

5-8 O que eles estão fazendo? Based on where the following students are, choose phrases to describe what they are doing right now.

1. Júlio e Maria estão na aula de Inglês ______
2. Eu estou na livraria. ______
3. Nós estamos em casa. ______
4. São duas da manhã e Raquel está no quarto. ______
5. Você está na biblioteca. ______
6. Malu e eu estamos na aula de Português. ______
7. Lucas e Ana estão numa lanchonete. ______

a. está dormindo
b. estamos falando português
c. estão comendo hambúrguer
d. está escrevendo um ensaio
e. estão lendo em inglês
f. estou comprando um livro
g. assistindo a um filme.

5-9 Associações. Associate each situation with the most appropriate action.

SITUAÇÃO

1. Frederico quer dançar com a namorada dele. ______
2. Márcia quer alugar uma casa. ______
3. A professora está com muita sede. ______
4. Susana quer sair com o namorado dela. ______
5. Ritinha e Paulinho estão no jardim. ______
6. Nossos pais têm visitas esta noite. ______

AÇÃO

a. Estão limpando a casa.
b. Está lendo o jornal.
c. Estão jogando bola.
e. Está bebendo água.
d. Está telefonando para ele.
f. Estão indo a uma discoteca.

5-10 Ao trabalho! It is Saturday morning and this family is very busy. Describe what each person is doing, changing the sentences to the present progressive.

MODELO: Júlia varre o terraço.
Ela está varrendo o terraço.

1. Minha avó prepara o café da manhã.

   Ela ______________________________ o café da manhã.

2. Eu arrumo as camas.

   Eu ______________________________ as camas.

3. Minha irmã mais velha passa o aspirador.

   Ela ______________________________ o aspirador.

4. Minha mãe limpa os banheiros.

   Ela ______________________________ os banheiros.

5. Meu avô arruma a sala.

   Ele ______________________________ a sala.

6. Tomás tira as folhas do jardim.

   Ele ______________________________ as folhas do jardim.

7. Cristina caminha com o cachorro (*dog*).

   Ela ______________________________ com o cachorro.

8. Meu pai e eu lavamos o terraço.

   Nós ______________________________ o terraço.

Expressions with *ter, estar com,* and *ficar com* (Textbook pp. 202–205)

5-11 O que eles têm? Como eles estão/ficam? Choose the correct expression with **ter, estar com** or **ficar com**.

1. Maria pensa muito antes de dizer as coisas. Por isso sempre ______________.

   tem sorte　　　tem sono　　　tem razão

2. Jorge joga tênis todos os sábados de tarde. Depois de jogar, ele toma um suco porque ______________.

   fica com frio　　　fica com medo　　　fica com sede

3. Alberto e Claúdia tomam suco e chá no café da manhã e comem salada e frutas no almoço. Agora são cinco da tarde e eles ______________.

   estão com fome　　　estão com pressa　　　estão com calor

4. Nós jogamos na loteria e sempre perdemos. Não ______________.

   temos cuidado　　　temos sorte　　　temos razão

5. A aula de Português começa às oito da manhã. São dez para as oito e eu ainda estou no restaurante. Meu amigo Roberto chega e quer falar, mas eu não posso porque ______________.

   estou com frio　　　estou com pressa　　　estou com medo

5-12 Como você reage? Describe in which situations you experience the reactions indicated in parentheses. You may make your statements affirmative or negative and add **muito/a**, **pouco/a** or **bastante**, as appropriate.

MODELO: frequentemente (ter pressa)
Frequentemente tenho muita pressa antes das aulas.

1. sempre (ter medo)

   ____

2. geralmente (ficar com fome).

   ____

3. neste momento, (estar com frio)

   ____

4. eu nunca (ter sono)

   ____

5. eu sempre (ter cuidado) quando

   ____

6. agora (estar com pressa) porque

   ____

Nome: ______________________________ Data: ____________________

5-13 O intérprete. You are interpreting for some of your friends who are talking to two Brazilian students visiting your school. Translate what you and your friends want to say, using the appropriate expressions with **ter, estar com**, or **ficar com**.

1. Alberto is always very lucky.

   ____

2. Lisa is in a hurry because her class begins at ten.

   ____

3. We are always very careful on the road (*estrada*).

   ____

4. It is one o'clock in the afternoon and the students are hungry and thirsty.

   ____

5. Don't you get hungry when you don't eat lunch?

   ____

6. I'm afraid of the biology professor.

   ____

Demonstrative adjectives and pronouns (Textbook pp. 205–208)

5-14 Na livraria. You and your friend are looking at various items in the bookstore. Select the appropriate demonstrative adjective according to each context.

MODELO: Você está lendo um livro de arte e diz:
Este livro é muito interessante.

1. Você vê um relógio na parede. O vendedor está um pouco longe, mas você vai onde ele está e pergunta a ele: Quanto custa ______________ relógio?

   este aquele

2. O vendedor tem um violão na mão. Você pergunta a ele: Quanto custa ______________ violão?

   aquele esse

3. Sua amiga mostra (*shows*) uns CDs de música brasileira e diz a você: ______________ CDs custam vinte dólares.

   estes esses

4. Você vê uns filmes ao lado de onde está sua amiga e diz a ela: E ______________ filmes também custam vinte dólares.

   esses aqueles

5. Sua amiga vai comprar um mapa que está junto dela para a aula de Geografia. Ela pergunta ao vendedor: Quanto custa ______________ mapa?

   este esse

5-15 O que é isto? You see various things in a Brazilian store and you want to find out what they are. Complete the following conversation with the salesman using **isto**, **isso**, or **aquilo**. (The salesman is behind the counter.)

VOCÊ: O que é (1) __________ que está aí?

VENDEDOR: (2) __________? É uma fitinha do Senhor do Bonfim da Bahia.

VOCÊ: E (3) __________ que está lá?

VENDEDOR: (4) __________ é um berimbau. É um instrumento musical usado quando os capoeiristas estão jogando.

VOCÊ: E (5) __________ que está atrás do senhor?

VENDEDOR: (6) __________ é uma pequena escultura de pedra sabão.

5-16 Onde a senhora quer os móveis? Your Brazilian neighbor bought a few things for her home. She is telling the delivery man (**entregador**), who also speaks Portuguese, where she wants to put the new furniture. Complete their conversation with demonstrative adjectives and, where needed, with their contractions with prepositions **de** and **em**. Use the correct forms of **este** for the delivery man and the correct forms of **esse** for your neighbor.

ENTREGADOR: Onde a senhora quer (1) __________ espelho?

D. MERCEDES: (2) __________ corredor.

ENTREGADOR: E onde eu ponho o primeiro (3) __________ três abajures?

D. MERCEDES: O primeiro (4) __________ abajures fica aqui e (5) __________ dois vão para o quarto pequeno.

ENTREGADOR: E (6) __________ cadeiras?

D. MERCEDES: (7) __________?

ENTREGADOR: Sim, (8) __________.

D. MERCEDES: Ponha duas (9) __________ quarto e (10) __________ outras na sala de jantar.

Present tense of *dar, ler, ver,* and *vir* (Textbook pp. 208–211)

5-17 O dia do aniversário. Today is D. Juliana Melo's birthday and many friends and relatives are coming to dinner and bringing birthday gifts. Use the appropriate forms of the verbs **dar** and **vir**, to describe when each person comes to D. Juliana's house and what he or she gives for her birthday.

A prima Mônica (1) __________ às seis e meia; ela (2) __________ um álbum de fotografia.

O tio Roberto (3) __________ mais tarde; ele (4) __________ um tapete persa.

As sobrinhas Ceci e Lília (5) __________ às 7:00; elas (6) __________ CDs de música clássica.

Marina e eu (7) __________ mais cedo; nós (8) __________ um perfume.

Você (9) __________ antes das 7:00; você (10) __________ um espelho.

Nome: ____ Data: _________________________

5-18 O que estas pessoas leem e veem? Read about the interests and preferences of the following people. Then complete and answer the questions.

PESSOAS	PREFERÊNCIAS
minha mãe	política nacional e internacional
Júlia e eu	viajar, seguir as notícias da atualidade
tia Anita	comer e cozinhar
meus primos Paulo e Ricardo	esportes
eu	saber o que fazem meus artistas preferidos, cozinhar

O que eles/elas leem?

1. Júlia ____________ a revista *Time* todas as semanas.
2. Paulo e Ricardo ____________ a revista *Sports Illustrated.*
3. Tia Anita e eu ____________ as receitas culinárias de Emeril Lagasse.
4. Eu ____________ a revista *People.*
5. E o que você ____?

O que eles/elas veem?

6. Paulo e Ricardo ____________ jogos de futebol na televisão.
7. Eu ____________ meus artistas preferidos nos concertos e na televisão.
8. Tia Anita ____________ o show de Emeril na televisão.
9. Júlia e eu ____________ um documentário brasileiro no cinema.
10. E o que você ____?

5-19 Carolina e Hugo se veem na rua. Carolina and Hugo have not seen each other for a long time. Complete the dialogue using verbs **vir**, **dar**, and **ver**.

HUGO: Oi Carolina! Tudo bem?

CAROLINA: Tudo bem, Hugo, e você?

HUGO: Estou com saudades de você (*I miss you*)! Eu não (1) __________ você há um século!

CAROLINA: É verdade, nós não nos __________ (2) há muito tempo! Olhe, Hugo.
Eu e minha irmã (3) __________ uma festa para minha mãe hoje à noite.
Por que você não (4) __________? Moro neste edifício em frente.

HUGO: Ah, muito obrigado, mas não vai (5) __________. Hoje à noite minha irmã
(6) __________ um concerto de piano na universidade.

CAROLINA: Então, (7) __________ você outro dia!

Saber and *Conhecer* (Textbook pp. 214–217)

5-20 Sabemos ou conhecemos? Complete each Portuguese sentence with the correct form of **saber** or **conhecer**.

1. Your friend is having car problems and is looking for a repair shop. You know where one is, so you say:

   Eu __________ onde tem uma boa oficina.

2. You tell your cousin that Amélia is a very good dancer:

   Amélia __________ dançar muito bem.

3. Your classmate wants to meet Rodrigo de Freitas. You know Rodrigo, so you say:

   Eu __________ o Rodrigo. Venha para a minha casa esta noite e aí você vai encontrar o menino.

4. You are talking to a friend about a hotel with which he is not familiar in his hometown. He says:

   Eu não __________ esse hotel.

5. You tell a classmate about your best friends, who are excellent cooks. You say:

   Eles __________ cozinhar muito bem.

6. Your friend likes to go to the movies and enjoys good acting. While you are discussing a movie, she asks:

   Você __________ quem são os atores?

5-21 Uma conversa. Complete this conversation with the correct forms of **saber** or **conhecer**.

BEATRIZ: Você (1) __________ esse rapaz?

LAURA: (2) __________, sim. Ele se chama Tiago Santos e é muito amigo do meu irmão. Por quê?

BEATRIZ: É muito atraente e...

LAURA: Você quer (3) __________ o Tiago, não é?

BEATRIZ: Quero, sim. Você (4) __________ o que ele estuda?

LAURA: Eu (5) __________ que ele estuda Economia. Acho que ele mora perto, mas não tenho certeza. Quem (6) __________ muito bem o Tiago é meu irmão.

BEATRIZ: Olhe, ele está vindo para cá...

LAURA: Fantástico, assim você pode (7) __________ o Tiago.

5-22 Qual é o problema? Read the following situations and then complete the summary statement for each, using **saber** or **conhecer.**

MODELO: Maria e João têm uns convidados para o jantar de hoje à noite e estão muito preocupados. O arroz não está bem cozido e o frango está sem sal. Decidem comer fora com os seus convidados.
Maria e João não sabem cozinhar.

1. Pedro e Guilherme estão lavando a roupa branca com umas cortinas vermelhas. Eles já não têm roupa branca, a roupa está toda cor-de-rosa!

   Eles não __________ lavar roupa.

2. Na festa, todos os estudantes estão dançando, menos o Alfredo, que está conversando com sua amiga.

   Ele não __________ dançar.

Nome: ______________________________ Data: ____________________

3. São onze da noite e um homem bate à porta da casa da Isabel. Ela olha pela janela, mas não abre a porta.

   Ela não __________ o homem.

4. John Foster entra num restaurante de Campinas, uma cidade do Brasil. Ele pede água ao garçom, mas o garçom não entende o que ele diz.

   Ele não __________ falar português.

5. Seus tios estão em Nova Iorque. Eles têm um mapa, mas estão perdidos (*lost*).

   Eles não __________ Nova Iorque.

Mais um passo: Some reflexive verbs (Textbook pp. 218–219)

5-23 Uma manhã na vida de Laura. Complete these sentences about Laura's daily activities. Select the most appropriate verb to complete each one.

1. São sete horas da manhã, o despertador toca (*the alarm clock rings*) e Laura __________.

   a. se olha b. se deita c. se veste d. se levanta e. se enxuga

2. Ela vai diretamente para o banheiro onde ela escova os dentes e __________ no espelho.

   a. se olha b. se deita c. se veste d. se levanta e. se enxuga

3. Depois, Laura toma banho e __________. Ela tem uma toalha grande e vermelha.

   a. se olha b. se deita c. se veste d. se levanta e. se enxuga

4. Ela __________ com roupas confortáveis, toma café da manhã e vai para a universidade.

   a. se olha b. se deita c. se veste d. se levanta e. se enxuga

5. À noite, ela geralmente __________ cedo depois de um longo dia de atividades.

   a. se olha b. se deita c. se veste d. se levanta e. se enxuga

5-24 O que você faz de manhã? Answer the following questions according to your daily routine.

1. A que horas você se levanta?

   ____

2. Você se levanta imediatamente?

   ____

3. Você se veste elegantemente todos os dias?

   ____

4. Ao sair da piscina, você se enxuga com uma toalha ou fica no sol?

   ____

Para ler (Textbook pp. 222–224)

5-25 Você precisa de dinheiro? This ad encourages people to apply for a loan (*empréstimo*). Read it and then complete each statement, based on the information in the ad.

Quando você precisa de dinheiro, você pode ir ao banco __________ (1). O empréstimo pode ser por um máximo de até __________ (2). Você pode pagar o empréstimo em __________ (3) ou, no máximo, em __________ (4). O único requisito para conseguir o empréstimo é __________ (5).

Nome: ______________________ Data: ______________

5-26 Primeira exploração. Read the flyer reproduced below and then, according the flyer, indicate whether the following statements are true or false by selecting **Verdadeiro** or **Falso**.

A limpeza da sua casa: um prazer ou uma tortura?

Sem dúvida, limpar a casa pode ser algo agradável ou desagradável, dependendo de quanto você sabe sobre limpeza e de como fazê-la. Vamos dar algumas recomendações de como fazer a limpeza da casa uma tarefa coletiva, fácil e agradável.

Faça tudo com alegria, inclusive a limpeza da sua casa.

- Limpe sua casa ouvindo sua música predileta. A música dá energia e, como resultado, você vai fazer o seu trabalho com alegria. É possível até perder esses quilos indesejáveis. Mova-se, seguindo o ritmo do samba, do forró, do reggae…

Planeje a limpeza da sua casa:

- Determine quando você deseja limpar. Os fins de semana são fantásticos porque toda a família está em casa e pode ajudar na limpeza.
- Decida quem vai limpar o quê. Todos os membros da família podem e devem colaborar. As crianças podem tirar o lixo dos banheiros e guardar as roupas nos armários, etc. Os mais velhos podem varrer, passar o aspirador, pegar a roupa suja e lavá-la. Não se esqueça de regar as plantas, etc. Lembre-se que a limpeza da casa deve ser um trabalho coletivo, não individual.
- Limpe quarto por quarto. É recomendável começar pelos cômodos mais difíceis de limpar, como os banheiros, a cozinha, os quartos das crianças, etc. No início da limpeza, todos têm mais energia; mas no final, quando estão todos cansados, a qualidade do trabalho não é boa. Os cômodos do final podem não ficar muito limpos.

Prepare os produtos de limpeza que vai usar:

- Compre produtos para limpar os cristais, lavar o chão, etc.
- Prepare o aspirador, os sacos de lixo, as esponjas, etc.

1. Não é bom limpar a casa ouvindo música.	VERDADEIRO	FALSO
2. É possível emagrecer limpando a casa.	VERDADEIRO	FALSO
3. A limpeza deve ser um trabalho individual.	VERDADEIRO	FALSO
4. Antes de iniciar a limpeza prepare todos os produtos que vai precisar.	VERDADEIRO	FALSO
5. É melhor limpar a casa nos fins de semana, quando todos os membros da família podem colaborar.	VERDADEIRO	FALSO
6. As crianças devem realizar tarefas como passar o aspirador e pegar a roupa suja.	VERDADEIRO	FALSO
7. Os mais velhos podem colaborar limpando os banheiros.	VERDADEIRO	FALSO

5-27 Segunda exploração. With what nouns in the text above do you associate these verbs?

1. limpar:

   alegria recomendação banana limpeza sol

2. recomendar:

   alegria recomendação banana limpeza sol

3. alegrar:

   alegria recomendação banana limpeza sol

5-28 O/A decorador/a da família. Preparação. You are a student at *A elegância* Institute of Design in São Paulo, Brazil. After a few months of study, you would like to offer your parents some recommendations to remodel/redecorate their house to make it more elegant. Write down some ideas as follows. First, write down the areas that need improvement; then, a sketchy list of your suggested changes.

Vocabulário útil

a entrada (*entrance*)	**a pintura** (*paint*)
a saída (*exit*)	**as portas antiquadas/em mal estado**
a luz (*light*) **natural/artificial**	**as janelas velhas/quebradas** (*broken*)
a parede	**a posição dos móveis**
o piso (*floor*)	**Há pouco/muito espaço entre... e...**
Precisam de mais/menos...	**tirar** (*to take away*)

1. **Problemas com a casa**

   ____

   ____

   ____

2. **Minhas sugestões**

   ____

   ____

   ____

5-29 A decoração. Now, write a letter to your parents explaining how they can make their house look bigger, more elegant, and beautiful. Remember to be very explicit so that your parents may follow your suggestions and improve the house. Begin with *Querido* or *Querida* on the left, and end with *Um abraço a vocês, Seu filho/Sua filha* and your name, also on the left.

____

____

____

____

Nome: ____________________ Data: ____________________

____

____

____

____

____

____

HORIZONTES (Textbook pp. 228–229)

5-30 Indicate if the following statements are true (**verdadeiro**) or false (**falso**) by writing **V** or **F** in the spaces provided, according to the information given in **Horizontes** on pages 228–229 of your textbook.

1. ______ A região Centro-Oeste ocupa mais de 20% do território brasileiro.
2. ______ O Centro-Oeste é uma região densamente povoada.
3. ______ O Pantanal é um santuário ecológico internacional.
4. ______ A época de muita chuva no Pantanal é de abril a junho.
5. ______ O Pantanal é um bom lugar para turismo ecológico.
6. ______ O Cerrado produz carne, feijão, soja, milho e arroz.
7. ______ Brasília encontra-se perto do litoral.
8. ______ Brasília, a nova capital do Brasil, foi inaugurada em 1956.
9. ______ A arquitetura de Brasília é tradicional e pouco interessante.
10. ______ O plano de Brasília tem a forma de um avião.

LABORATÓRIO

À PRIMEIRA VISTA (Textbook pp. 190–196)

5-31 A casa da família Pereira. Listen to the description of the Pereira family's house. Then, indicate whether each statement in your book is true or false by selecting the appropriate response. Don't worry if you do not understand every word.

1. A casa da família Pereira é pequena.	SIM	NÃO
2. A casa tem dois andares.	SIM	NÃO
3. O quarto dos pais é no primeiro andar.	SIM	NÃO
4. A cozinha é no andar térreo.	SIM	NÃO
5. Tem apenas (only) um banheiro na casa.	SIM	NÃO
6. A casa dos Pereira tem três quartos.	SIM	NÃO

5-32 Em que parte da casa? Listen as the speaker names various pieces of furniture and appliances. Say in what room of the house each is normally found.

MODELO: You hear: o forno
You say: *O forno está na cozinha.*

1. ...
2. ...
3. ...
4. ...
5. ...
6. ...
7. ...

5-33 O apartamento de Ana Maria. Ana Maria Henning has just moved into the apartment shown below. Listen to the description below, look at the layout, and for each room select the name of one (or more) piece of furniture or appliance mentioned.

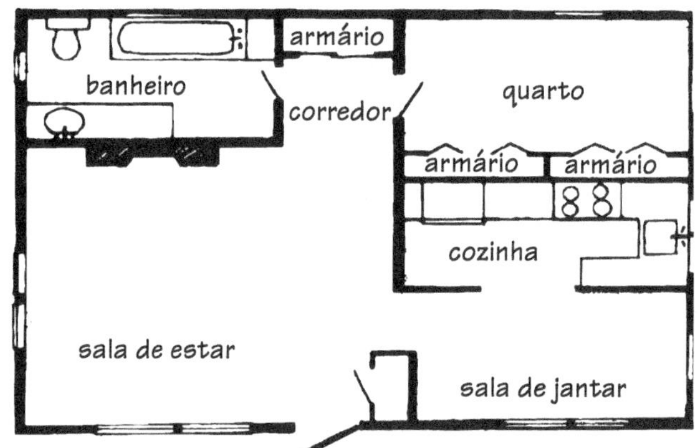

1. Sala de estar:

Geladeira e Fogão	Mesa e cadeiras	Máquina de lavar e de secar	Dois armários
Tapete	Televisão	Cortinas e quadros	Poltrona
Sofá	Cama	Mesinha	Abajur

2. Cozinha:

Geladeira e Fogão	Mesa e cadeiras	Máquina de lavar e de secar	Dois armários
Tapete	Televisão	Cortinas e quadros	Poltrona
Sofá	Cama	Mesinha	Abajur

3. Sala de jantar:

Geladeira e Fogão	Mesa e Cadeiras	Máquina de lavar e de secar	Dois armários
Tapete	Televisão	Cortinas e quadros	Poltrona
Sofá	Cama	Mesinha	Abajur

Nome: ______________________________ Data: ____________________

4. Banheiro:

Geladeira e Fogão	Mesa e Cadeiras	Máquina de lavar e de secar	Dois armários
Tapete	Televisão	Cortinas e quadros	Poltrona
Sofá	Cama	Mesinha	Abajur

5. Quarto:

Geladeira e Fogão	Mesa e Cadeiras	Máquina de lavar e de secar	Dois armários
Tapete	Televisão	Cortinas e quadros	Poltrona
Sofá	Cama	Mesinha	Abajur

5-34 Um casamento moderno. Listen as Adriana and Tomás discuss their chores while preparing dinner. Then listen to the statements that follow and indicate who is doing each chore mentioned.

1. ADRIANA TOMÁS
2. ADRIANA TOMÁS
3. ADRIANA TOMÁS
4. ADRIANA TOMÁS
5. ADRIANA TOMÁS
6. ADRIANA TOMÁS

5-35 O que a Sílvia e o Frederico fazem no sábado? Sílvia lives in an apartment and Frederico lives in a dorm. Listen as a friend describes what they do on Saturdays and then complete the chart using the information below.

Dorme até às 9 horas e lê o jornal
Vai a um café
Liga a TV
Dança em uma discoteca
Lava o carro e escuta o rádio
Dorme até às 9 horas
Joga tênis
Janta na casa de amigos
Corre na praia

ATIVIDADES		
HORA	**SÍLVIA**	**FREDERICO**
8:00 a.m.	1. ____________	2. ____________
9:30 a.m.	arruma a cama e limpa o quarto	
10:30 a.m.	3. ____________	4. ____________
3:00 p.m.	arruma a sala, passa o aspirador na casa	5. ____________
5:30 p.m.	6. ____________	7. ____________
à noite	8. ____________	9. ____________

5-36 Perguntas pessoais. Answer your sociology instructor's questions about which members of your family do these chores in your home.

MODELO: You hear: Quem limpa a casa?
You say: *Meu irmão limpa a casa.*

1. ...
2. ...
3. ...
4. ...
5. ...
6. ...

Pronúncia

O acento: palavras proparoxítonas

Most words in Portuguese are stressed on the second-to-last syllable. However, many common words are stressed on the third-to-last syllable. (This is called proparoxytone stress). These words always carry a written accent, either **agudo** (**á**, **ó**, etc.) or **circunflexo** (**ê**, **ô**, etc.). **Repita as seguintes palavras.**

m**á**quina c**ô**moda pr**á**tica **ú**nico **ó**culos par**á**grafo fen**ô**meno

ESTRUTURAS

Present progressive (Textbook pp. 197–199)

5-37 Ana está falando com sua tia. While Roberto is at his friend Ana's home, her aunt calls. Listen to Ana's side of the conversation and indicate what each person mentioned is doing by associating each numbered item with the appropriate activity.

PESSOA	ATIVIDADE
1. A mãe ______	a. Está conversando com um amigo dele.
2. O avô ______	b. Está lavando a louça.
3. Ana ______	c. Está estudando para um exame.
4. A avó ______	d. Está tirando o lixo da cozinha.
5. O pai ______	e. Está dormindo em seu quarto.

5-38 Mas hoje não... People tend to be creatures of habit, doing the same things at the same time. But today is different. Explain in Portuguese that today these people aren't doing what they normally do.

MODELO: You hear: Ana Maria sempre caminha de manhã.
You say: *Mas hoje ela não está caminhando.*

1. ...
2. ...
3. ...

Nome: ______________________________ Data: ____________________

Expressions with *ter, estar com,* and *ficar com* (Textbook pp. 202–205)

5-39 Situações. Listen to these descriptions of people in various situations. Choose the expression with **estar** that best completes each description.

1. Está com calor. Está com sono.
2. Está com fome. Está com frio.
3. Está com sede. Está com medo.
4. Está com pressa. Está com calor.
5. Está com sono. Está com sorte.

5-40 Uma negociação. Cláudia and her boyfriend Marcos have quite different personalities and often find it difficult to agree on things initially. Listen to the following dialogue between them. Then, determine whether the statements you will hear following the dialogue are true or false by selecting *Verdadeiro* or *Falso*.

1. Verdadeiro Falso
2. Verdadeiro Falso
3. Verdadeiro Falso
4. Verdadeiro Falso
5. Verdadeiro Falso

5-41 Perguntas pessoais. Answer the five questions you will hear according to your own experience.

1. ...
2. ...
3. ...
4. ...
5. ...

Pronúncia

Os sons do "c" e do "ç"

The Brazilian Portuguese **c**—before a consonant or before the vowels **a, o,** and **u** —is pronounced like the English *k* in *key* but without the puff of air. **Repita as seguintes palavras.**

descrições micro-ondas casa escada secar cozinha

The Portuguese **c** before the vowels **e** and **i** has a sound similar to the English *c* in *city*. **Repita as seguintes palavras.**

centro aceitar acessório acontecer condicionado piscina

The Portuguese letter **ç** (**c cedilha**) appears only before the vowels **a, o,** and **u** and is pronounced like the English *s* in *set* or *c* in *city*. The **ç** is never found at the beginning of a word. **Repita as seguintes palavras.**

Açores almoçar avançado lençol açúcar terraço decoração

Demonstrative adjectives and pronouns (Textbook pp. 205–208)

5-42 Perto ou longe? You hear the following comments at a furniture store. Indicate whether the objects and persons mentioned are next to the speaker (**ao lado**), a short distance from the speaker (**perto**), or relatively far from the speaker (**longe**).

1. ao lado perto longe
2. ao lado perto longe
3. ao lado perto longe
4. ao lado perto longe
5. ao lado perto longe
6. ao lado perto longe

5-43 Um amigo me pergunta. Answer a friend's questions using the cues below and the appropriate form of **este**, according to the model.

MODELO: You hear: O que você prefere?
You see: livro
You say: *Prefiro este livro.*

1. revista
2. micro-ondas
3. cortinas
4. quadro
5. toalhas

5-44 Perguntas do amigo. You are helping out a friend who is new to the area. Answer his questions using contractions of **em** with **esse/essa/esses/essas** and the cues provided.

MODELO: You hear: Onde Alfredo mora?
You see: casa
You say: *Nessa casa.*

1. escritório
2. café
3. livraria
4. parque
5. edifícios

5-45 Gosto daquela. Answer a friend's questions about your preferences, using contractions of **de** with the correct form of **aquele**.

MODELO: Você gosta deste computador or desse?
Gosto daquele.

1. ...
2. ...
3. ...
4. ...
5. ...

Nome: ____________________ Data: ____________________

Present tense of *dar, ler, ver,* and *vir* (Textbook pp. 208–211)

5-46 Duas amigas em Nova Iorque. Tereza is a Brazilian living in New York and her friend Marta comes from Brazil every summer for a visit. Listen to Tereza's description of what she and Marta do in New York in summertime (**verão**). Next, you will hear several statements about their activities. Indicate whether each statement is correct or not by selecting *Sim* or *Não*.

1. SIM NÃO
2. SIM NÃO
3. SIM NÃO
4. SIM NÃO
5. SIM NÃO
6. SIM NÃO
7. SIM NÃO

Saber and *conhecer* (Textbook pp. 214–217)

5-47 Procurando trabalho. Your friend Roberto is applying for a summer job. Listen to Roberto's conversation with a prospective employer. Select the verb that best completes each statement in the sentence based on what you hear. Do not worry if you do not understand every word.

1. ____________ usar computadores.

   Conhece Sabe

2. ____________ o professor Macedo.

   Conhece Sabe

3. ____________ espanhol, inglês e francês.

   Conhece Sabe

4. ____________ que tem que trabalhar 40 horas por semana.

   Conhece Sabe

5. ____________ vários estudantes.

   Conhece Sabe

5-48 Conheço o Mário Pereira. Use **saber** or **conhecer** and the cues you will hear to tell what you know about Mário, a new Brazilian student.

MODELO: You hear: Mário Pereira
You say: *Conheço Mário Pereira.*
You hear: onde ele mora
You say: *Sei onde ele mora.*

1. ...
2. ...
3. ...
4. ...
5. ...
6. ...

Pronúncia

O som do q

The letter **q** in Portuguese is always followed by **u.** The combination **qu** before **a** or **o** has a sound similar to the English words *quartz* or *quota.* **Repita as seguintes palavras.**

quarto **qu**adro **qu**alquer **qu**arenta en**qu**anto **qu**otidiano

In most cases, when the combination **qu** is followed by **e** or **i**, the **u** is not pronounced. **Repita as seguintes palavras.**

quente a**qu**ecimento **qu**into a**qu**i má**qu**ina ar**qu**itetura

Mais um passo: Some reflexive verbs (Textbook pp. 218–219)

5-49 Dois irmãos diferentes. You will hear Miguel talk about himself and his brother Alfredo. Then, indicate whether the following statements refer to Miguel, to Alfredo, or to both. Read the statements before listening to the passage. Do not worry if you do not understand every word.

1. Sempre se levanta às sete da manhã durante a semana.

   Miguel Alfredo Miguel e Alfredo

2. Nos fins de semana, sempre vai para a cama muito tarde.

   Miguel Alfredo Miguel e Alfredo

3. Nos dias da semana, ele se veste rapidamente.

   Miguel Alfredo Miguel e Alfredo

4. Ele se veste devagar aos sábados e domingos de manhã.

   Miguel Alfredo Miguel e Alfredo

5. Ele se levanta tarde todos os dias.

   Miguel Alfredo Miguel e Alfredo

Nome: ______________________________ Data: ____________________

5-50 De manhã. Based on the names you see and the times you hear, state when each of the following people gets up.

MODELO: You see: Daniel
You hear: sete
You say: *Daniel se levanta às sete.*

1. Alice
2. você
3. eu
4. meu pai

ENCONTROS (Textbook pp. 220–222)

5-51 Uma reunião de família. Your neighbors, the Soares family, are busy getting ready for a family reunion. Listen to what they are doing and to the statements that follow. Then indicate whether each statement is true or false. Do not worry if you do not understand every word.

1. VERDADEIRO FALSO
2. VERDADEIRO FALSO
3. VERDADEIRO FALSO
4. VERDADEIRO FALSO
5. VERDADEIRO FALSO

VÍDEO

Vocabulário útil

aconchegante	*cozy, comfortable*	**a faxineira**	*cleaning woman*
a área	*laundry/utility room*	**humilde**	*humble, working-class*
o ateliê	*studio, workshop*	**ocioso/a**	*not being used, idle*
botar	*to put*	**a passadeira**	*ironing woman*
a briga	*quarrel, fight*	**o terreno**	*property, piece of land*
em obras	*under construction*	**tirar pó**	*to dust*
a faxina	*housework*	**a vila**	*residential area*

5-52 Onde você mora? Carlos, Mônica, and Daniel state the name of the part of town (**bairro**) in which they live in the city of Rio de Janeiro. Listen to them and find the names of their neighborhoods in the diagram of scrambled letters below. The names can be read diagonally, from left to right, and from right to left.

F O N V I O W S C L W Q J D E
R J D D Y F V C M U T S W P L
L D S A J I R V C M I O G T M
B C M E T R O P O L I T A N O
Y S W I V N H Z X Q L K E R H
F A Z P O L A Y U B E Q G F V
C E O T Y M A C A E Y F J V N
D E H O J A M E N A P I P U C
M V C I M A B J E E O T S A L
F N K I M D T S A K Y D C B O

5-53 Descrições. Primeiro passo. Watch and listen to the following people talking about their houses or apartments and identify the correct descriptions.

1. Carlos tem uma casa...
   a. com cinco quartos.
   b. com uma sala ampla.
   c. em obras.
   d. de três andares.
2. Mônica tem um apartamento...
   a. de dois quartos.
   b. aconchegante.
   c. longe de tudo.
   d. perto da praia.
3. Daniel mora em uma casa...
   a. de três andares.
   b. com três quartos.
   c. com salas pequenas.
   d. de dois andares.
4. Dona Sônia tem uma casa...
   a. de três quartos.
   b. com uma sala que é ateliê dela.
   c. de dois andares.
   d. em obras.

5-54 Tarefas domésticas. The following people are talking about housework. Select **V** or **F** (**verdadeiro** ou **falso**) to indicate which of the statements below are true and which are false.

A. Rogério e o seu companheiro

1. Eles têm uma faxineira que arruma a casa. V F
2. Rogério tem uma passadeira. V F
3. Eles não arrumam as camas. V F
4. Eles cozinham eles mesmos (*themselves*). V F

B. Mônica, sua mãe e sua irmã

5. Mônica adora arrumar a casa. V F
6. Ela é uma excelente dona de casa. V F
7. Dividem as tarefas em casa. V F
8. É a Mônica que lava a roupa. V F

9. Mônica varre e tira pó. V F
10. Elas têm uma faxineira que arruma a casa e passa a roupa. V F
11. Todo mundo (*everybody*) gosta de passar roupa. V F

C. Dona Sônia e a família dela

12. D. Sônia tem a ajuda do marido. V F
13. O marido e o filho cozinham. V F
14. Eles têm uma faxineira. V F
15. O marido nunca lava a louça. V F
16. O filho gosta de lavar a louça. V F

5-55 E você? How do you and people you live with handle household chores? Using the vocabulary and structures that you have learnt and any other words you may need, write five sentences describing how you and the members of your family or your housemates deal with domestic responsibilities.

____
____
____
____
____
____
____
____
____

Nome: ______________________________ Data: ____________________

Lição 6 ◆ A roupa e as compras

Prática

À primeira vista (Textbook pp. 234–240)

6-1 Associações. Associate the articles of clothing that normally go together.

1. abrigo ______________ a. saia
2. camisa ______________ b. tênis
3. meias ______________ c. gravata
4. camiseta ______________ d. sapatos
5. blusa ______________ e. calças jeans

6-2 A roupa e os lugares. What clothing articles would each person wear to the places named?

MODELO: Carlos está na Disneylândia, em Orlando.
Carlos usa tênis, calças jeans e uma camiseta.

1. Minha irmã está num restaurante muito elegante.

____

2. José e a Gabriela vão a um concerto de música clássica.

____

3. Estou na universidade.

____

4. O Pedro Henrique está no Polo Norte.

____

5. Meus amigos estão numa praia do Nordeste do Brasil.

____

6-3 Numa boutique. What would you say to the salesperson in a store in each of the following situations?

1. You are trying on a pair of jeans but they are too big.
   a) É o tamanho perfeito para mim.
   b) Estas calças estão largas.
   c) Estas calças são muito confortáveis.
2. You bought a blouse yesterday but now you decide that you don't like the fabric.
   a) Está muito grande para mim.
   b) Quero trocar esta blusa.
   c) Gosto muito da cor.
3. You would like to try on a suit.
   a) Quero trocar este terninho.
   b) Quero experimentar este terninho.
   c) Quero comprar este terninho.
4. You are looking for a long cotton skirt.
   a) Quero uma saia curta de seda.
   b) Preciso de uma saia longa de lã.
   c) Procuro uma saia comprida, de algodão.
5. You want to pay in cash.
   a) Vou pagar com cheque.
   b) Vou usar um cartão de crédito.
   c) Vou pagar em dinheiro.

ESTRUTURAS

Síntese gramatical

1. **Preterit tense of regular verbs**

	FALAR	**COMER**	**ASSISTIR**
eu	falei	comi	assisti
você, o sr./a sra., ele/ela	falou	comeu	assistiu
nós	falamos	comemos	assistimos
vocês, os srs./as sras., eles/elas	falaram	comeram	assistiram

Spelling changes in the *eu* form:

	FICAR	**CHEGAR**	**DANÇAR**
eu	fiquei	cheguei	dancei

Nome: ______________________________ Data: ____________________

2. **Preterit of *ir* and *ser***

eu	fui	nós	fomos
você, o sr./a sra., ele/ela	foi	vocês, os srs./as sras., eles/elas	foram

3. **Direct object nouns and pronouns**

me	me	nos	us
você, te	you (singular, informal)	vocês	you (plural, informal)
o/a senhor/a	you (singular, formal)	os/as senhores/as	you (plural, formal)
o	him, it (masculine)	os	them (masculine or mixed)
a	her, it (feminine)	as	them (feminine)

4. **Interrogative expressions ("tags")**

Vocês ficam em casa, **não é?** Ela vai com a gente, **não vai?** Vamos jantar às sete, **tá?**

Que situação, **hein?** Você não pode dizer isso, **viu?**

Preterit tense of regular verbs (Textbook pp. 241–242)

6-4 O que fizeram estas pessoas? Select the most logical way to complete the sentence for each situation.

1. Em um restaurante em Salvador, Sara e César…

   a) assistiram a um programa de TV.

   b) compraram toalhas e um abajur.

   c) pagaram R$ 80,00 por um jantar delicioso.

2. Depois de um dia de muita atividade, Mário…

   a) voltou ao seu hotel para descansar.

   b) tomou o café da manhã em casa.

   c) correu na praia às sete da manhã.

3. Antes de viajar para o Brasil, eu…

   a) comprei muita comida no supermercado.

   b) estudei o mapa do país cuidadosamente.

   c) joguei futebol na praia.

4. Ontem na praia nós…

   a) lavamos frutas e verduras.

   b) nadamos no mar.

   c) assistimos televisão.

5. Na noite passada, você...
   a) usou um vestido muito elegante.
   b) recebeu uma carta de seu amigo Fernando ao meio-dia.
   c) almoçou com seus amigos.
6. Ontem na biblioteca, vocês...
   a) jantaram com amigos.
   b) estudaram para o teste de História.
   c) experimentaram roupas novas.

6-5 Um dia em Miami Beach. Last month, you and some friends went to Miami Beach. Using the following cues, write about what you did.

MODELO: eu / caminhar na praia de manhã
Eu caminhei na praia de manhã.

1. nós / chegar ao hotel de manhã
   ______________________________.
2. Alice e Sônia / comprar roupas de banho na loja do hotel
   ______________________________.
3. Diogo / beber um suco tropical no bar Copacabana
   ______________________________.
4. você e eu / comer feijoada no restaurante ao lado do hotel
   ______________________________.
5. Mary / usar um biquíni brasileiro na praia
   ______________________________.
6. Todos nós / jogar futebol na praia
   ______________________________.

6-6 O dia de ontem. Write about what you and your friends did yesterday. Combine elements from the chart and add other phrases of your own.

PESSOAS	ATIVIDADES	QUANDO/ONDE
eu	preparar o jantar	de manhã
você	comprar uma roupa nova	à noite
meu amigo e eu	vestir roupas confortáveis	durante o dia
minhas amigas	escrever e-mails	em casa
nós	dormir	no shopping

MODELO: *Eu comprei uma gravata no centro comercial.*

1. ______________________________
2. ______________________________
3. ______________________________
4. ______________________________
5. ______________________________

Nome: ______________________________ Data: ____________________

6-7 Opinião. You and some friends went to a fundraiser fashion design show at your school and are exchanging your reactions to the models' clothes and accessories. See the model below.

MODELO: Eu/ gostar/ roupa informal / Marisa
Gostei da roupa informal de Marisa.

1. Eu/ gostar/ o maiô / Ivete

____

2. Nós/ não gostar/ o terno / Carlos

____.

3. Elas/ admiraram/ o vestido de festa / Irene

____.

4. Vocês/ não apreciar/ os brincos e as pulseiras / Nelly

____.

5. Eles/ detestar/ o calção / Raimundo

____.

6-8 A quem pertence? Ellen went to Brazil where she bought souvenirs for her family and friends. Based on the cues below and using the verbs **receber** and **comprar,** write complete sentences saying what she bought for her friends and what they received from her.

MODELO: uma blusa de seda / irmã
A irmã da Ellen recebeu uma blusa de seda.
Ellen comprou uma blusa de seda para a irmã.

o namorado da Ellen/ um cachecol verde e amarelo

1) ____

2) ____

Mirella e Vanessa/um colar de ametista

3) ____

4) ____

a mãe da Ellen/dois pares de brincos

5) ____

6) ____

a irmã da Ellen/dois vestidinhos cor-de-rosa

7) ____

8) ____

o pai da Ellen/uma gravata de seda

9) ____

10) ____

as priminhas da Ellen/uma camisa da seleção brasileira de futebol

11) ____

12) ____

6-9 Curioso! You went to a party yesterday and now your friend Tomás wants to know some details. Answer Tomás' questions:

1. A que horas você chegou na festa?

   ____

2. Quanto tempo você ficou lá?

   ____

3. Com quem você dançou na festa?

   ____

4. Você jogou algum jogo na festa?

   ____

5. Você tocou violão na festa?

   ____

Preterit of *ir* and *ser* (Textbook pp. 242–244)

6-10 Ir ou ser? Which verb is being used? Let the context help you decide which verb is being used and select **ir** or **ser** in front of each sentence.

1. Que dia foi ontem?	IR	SER
2. As meninas foram ao shopping.	IR	SER
3. Eu fui a Recife no ano passado.	IR	SER
4. Clodovil foi um grande estilista da moda brasileira.	IR	SER
5. Você foi ao desfile do Fashion Show no Rio este ano?	IR	SER
6. Miriam e eu fomos vendedoras da loja Gap no último Natal.	IR	SER

6-11 Uma viagem à Ilha do Mel. Last year you joined a group of environmentalists who visited Ilha do Mel, in Paraná. Complete the story by writing correct preterit forms of the verbs **ir** or **ser** in the blanks.

No ano passado, nosso grupo (1) ____________ para o Paraná para conhecer a Ilha do Mel. Primeiro, nós (2) ____________ a Curitiba e visitamos muitos parques. A visita a Curitiba (3) ____________ muito interessante. Depois, dirigimos até o litoral. Um morador local (4) ____________ o nosso guia. A Ilha do Mel (5) ____________ e continua sendo um paraíso para os mochileiros (*backpackers*). É um paraíso ecológico, com águas cristalinas e a mata atlântica preservada. Vocês já (6) ____________ à Ilha do Mel?

Nome: ______________________________ Data: ____________________

Direct object nouns and pronouns (Textbook pp. 247–252)

6-12 Ajudar uma amiga. Your friend Maria Helena is not feeling well. Write down the chores you did for her. Use direct object pronouns in your statements.

MODELO: lavar a roupa
Eu a lavei.

1. arrumar a casa
____.
2. varrer as escadas
____.
3. comprar a comida
____.
4. devolver (*to return*) os livros à biblioteca
____.
5. servir o jantar
____.

6-13 A Melissa trabalhou muito! Your roommate Melissa is very tired today because she had a long day yesterday in the store where she works. A friend is asking you what Melissa did. Use appropriate direct object pronouns in your replies to her questions about Melissa's chores.

MODELO: Ela abriu a loja às nove horas?
Sim, ela a abriu às nove.

1. – Ela mostrou todos os vestidos caros às clientes?
   – Sim, ela [o, a, os, as] mostrou.
2. – Ela vendeu todas as blusas em promoção?
   – Não, ela não [o, a, os, as] vendeu. Só algumas.
3. – Ela levou a saia nova para a vitrine?
   – Não, não [o, a, os, as] levou. Levou o casaco.
4. – Ela vendeu o vestido de R$ 2.000,00?
   – Sim, ela -[o, a, os, as] vendeu ontem à tarde.
5. – Ela organizou as roupas da vitrine?
   – Sim, ela [o, a, os, as] organizou depois do almoço.
6. – Ela fechou (*closed*) a loja às sete?
   – Não, ela [o, a, os, as] fechou às sete e quinze.

6-14 A telenovela. Complete the following script of a phone conversation between two characters in a Brazilian soap opera with appropriate direct object pronouns.

WANDER: Sônia, você (1) __________ ama, realmente?

SÔNIA: Sim, Wander, eu amo (2) __________ muito, de todo o meu coração!

WANDER: E eu (3) __________ quero como não quero mais ninguém neste mundo!

SÔNIA: Então venha (4) __________ ver, Wander, venha já!

WANDER: Agora não posso, meu amor, tenho que ir às compras com minha mãe. Eu (5) __________ conheço, ela não vai perdoar (*forgive*) (6) __________ se eu faltar ao compromisso!

SÔNIA: Eu (7) __________ espero então depois de você voltar das compras.

WANDER: Sim, meu bem, vejo (8) __________ esta noite, sem falta!

SÔNIA: Wander, diga (*say*) outra vez que você (9) __________ ama...

WANDER: Eu (10) __________ amo tanto, meu bem! Um grande beijo para você!

6-15 O novo trabalho de Denise. It is Denise's first day of work in an elegant clothing store. Using the verbs given in parentheses, complete her conversation with a client with appropriate combinations of verbs and direct object pronouns.

MODELO: Não gosto deste vestido; quero __________________ (trocar).

Não gosto deste vestido; quero *trocá-lo.*

DENISE: Boa-tarde, senhora. Em que posso (1) __________________ (servir)?

CLIENTE: Boa-tarde. Gostei daquele vestido verde da vitrine; quero (2) __________________ (ver). Você tem o número 46?

DENISE: Sim, senhora. Nós o temos. Vou (3) __________________ (trazer) para a senhora. Aqui está. A senhora quer (4) __________________ (experimentar) agora ou quer ver outros vestidos?

CLIENTE: Sim, por favor, queria ver outros vestidos; você pode (5) __________________ (trazer) para mim?

DENISE: Pois não.

(cinco minutos mais tarde)

CLIENTE: Obrigada, estes vestidos já chegam (*are enough*). Quero (6) __________________ (experimentar) agora.

(meia hora mais tarde)

CLIENTE: Gostei deste vestido azul. Vou (7) __________________ (levar) e vou (8) __________________ (vestir) amanhã à noite.

DENISE: A senhora tem bom gosto! Gostei de (9) __________________ (ver) com este vestido.

Interrogative expressions ("tags") (Textbook pp. 252–254)

6-16 Está bem? Select the question tag that best suits each question.

1. A Zita foi ao cinema, __________________?

   a. né b. está bem c. não vai

2. Você vai comigo, __________________?

   a. não foi b. não sabe c. não vai

3. Que confusão que está aqui, __________________?

   a. não sabe b. está bem c. hein

4. Vou passar pela sua casa às sete, __________________?

   a. não vai b. não foi c. tá

5. Vocês decidem o que é melhor, ______________?

   a. não sabe b. não foi c. viu

6. Você sabe do que estou falando, ______?

   a. não sabe b. não foi c. está bem

7. Vocês compraram o livro, ______________?

   a. não foi b. está bem c. não vais

Mais um passo: Some more uses of *por* and *para* (Textbook p. 254)

6-17 Por ou para? Complete the following account of Luísa's experience using the prepositions **por** or **para**.

Hoje, passando pelo centro da cidade, Luísa viu um casaco muito legal, mas não o comprou (1) __________ falta (*lack*) de tempo. Amanhã, ela quer voltar à loja (2) __________ comprar o casaco. A vendedora da loja já reservou o casaco __________ (3) Luísa. Luísa vai estudar nos Estados Unidos e precisa do casaco (4) ______ o frio de Wisconsin. Para ir à loja, ela vai caminhar (5) __________ uma rua cheia de lojas e restaurantes.

6-18 Intenções. Complete the sentences below using **por, porque,** or **para** according to the intended meaning indicated in parentheses.

MODELO: Esta bolsa é ____________ minha amiga (to give to her)
Esta bolsa *é para* minha amiga.
Ofereço esta bolsa a ela ____________ gostar muito dela. (reason)
Ofereço esta bolsa a ela *por* gostar muito dela.
Ofereço esta bolsa a ela ____________ gosto muito dela. (reason)
Ofereço esta bolsa a ela *porque* gosto muito dela.

1. Comprei uma pulseira ____________ Nilma, a namorada do meu irmão. (as a gift for her)
2. Infelizmente, vou ter que devolver (*return*) a pulseira ____________ Nilma não gostou dela. (reason)
3. Ela não gostou da pulseira ____________ ser extravagante demais. (reason)
4. Meu irmão gosta da Nilma ____________ ela é muito inteligente e bonita. (reason)
5. Ele diz que ela tem muito bom gosto e que nada é bom demais ____________ ela. (to give her/do for her)
6. Eu acho que meu irmão diz isso ____________ amor e que Nilma não é nada perfeita. (reason)

ENCONTROS

Para ler (Textbook pp. 258–259)

6-19 Roupas e acessórios. Select the word that doesn't belong in the each group.

1. para estudar na biblioteca

   biquíni / jeans / camiseta

2. festa na universidade

   jeans / camiseta / armadura

3. entrevista de trabalho

   bermudas / terno / gravata

4. festa de casamento

   vestido longo / salto alto / roupão

5. um dia na praia

   biquíni / óculos de sol / salto alto

6-20 À noite. Read the following article about evening accessories and then follow the instructions.

MODA

Em geral, têm diversas formas e cores e são de uma grande variedade de materiais. Sem dúvida, são imprescindíveis. Podem ser exóticos, simples e elegantes. São definitivamente nossos amigos inseparáveis: os acessórios. Um complemento obrigatório para a mulher que deseja sentir-se elegante e interessante!

São ideais para todo tipo de vestuário e podem transformar uma mulher simples no

MODA

centro das atenções em um acontecimento social. Um vestido simples, mas elegante, brincos pequenos ou grandes, um colar de pérolas cultivadas ou de bijuteria fina e uma pulseira do mesmo estilo podem causar uma impressão inesquecível entre os convidados.

Mas, cuidado! Cada transformação feminina, pequena ou grande, deve ser acompanhada do acessório adequado para a ocasião.

Não se esqueça de que o grau de formalidade de um evento determina a roupa e os acessórios que devemos usar. Para uma festa no seu trabalho, é recomendável fazer mudanças mais discretas, como usar um batom mais forte e brincos diferentes dos que usamos diariamente ou usar sapatos de saltos mais altos do que normalmente usamos. Um convite para um piquenique, por outro lado, exige roupas mais informais e menos acessórios.

Mas, para uma festa de Natal ou de Ano Novo, devemos abrir as portas de nosso armário: é a hora de usar bolsas elegantes e brilhantes, roupas finas, sapatos modernos e, é claro, acessórios extravagantes e irresistíveis, acompanhados de um toque de maquiagem exótica.

Nome: ______________________________ Data: ____________________

Verdadeiro ou falso. Based on the information and opinions expressed in the article, indicate whether each statement is true (**verdadeiro**) or false (**falso**)

1. Os acessórios são pouco variados. VERDADEIRO FALSO
2. Para ficar elegante, uma mulher deve usar acessórios. VERDADEIRO FALSO
3. Um colar de pérolas cultivadas ou de bijuteria pode causar uma boa impressão nas pessoas que o veem. VERDADEIRO FALSO
4. Para uma festa do seu escritório, é preferível não usar muitos acessórios. VERDADEIRO FALSO
5. Um vestido de lantejoulas (*sequins*) é um acessório. VERDADEIRO FALSO

6-21 Para completar. Choose the best alternative based on the information in the article.

1. Os acessórios são...
   a) grandes.
   b) indispensáveis.
   c) insignificantes.
2. Segundo o anúncio, numa ocasião mais formal, é bom...
   a) usar a mesma roupa que usamos diariamente.
   b) usar algo bastante exótico.
   c) mudar um pouco a roupa e os acessórios que usamos.
3. Para ir a um piquenique, por exemplo, uma mulher deve usar...
   a) sapatos de salto alto.
   b) calças jeans.
   c) um vestido com lantejoulas.
4. Para as festas de fim de ano, as mulheres devem...
   a) usar roupas menos extravagantes.
   b) escolher uma roupa mais velha e mais simples.
   c) usar uma roupa elegante e formal, acompanhada de acessórios apropriados.
5. Os acessórios mais apropriados para uma ocasião formal são...
   a) um colar de pérolas cultivadas e brincos pequenos.
   b) um colar de pérolas de bijuteria e uma pulseira do mesmo estilo.
   c) calças compridas pretas e sapatos da mesma cor.

6-22 A roupa adequada. In the article you read for previous exercises, there are three types of social gatherings: the informal party, the formal party and the office party (**uma festa informal**, **uma festa formal** or **uma festa no escritório**). Select what type of social situation each person will be attending.

1. Carolina usa um vestido preto, sapatos de salto alto, brincos de ouro com pérolas pequenas e um colar de pérolas cultivadas. Está maquiada e usa um batom de cor suave.
   a) uma festa informal
   b) uma festa formal
   c) uma festa no escritório

2. Paulo veste um terno cinzento escuro e uma gravata colorida. Ele também usa um brinco e um relógio de ouro. No bolso da frente do casaco vê-se um lencinho que combina com a gravata.

   a) uma festa informal

   b) uma festa formal

   c) uma festa no escritório

3. Raquel usa uma camiseta de cor café, calças e botas de couro. Na orelha direita ela usa um brinco em forma de um sol pequeno. Na orelha esquerda usa um brinco em forma de lua. Ela usa uma maquiagem muito leve e não usa batom.

   a) uma festa informal

   b) uma festa formal

   c) uma festa no escritório

Para escrever (Textbook pp. 260–261)

6-23 Uma experiência inesquecível.

A. The interview. It is graduation time and a reporter for the campus newspaper is interviewing you about the most memorable experience (positive or negative) you had during the school years. Answer her questions in detail and add any information that could help develop the story.

1. Quando ocorreu esta experiência? Em que semestre? Em que ano?

   ____

   ____

2. Esta experiência ocorreu durante o período de aulas ou de férias? Onde? Em que circunstâncias isso ocorreu? Quem presenciou (*witnessed*) esse evento?

   ____

   ____

3. O que aconteceu primeiro? E depois?

   ____

   ____

4. O que você fez (*did*)?

   ____

   ____

5. Como terminou esta experiência? O que você aprendeu com ela?

   ____

   ____

B. O escritor. Now that you have recalled the details of your most memorable college experience, assume the role of the reporter and write an article for the newspaper about your experience.

____

____

____

____

____

____

____

____

____

____

____

____

____

____

____

____

____

HORIZONTES (Textbook pp. 262–263)

6-24 Lisboa, a capital de Portugal. Indicate if the following statements are true (**Verdadeiro**) or false (**Falso**) by writing **V** or **F** in the spaces provided, according to the information given in **Horizontes.**

1. Lisboa é uma cidade muito antiga. V F
2. Lisboa é uma cidade situada no interior do país. V F
3. A Biblioteca Nacional de Portugal se encontra na cidade do Porto. V F
4. Santo Antônio é o santo padroeiro de Lisboa. V F
5. Para a festa de Santo Antônio, os lisboetas ficam em casa. V F
6. Alfama e o Bairro Alto são dois bairros tradicionais de Lisboa. V F
7. Mariza é uma cantora de fado reconhecida internacionalmente. V F
8. O Centro Cultural de Belém ocupa um edifício antigo. V F
9. A área urbana ao longo do rio Tejo não está desenvolvida. V F
10. Lisboa é uma cidade muito diversificada etnicamente. V F

Laboratório

À PRIMEIRA VISTA (Textbook pp. 234–240)

6-25. Que roupa eles/elas compraram? Listen to four descriptions of people buying clothes in a department store and select the letters corresponding to the articles of clothing each person bought.

Nome: ______________________________ Data: ____________________

6-26 Que roupa usam? As you listen to these descriptions of three people, select the items each person is wearing.

1. Roberto	suéter	camisa	roupa de banho
	terno azul	abrigo	sapatos pretos
	meias	capa de chuva	gravata listrada
2. Sandra	blusa	camiseta	cinto
	chapéu	saia	biquíni
	sombrinha	sandálias	tênis
3. Susana	saia	vestido	camiseta
	blusa	casaco	abrigo
	cinto	bolsa	sapatos

6-27 Roupa para as férias. The speaker is helping you decide what to buy for a vacation in the mountains. Answer her questions according to each picture.

MODELO: De que precisa para o frio?
Preciso de um suéter.

1.

2.

3.

4.

6-28 Uma conversa ao telefone. Read the statements below and then listen to the conversation. Then indicate whether the statements are true or false by choosing **Sim** or **Não**.

1. Paula chama Lívia para sair. SIM NÃO
2. Paula quer ir ao cinema esta tarde. SIM NÃO
3. Tem uma liquidação (*clearance*) especial no shopping. SIM NÃO
4. Paula quer comprar um presente para uma amiga. SIM NÃO
5. Paula e Lívia vão sair às quatro da tarde. SIM NÃO

 Pronúncia

O acento: palavras paroxítonas

Most words in Portuguese are stressed on the second-to-last syllable. (This is called paroxytone stress.) Normally, these words are not written with an accent mark, but there are several exceptions to this rule. For example, all paroxytone words ending in a diphthong (**io**, **ia**, **ua**, etc.) are written with an accent mark. **Repita as seguintes palavras.**

rádio **próprio** **água** edifício sandália armário

Paroxytone words ending in **l**, **n**, **r**, or **x** also are written with an accent mark. **Repita as seguintes palavras.**

fácil difícil hífen possível açúcar amável tórax

ESTRUTURAS

Preterit tense of regular verbs (Textbook pp. 241–242)

6-29 Férias na praia. A friend is telling you about a decision her relatives made while on vacation in Brazil. Read the statements below before listening to the story. Then indicate whether the statements are true or false by checking **Sim** or **Não**.

1. Os tios passaram as férias em Santa Catarina. SIM NÃO
2. Tio Geraldo comprou uma sunga (*speedo*) no shopping. SIM NÃO
3. Tia Glória nadou na piscina do hotel. SIM NÃO
4. Eles compraram um apartamento muito grande no centro da cidade. SIM NÃO
5. O apartamento tem três quartos e um banheiro. SIM NÃO
6. Eles pensam em alugar o apartamento durante alguns meses do ano. SIM NÃO

6-30 Já compraram! You will hear statements about what various people are going to do. Contradict each statement, explaining that they already did the activities yesterday.

MODELO: Carla e Juliana vão comprar comida hoje.
Não, elas compraram comida ontem.

...

...

...

...

...

6-31 O detetive. You are a detective who is following a suspect of a robbery at a jewelry store (**joalheria**) at the mall and reporting his whereabouts. Looking at the list below, tell what the suspect did yesterday morning.

MODELO: chegar ao shopping às dez horas
Ele chegou ao shopping às dez horas.

1. beber um café às dez e meia
2. sair do café dez minutos depois
3. passar em frente à joalheria
4. conversar com o vendedor da joalheria

Nome: ______________________________ Data: ____________________

5. caminhar pelo shopping
6. voltar para o café ao meio-dia

6-32 O que eu fiz ontem? Jorge had a busy day yesterday and has to explain to his teacher why he did not have time to study for the test. Listen to what Jorge told his teacher. Then indicate whether the statements that follow are true or false by selecting **Sim** or **Não**.

1. SIM NÃO
2. SIM NÃO
3. SIM NÃO
4. SIM NÃO
5. SIM NÃO
6. SIM NÃO

Preterit of *ir* and *ser* (Textbook pp. 242–246)

6-33 O avô. Your grandfather is reminiscing about a trip he made to Piauí as a young man. Complete the following paragraph with the missing words according to what you hear.

O avô visitou o Piauí no ano de (1) ____________. Ele (2) ____________ a Teresina, a capital do Piauí para passar alguns dias com um (3) ____________ arqueólogo e sua família. Em Teresina, o avô (4) ____________ ao centro histórico e também passeou pelas margens do Rio Poty. Ele e o amigo (5) ____________ a muitas festas e o avô (6) ____________ visitar a casa de muitos dos seus novos amigos. Depois, o avô e o amigo arqueólogo viajaram para o interior do estado e visitaram um sítio arqueológico super interessante. Lá, tem cavernas (*caves*) com inscrições pré-históricas e fósseis. (7) ____________ uma viagem de muitas descobertas (*discoveries*). O avô ainda hoje pensa que essas experiências (8) ____________ extraordinárias.

6-34 Aonde foram? You are going to have a dinner party at your home. A friend arrives early and finds that you are the only one at home. Tell your friend where your family members went according to the cues supplied.

MODELO: mãe / comprar alface
Minha mãe foi comprar alface.

...

...

...

...

Pronúncia

O acento: mais sobre palavras paroxítonas

Portuguese words that are stressed on the second-to-last syllable (paroxytone words) are written with an accent mark if they end in **i, is** , or **us. Repita as seguintes palavras.**

biquíni tênis **bônus** táxi **álbum** **álbuns**

Paroxytone words that end in ***um/uns*** are also written with an accent mark. **Repita as seguintes palavras.**

álbum **álbuns** **fórum**

Paroxytone words ending in **ão/ãos** and **ã/ãs** are also written with an accent mark. **Repita as seguintes palavras.**

órgão **órfãos** **órfã** **ímãs**

Direct object nouns and pronouns (Textbook pp. 247–252)

6-35 Sim, mamãe... Answer your mother's questions about who did various chores. Use direct object pronouns in your answers.

MODELO: Juca lavou o carro?
Sim, mamãe, Juca o lavou.

...

...

...

...

...

6-36 Perguntas pessoais. A friend is inquiring about where you buy various things. Answer using direct object pronouns.

MODELO: Você compra os sapatos no shopping?
Sim, eu os compro no shopping. or *Não, eu não os compro no shopping.*

...

...

...

...

...

6-37 Os amigos e as compras. Tereza, Mário, and Irene are at the mall. Listen to the following statements about what they are doing. Echo the statements using direct object pronouns instead of object nouns. Pause the recording at the beep to answer at your own pace.

MODELO: Tereza quer comprar as botas.
Tereza quer comprá-las.

...

...

...

...

...

...

Nome: ______________________________ Data: ____________________

Mais um passo: Some more uses of *por* and *para* (Textbook p. 254)

6-38 Por e para. As you listen to these three brief conversations, indicate what the gift will be, for whom, and the reason for the gift.

Conversa 1.

1. Presente: ______________

   um cachecol

   um disco

2. Para quem: ______________

   Maria Helena

   Norma

3. Por que motivo: ______________

   aniversário

   batizado

Conversa 2.

4. Presente: ______________

   um jantar

   um piquenique

5. Para quem: ______________

   os primos

   os pais

6. Por que motivo: ______________

   aniversário de casamento

   promoção no trabalho

Conversa 3.

7. Presente: ______________

   um colar

   uma pulseira

8. Para quem: ______________

   sobrinha e afilhada de Norma

   neta de Norma

9. Por que motivo: ______________

   batizado

   casamento

ENCONTROS (Textbook pp. 255–261)

6-39 Em uma loja. Read the incomplete statements. Then, listen to a conversation between Mrs. Rodrigues and a salesperson and choose the best way to complete the statements, according to what you hear.

1. A Sra. Rodrigues quer trocar uma...

   a) blusa b) saia c) jaqueta

2. Ela quer trocá-la porque está...

   a) grande b) comprida c) apertada

3. A roupa que a vendedora mostra para a Sra. Rodrigues custa...

   a) mais do que a outra b) menos do que a outra c) o mesmo preço

4. A Sra. Rodrigues precisa do número...

   a) 42 b) 40 c) 44

5. A Sra. Rodrigues vai...

   a) comprar um vestido b) experimentar uma saia e uma blusa c) procurar outra loja

VÍDEO (Textbook p. 252)

Vocabulário útil

apaixonado/a por	*in love with*	**em pé**	*standing*
o buquê	*bouquet*	**o esporte**	*sport*
o carinho	*affection*	**inusitado/a**	*unusual*
chamar atenção	*to attract attention*	**marcante**	*significant*
o chinelo	*slide, sandal*	**o percurso**	*route, circuit*
consumista	*consumerist, shopaholic*	**a rosa**	*rose*
o cordão	*chain*	**o salto**	*heel*
a corrida	*race*	**a vitrine**	*store window, display*

6-40 Fazer compras. Primeiro passo. Chupeta, Rogério, and Manuela talk about their attitudes toward shopping. Select the appropriate information for each person.

1. Chupeta

   consumista

   ver vitrines

   passear no shopping

   amigos dizem que parece até mulher

   chinelos

   apaixonada por sapatos

   vinte pares de tênis

   colares

   roupas de esporte

   almofadas

2. Rogério
   consumista
   ver vitrines
   passear no shopping
   amigos dizem que parece até mulher
   chinelos
   apaixonada por sapatos
   vinte pares de tênis
   colares
   roupas de esporte
   almofadas
3. Manuela
   consumista
   ver vitrines
   passear no shopping
   amigos dizem que parece até mulher
   chinelos
   apaixonada por sapatos
   vinte pares de tênis
   colares
   roupas de esporte
   almofadas

6-41 As roupas do dia a dia. Primeiro passo. You have already met Adriana, Carlos, and Mariana. If you don't remember exactly who they are, go back to **Lição preliminar** and watch them introduce themselves again. Then, before you watch the segment in which they describe the clothes they like to wear, read the list below. Afterwards, select the appropriate items for each person.

1. Adriana
   roupas simples
   saia
   vestido
   roupa confortável
   muitas roupas verdes
   tudo bem rosa
   evita sapatos de salto alto
   chinelo
   roupas românticas
   roupas que não chamam atenção

2. Carlos
   roupas simples
   saia
   vestido
   roupa confortável
   muitas roupas verdes
   tudo bem rosa
   evita sapatos de salto alto
   chinelo
   roupas românticas
   roupas que não chamam atenção
3. Mariana
   roupas simples
   saia
   vestido
   roupa confortável
   muitas roupas verdes
   tudo bem rosa
   evita sapatos de salto alto
   chinelo
   roupas românticas
   roupas que não chamam atenção

6-42 Os presentes. You will hear Chupeta, Adriana, and Rogério talk about giving presents. Fill in the blanks as appropriate.

Chupeta: Eu (1) ________________ dar presentes, assim, ainda mais para a minha (2) ________________ ou pra minhas (3) ________________. E eu vejo bem pelo que a pessoa gosta de usar, o estilo da pessoa, o que ela mais gosta. Se ela gosta de fazer (4) ________________, se ela gosta de se (5) ________________ melhor. Se ela gosta de (6) ________________, eu dou livro.

Adriana: Bom, quando eu quero dar um presente para um amigo ou quando eu tenho que dar um presente por causa de um (7) ________________ ou alguma coisa assim, eu sempre (8) ________________ observar o que a pessoa gosta (9) ________________ os momentos que eu estou com aquela pessoa. Então, sempre que eu estou com (10) ________________, sempre observo muito a pessoa, né. E eu gosto que o presente seja (11) ________________.

Rogério: Gosto, gosto muito de dar presentes. E só presenteio com (12) ________________ e (13) ________________. São as (14) ________________ coisas que eu dou de presente, sempre.

Nome: ______________________________ Data: ____________________

6-43 Os melhores presentes. Manuela, Daniel, Mariana, Rogério, and Chupeta talk about some of the best gifts they have received. Listen to their comments and answer the questions below.

Manuela:

1. De quem ela recebeu um cordão do qual ela gostou muito?

 ____

2. O que o pai dela lhe deu (*gave her*) de presente? Por que razão ela ganhou esse presente?

 ____

 ____

Daniel:

3. De quem o Daniel ganhou um presente e o que foi?

 ____

4. Por que ele ficou muito feliz com esse presente?

 ____

Mariana:

5. O que a Mariana recebeu de presente e de quem?

 ____

Rogério:

6. Por que o Rogério gostou do colar que está usando? Quem o deu para ele?

 ____

Chupeta:

7. De que presente o Chupeta gostou?

 ____

8. O que o Chupeta começou a fazer com o presente dele?

 ____

9. E você? Qual foi o melhor presente que você já ganhou?

 ____

 ____

Nome: ______________________________ Data: ____________________

Lição 7 ◆ O tempo e os passatempos

Prática

À PRIMEIRA VISTA (Textbook pp. 268–276)

7-1 Associações. What sports do you think of when you see these names?

MODELO: L.A. Lakers *basquete*

1. Ronaldinho ______________________________
2. Volta da França (*Tour de France*) ______________________________
3. Tiger Woods ______________________________
4. Varejão ______________________________
5. Gustavo Kuerten ______________________________
6. Rubens Barrichello ______________________________

7-2 Os esportes. Select the word that does not belong in each group.

MODELO: baliza, jogador, piscina
(You select *piscina.*)

1. cesta, bola, pista
2. nadar, ciclista, piscina
3. jogar, correr, assistir
4. taco, raquete, quadra
5. vôlei, basquete, esqui

7-3 As estações do ano. Select the most logical way to complete each sentence.

1. No verão, nós nadamos __________.

   na praia — na neve — no estádio

2. No outono, em São Francisco, faz __________.

   calor — tempo fresco — muito frio

3. No inverno, muitas pessoas vão para as montanhas para __________.

   nadar — esquiar — jogar tênis

4. O tempo está ruim quando __________.

   há sol — o céu está limpo — chove

5. Em Nova Iorque faz muito frio __________.

   na primavera — no verão — no inverno

7-4 Associações. Associate each drawing with the most accurate description of it.

1. _____

2. _____

3. _____

4. _____

5. _____

6. _____

a) Carlos usa a capa de chuva porque está chovendo muito.

b) Está ventando muito, por isso não vamos jogar golfe.

c) Está nublado e parece que vai chover.

d) O tempo está ótimo hoje.

e) Ele está usando calção porque faz muito calor no deserto.

f) Está fazendo muito frio e Marina não quer tirar as luvas nem o cachecol.

Nome: ______________________________ Data: ____________________

ESTRUTURAS

Síntese gramatical

1. **Indirect object nouns and pronouns**

me	*to/for me*	**nos**	*to/for us*
te	*to/for you (colloquial)*		
lhe	*to/for you, him, her, it*	**lhes**	*to/for you (plural), them*

Ele pediu uma bicicleta **aos pais**. — *He asked his parents for a bicycle.*

Ele **lhes** pediu uma bicicleta. — *He asked them for a bicycle.*

2. **Some irregular preterits**

	ESTAR	TER	FAZER	PÔR	PODER	DIZER
eu	estive	tive	fiz	pus	pude	disse
você / o sr./a sra. / ele/ela	esteve	teve	fez	pôs	pôde	disse
nós	estivemos	tivemos	fizemos	pusemos	pudemos	dissemos
vocês / os srs./as sras. / eles/elas	estiveram	tiveram	fizeram	puseram	puderam	disseram

	QUERER	SABER	TRAZER	DAR	VER	VIR
eu	quis	soube	trouxe	dei	vi	vim
você / o sr./a sra. / ele/ela	quis	soube	trouxe	deu	viu	veio
nós	quisemos	soubemos	trouxemos	demos	vimos	viemos
vocês / os srs./as sras. / eles/elas	quiseram	souberam	trouxeram	deram	viram	vieram

3. **Imperfect tense of regular and irregular verbs**

	JOGAR	CORRER	APLAUDIR
eu	jogava	corria	aplaudia
você, o sr./a sra., ele/ela	jogava	corria	aplaudia
nós	jogávamos	corríamos	aplaudíamos
vocês, os srs./as sras., eles/elas	jogavam	corriam	aplaudiam

	PÔR	SER	TER	VIR
eu	punha	era	tinha	vinha
você, o sr./a sra., ele/ela	punha	era	tinha	vinha
nós	púnhamos	éramos	tínhamos	vínhamos
vocês, os srs./as sras., eles/elas	punham	eram	tinham	vinham

4. The preterit and the imperfect

use the *imperfeito*

- to talk about customary or habitual actions or states in the past.
- to talk about an ongoing part of an event or state.

use the *pretérito*

- to talk about the beginning or end of an event or state.
- to talk about an action or state that occurred over a period of time with a definite beginning and end.
- to narrate a sequence of completed actions in the past; note that there is a forward movement of narrative time.

Indirect object nouns and pronouns (Textbook pp. 277–280)

7-5 Um jogo de futebol. What is happening in this game? In your answers, replace the underlined words with indirect object pronouns.

MODELO: Eu peço a meu pai para comprar ingressos (*tickets*) para o jogo.
Eu lhe peço para comprar ingressos.

1. Meu pai comprou ingressos para mim (*for me*) e meu irmão.

   Ele ____________ comprou ingressos.

2. O treinador dá instruções aos jogadores.

   Ele ____________ dá instruções.

3. O jogador passa a bola ao outro jogador.

   Ele ____________ passa a bola.

4. Meu pai explica as regras a meu irmão.

   Ele ____________ explica as regras.

5. O presidente dá o troféu (*trophy*) aos campeões.

   Ele ____________ dá o troféu.

6. Minha mãe liga (*calls*) para mim para saber o resultado do jogo.

   Ela ____________ liga para saber o resultado do jogo.

7-6 Presentes. You need to buy gifts for several of your friends, all of whom like different sports. What will you get for which friend?

MODELO: Juliana gosta de vôlei.
Vou *lhe* dar uma camiseta da seleção feminina de vôlei do Brasil.

1. Rogério gosta de futebol.

   Vou ____________ dar uma camiseta nova da seleção brasileira.

2. Laura e Marta são loucas (*crazy*) por esqui.

   Vou ____________ comprar um par de esquis novo.

3. Eu gosto de tênis.

   Vou ____________ dar uma raquete nova.

4. Teresa adora corridas de automóveis.

   Vou ____________ comprar uma entrada para ver a corrida de Fórmula 1 em São Paulo.

5. Marcos e Rivaldo gostam de golfe.

   Vou ____________ comprar um taco de golfe novo.

Some irregular preterits (Textbook pp. 281–284)

7-7 Vamos comemorar. You have just met Rodrigo, who saw the Brazilian tennis player Gustavo Kuerten win the 2001 Roland Garros tournament in France. Report on what Rodrigo told you, using the cues below.

MODELO: Rodrigo ____________ em Paris em 2001. (estar)
Rodrigo *esteve* em Paris em 2001.

1. Rodrigo ____________ Guga jogar no torneio Roland Garros. (ver)
2. Os torcedores de Guga ____________ ver seu ídolo ganhar o grande prêmio. (poder)
3. Muitos brasileiros ____________ bandeiras do Brasil em seus carros depois do jogo. (pôr)
4. No Brasil, todo mundo (*everybody*) ____________ da notícia da vitória na mesma hora. (saber)
5. O presidente do Brasil ____________ dar os parabéns a Guga pessoalmente. (querer)

7-8 Um jogo memorável. Think back to the time when you last went to see a game with some friends. While leaving the stadium or arena after the game, you ran into a friend who asked you various questions. Answer his or her questions.

1. Você trouxe muitos amigos para assistir o jogo com você?

   ____

2. Vocês puderam comprar ingressos para o jogo facilmente?

   ____

3. Algum de seus amigos não pôde vir ao jogo?

   ____

4. A que horas vocês vieram para o estádio?

   ____

5. O que seus amigos disseram depois do jogo?

   ____

7-9 Os amigos. Using the information in the following chart, tell what these people did last Saturday at the indicated times. Fill in the blanks with the correct preterit verb forms.

	IRACEMA	CARLOS E JOSÉ
de manhã	ter aulas das 8h às 11h	fazer atletismo às 7h
	dizer para Mariazinha ligar para Rita	estar na universidade das 9h às 10h
	saber a data do exame final	saber o resultado do teste
à tarde	pôr as tarefas em dia (*up to date*)	ter uma aula de Matemática
	estar na biblioteca das 2h30 às 5h	ver o professor de Biologia às 3h
	dar o livro de Português a Isabel	dizer a Rita que vão à festa dela
à noite	vir com Carlos à festa da Rita	vir à festa com as namoradas
	dar um presente de aniversário a Rita	pôr músicas brasileiras para dançar
	estar na festa até as 11h da noite	estar na festa até a meia-noite

MODELO: De manhã, Iracema *disse* para Mariazinha ligar para Rita.

1. De manhã, Carlos e José ____________ atletismo às 7 h.
2. De manhã, Iracema ____________ aulas das 8 h às 11h.
3. À tarde, Iracema ____________ na biblioteca das 2h30 às 5h.
4. À tarde, Carlos e José ____________ uma aula de Matemática.
5. À tarde, Iracema ____________ as tarefas em dia (*up to date*).
6. À tarde, Carlos e José ____________ a Rita que vão à festa dela.
7. À noite, os dois amigos ____________ na festa até a meia-noite.
8. À noite, Iracema ____________ um presente de aniversário a Rita.
9. À noite, Iracema ____________ com Carlos à festa da Rita.
10. À noite, Carlos e José ____________ músicas brasileiras para dançar.

7-10 Um dia em João Pessoa. Your friend Marcelo is reminiscing about the time he spent in Brazil a couple of years ago. Complete his account with appropriate preterit forms of irregular verbs from the following list. You cannot repeat the verb using the same subject.

dizer **estar** **fazer** **ir** **poder** **ser** **ver**

Quando eu (1) __________ ao Brasil, eu (2) __________ estudando Português na Universidade Federal da Paraíba em João Pessoa por um semestre. Durante esses meses, eu (3) __________ visitar a Ponta do Seixas, o ponto mais a leste das Américas, e outros lugares e cidades muito interessantes. Nós também (4) __________ uma excursão com nossos colegas para conhecer melhor a região. Nós (5) __________ Recife e Olinda, verdadeiras jóias da arquitetura colonial do Brasil. Nossos professores também (6) __________ e eles (7) __________ tudo para nós gostarmos da viagem. (8) __________ muito calor naquele dia, mas todos (9) __________ que (10) __________ uma viagem maravilhosa.

Nome: ____ Data: ________________________

Imperfect of regular and irregular verbs (Textbook pp. 286–289)

7-11 Na escola primária. Associate the following subjects with one or more appropriate actions.

1. O professor/A professora
   jogavam futebol durante o recreio (*recess*)
   dava tarefa todos os dias
   tínhamos aula de ginástica todas as semanas
   iam para casa às 4 horas
   fazia natação depois das aulas
2. Nós
   jogavam futebol durante o recreio
   dava tarefa todos os dias
   tínhamos aula de ginástica todas as semanas
   iam para casa às 4 horas
   fazia natação depois das aulas
3. Muitos meninos
   jogavam futebol durante o recreio
   dava tarefa todos os dias
   tínhamos aula de ginástica todas as semanas
   iam para casa às 4 horas
   fazia natação depois das aulas
4. Eu
   jogavam futebol durante o recreio
   dava tarefa todos os dias
   tínhamos aula de ginástica todas as semanas
   iam para casa às 4 horas
   fazia natação depois das aulas
5. Todos os alunos
   jogavam futebol durante o recreio
   dava tarefa todos os dias
   tínhamos aula de ginástica todas as semanas
   iam para casa às 4 horas
   fazia natação depois das aulas

7-12 Antes era diferente. Contrast each statement about the present with the way things used to be.

MODELO: Agora gosto de caminhar.
Antes eu *não gostava* de caminhar.

1. Agora vou nadar todas as semanas.
   Antes eu ______________ nadar todas as semanas.
2. Atualmente (*nowadays*) minha mãe não telefona mais todos os dias.
   Antes minha mãe ______________ todos os dias.
3. Agora meus irmãos estudam na mesma (*same*) universidade que eu.
   Antes meus irmãos ______________ na mesma universidade que eu.
4. Agora tenho um treinador de tênis.
   Antes eu ______________ um treinador de tênis.
5. Atualmente meu pai vem ver jogos de futebol americano em minha universidade.
   Antes meu pai ______________ ver jogos de futebol americano em minha universidade.
6. Agora minha irmã também faz esportes.
   Antes minha irmã ______________ esportes.

7-13 Quando eu tinha quinze anos. Complete the sentences using the verbs from the list in the correct tense and form (don't repeat the verbs).

ir **tomar** **ser** **ver** **estudar** **ter** **andar** **praticar**

Quando eu tinha quinze anos.....

1. Eu ______________ à praia aos domingos.
2. Eu ______________ jogos de futebol na televisão.
3. Eu ______________ esportes.
4. Eu ______________ de bicicleta.
5. Eu ______________ muito sorvete.
6. Eu ______________ matemática e biologia com meus amigos.
7. Eu ______________ muitos amigos.
8. Eu ______________ muito teimoso.

The preterit and the imperfect (Textbook pp. 289–291)

7-14 Pretérito ou imperfeito? Complete the sentences by selecting the appropriate form of each verb.

A. 1. (Foram, Eram) sete da tarde quando 2. (abriam, abriram) as portas do estádio.

B. Não 3. (choveu, chovia) muito naquele dia, mas 4. (esteve, estava) muito frio.

C. Na cidade 5. (houve, havia) muito trânsito, porque muitas pessoas 6. (vieram, vinham) de longe para ver o jogo.

D. Em poucos minutos, os torcedores que 7. (esperaram, esperavam) fora do estádio 8. (formaram, formavam) filas enormes para entrar.

E. A atmosfera durante todo o jogo 9. (esteve, esteva) emocionante, especialmente quando a seleção do Brasil 10. (fez, fazia) o primeiro gol.

F. O juiz 11. (decidiu, decidia) cancelar o gol, enquanto o público 12. (gritou, gritava) "Brasil! Brasil!" protestando contra a decisão.

G. Quando o jogo 13 (recomeçou, recomeçava), o time adversário já 14. (esteve, estava) desanimado (*discouraged*).

H. No fim 15. (houve, havia) uma grande festa para celebrar o time pentacampeão: naquele dia, o Brasil 16. (ganhou, ganhava) a Copa do Mundo pela quinta vez.

7-15 Minha primeira viagem a Brasília. Fill in the blanks with the correct preterit or imperfect verb forms.

Quando eu (1) ____________ (ser) estudante universitário (2) ____________ (ir) a Brasília pela primeira vez. Eu (3) ____________ (chegar) ao aeroporto de manhã, mas já (4) ____________ (fazer) muito calor. No hotel, eu (5) ____________ (descansar) uma hora antes de sair para conhecer a cidade. Por acaso, um antigo colega de escola (6) ____________ (estar) no mesmo hotel. Nós (7) ____________ (decidir) visitar a cidade juntos, porque (8) ____________ (querer) visitar os mesmos edifícios monumentais, como a catedral, o Palácio da Alvorada e a Praça dos Três Poderes. Eu (9) ____________ (ver) como a arquitetura de Oscar Niemeyer é realmente impressionante. No fim da tarde, eu e meu colega (10) ____________ (comer) um churrasco delicioso num restaurante em uma das quadras de Brasília, onde todo mundo gosta de jantar ao ar livre.

Nome: ______________________________ Data: ____________________

Mais um passo: Há/Faz meaning *ago* (Textbook pp. 294–295)

7-16 Recordando as férias. How long ago did these people do the activities identified in each sentence? Alternate sentence structures in your answers, as shown in the model.

MODELO: Adriana/ir surfar nas praias do Nordeste na semana passada
Faz uma semana que Adriana foi surfar nas praias do Nordeste.
ou: *Adriana foi surfar nas praias do Nordeste faz uma semana.*

1. a família Rodrigues/ir a Foz do Iguaçu no ano passado

   ____

2. eu/assistir um espetáculo de balé no Teatro Castro Alves no mês passado

   ____

3. Irene e eu/visitar o Museu de Arte Moderna da Bahia em 2010

   ____

4. Clóvis e Rosa Maria/fazer capoeira com os amigos baianos anteontem

   ____

5. nós/ver um jogo de futebol no Maracanã no último mês de julho

   ____

7-17 Faz quanto tempo? Explain for how long you have done or not done the following activities. Write sentences using **faz** or **há** + a time expression (**horas, dias, semanas, meses, anos**) and some additional information.

MODELO: *Faz seis meses que eu moro nesta cidade.*
ou: *Eu moro nesta cidade há seis meses.*
ou: *Há seis meses que eu não moro com meus pais.*
ou: *Eu não moro com meus pais faz seis meses.*

1. gosto de: ______________________________
2. não visito: ______________________________
3. jogo: ______________________________
4. não pratico: ______________________________
5. conheço: ______________________________
6. não vou: ______________________________

ENCONTROS

Para ler (Textbook pp. 298–300)

7-18 Os esportes. Indicate whether each sport is easy or difficult, whether an instructor is needed to learn the sport, and how long it takes to learn it.

	FÁCIL/DIFÍCIL	PRECISA DE PROFESSOR?	QUANTO TEMPO PARA APRENDER?
1. o tênis			
2. o ciclismo			
3. a natação			
4. o vôlei			
5. o esqui			

7-19 Para sua defesa. One of your friends is looking for help for his children so they can learn to defend themselves when they have to go out alone. Read this ad and then indicate whether the statements that follow are true or false by selecting **V** (**verdadeiro**) or **F** (**falso**).

Para defesa de seus filhos, em dois meses!

Você quer que seus filhos aprendam a se defender? Podemos ensiná-los em tempo record! Somente 60 dias! Eles vão estar preparados para as situações mais difíceis. As artes marciais vão lhes dar segurança e boa preparação física. Professores formados e experientes. Aulas individuais e em grupo para crianças e jovens dedicados e pacientes. Preços módicos. Descontos para grupos e familiares.

ACADEMIA JOGA JUDÔ
Avenida Tabajaras, 230, João Pessoa,
PB-CEP 58011-040
Fone/Fax: 83-2105-9751; www.jogajudo.com.br

1. É necessário muito tempo para aprender a se defender. V F
2. As aulas podem ser individuais ou em grupo. V F
3. O curso é destinado a crianças e jovens dinâmicos e agitados. V F
4. As crianças aprendem a se defender, ganham segurança e boa preparação física. V F
5. Os instrutores são bem preparados, formados e experientes. V F
6. Os preços dos cursos são baixos e por isso não há desconto para grupos ou familiares. V F

Nome: ______________________________ Data: ____________________

Previsão de chuvas acima da média nas regiões Centro-Oeste, Sudeste e Sul do Brasil

Em setembro as regiões Sul, Centro-Oeste e sul da Região Sudeste sofreram períodos de chuva intensa. Apesar dos estragos em algumas regiões, esta situação garante a estabilidade do nível dos reservatórios das usinas hidrelétricas localizadas na Região Sudeste.

A região de Furnas, em Minas Gerais, foi vítima de fortes inundações que obrigaram muitos habitantes a deixar suas casas. Polícia e bombeiros tiveram que organizar operações de salvamento para evacuar parte da população, inclusive turistas em resorts nas margens do Lago de Furnas. A barragem apresenta ainda um aumento significativo no volume de água armazenada, como consequência do elevado índice de chuva registrado nos meses de setembro e outubro. Em outubro, pode haver inundações também no Rio Grande do Sul e Santa Catarina. As previsões climáticas apontam para fortes ventos e chuva para meados do próximo ano como consequência do fenômeno *El Niño.*

A previsão para o período de novembro-dezembro-janeiro é de continuação das chuvas na maior parte do território nacional, com exceção das regiões Sul, Norte e Nordeste, onde se preveem indices dentro do normal para a época.

Para escrever (Textbook pp. 300–301)

7-20 Meio Brasil debaixo d'água. Preparação. Read this article from a Brazilian newspaper. Then indicate whether the statements that follow are true or false by selecting **V** (**verdadeiro**) or **F** (**falso**).

1. O tempo ruim afetou só uma região do país. V F
2. Nevou no mês de dezembro. V F
3. Os turistas foram evacuados das margens do Lago de Furnas. V F
4. Os reservatórios das usinas hidrelétricas têm água abaixo do normal. V F
5. O tempo vai continuar chuvoso. V F
6. Os habitantes de Santa Catarina esperam vento forte este ano. V F
7. Em janeiro, não vai chover intensamente na Região Sul. V F

7-21 Inundação. Imagine that you are staying in a resort near Lago de Furnas in Minas Gerais during the terrible flood described in the article you just read. Write to your family explaining what the weather is like in Furnas and in Brazil in general, and comment on its effects on the country. Give your opinion about the situation.

To express your opinion, you may use phrases such as: **Acredito que..., Acho que..., Em minha opinião....** To express factual information, you may use phrases such as: **Segundo o/a..., Tudo indica que..., Na realidade..., As fontes de informação dizem/afirmam que....**

7-22 O tempo aqui. A friend from Brazil has written to you asking about the weather in your area. Answer his or her questions as completely as possible.

1. Que tempo faz na sua cidade no inverno? Tem muita neve? Qual é a temperatura média (*average*)? É baixa, alta ou moderada?

2. Chove muito na primavera? Faz tempo bom? Qual é a temperatura média?

3. No verão faz muito calor? Qual é a temperatura média? Há muita umidade ou vocês têm um clima seco? Tem muitas tempestades (*storms*)?

4. No outono venta muito? De que cor são as folhas? Qual é a temperatura média? O tempo é fresco?

5. Em que estação do ano vocês estão agora? Que esportes você faz nesta estação?

____

____

6. Como está o tempo agora?

____

____

HORIZONTES (Textbook pp. 302–303)

7-23 O Alentejo. Fill in the blanks with correct information based on the **Horizontes** section on **O Sul de Portugal** on pages 302–303 of your textbook.

- O Sul de Portugal é formado pelas regiões do (1) __________ e (2) __________.
- A influência da cultura árabe se reflete na arquitetura local com (3) __________ e (4) __________.
- A economia do Alentejo é predominantemente (5) __________, e a do Algarve é baseada no (6) __________.
- Entre as principais produções agrícolas do Alentejo se encontram (7) __________ e (8) __________.
- A segunda universidade mais antiga de Portugal se encontra na cidade de (9) __________.

7-24 O Algarve. Indicate whether the following statements are true (**verdadeiro**) or false (**falso**) by selecting **V** or **F**.

1. A economia do Algarve é agrícola. V F
2. O clima é temperado todo o ano e por isso atrai muitos turistas. V F
3. Os esportes preferidos pelos turistas no Algarve são o golfe e os esportes aquáticos. V F
4. O mês de fevereiro não tem atrativos para os turistas. V F
5. A cozinha do Algarve é famosa pelos pratos de carne. V F
6. No verão, a população do Algarve aumenta 200%. V F
7. Os habitantes do Algarve se chamam "algarvios". V F
8. Purê de amêndoa é um dos ingredientes principais da caldeirada de peixe. V F

LABORATÓRIO

À PRIMEIRA VISTA (Textbook pp. 268–276)

7-25 Que esporte praticam? You will hear three brief conversations about sports. After each conversation, select the appropriate sport.

CONVERSA 1

AUTOMOBILISMO CICLISMO ESQUI FUTEBOL GOLFE NATAÇÃO TÊNIS

CONVERSA 2

AUTOMOBILISMO CICLISMO ESQUI FUTEBOL GOLFE NATAÇÃO TÊNIS

CONVERSA 3

AUTOMOBILISMO CICLISMO ESQUI FUTEBOL GOLFE NATAÇÃO TÊNIS

7-26 O tempo. Listen to these two descriptions of college students' plans for the weekend. Then indicate whether the statements below are true or false by selecting the appropriate responses. Read the statements before listening to each description.

Descrição 1

1. Jorge pensa em jogar futebol com seus amigos.	VERDADEIRO	FALSO
2. Na televisão dizem que vai chover.	VERDADEIRO	FALSO
3. Roberto e Jorge vão sair no sábado de manhã.	VERDADEIRO	FALSO
4. Eles pensam em voltar no domingo ao meio-dia.	VERDADEIRO	FALSO

Descrição 2

5. Irina quer ir à praia.	VERDADEIRO	FALSO
6. É verão e faz muito calor.	VERDADEIRO	FALSO
7. Ela telefona para sua mãe.	VERDADEIRO	FALSO
8. Irina vai sair com Noêmia esta tarde.	VERDADEIRO	FALSO

7-27 Previsão do tempo. On a short-wave radio, you hear the following weather forecasts from different parts of the world. Indicate what sport or sports people could play in each place according to the weather report for their area.

1. vela	ciclismo	esqui	basquete	futebol	vôlei de praia
2. vela	ciclismo	esqui	basquete	futebol	vôlei de praia
3. vela	ciclismo	esqui	basquete	futebol	vôlei de praia
4. vela	ciclismo	esqui	basquete	futebol	vôlei de praia
5. vela	ciclismo	esqui	basquete	futebol	vôlei de praia
6. vela	ciclismo	esqui	basquete	futebol	vôlei de praia

Nome: ____ Data: ______________________

Pronúncia

O acento gráfico: hiato (*hiatus*)

A hiatus is a combination of two vowels, both of which are pronounced as distinct sounds. In Brazilian Portuguese, if the second vowel of a hiatus is an **i** or a **u** it carries a written accent. **Repita as seguintes palavras.**

poluído saúde reúne juíza egoísta país

In some cases, however, the second vowel of the hiatus carries no written accent, although the pronunciation remains the same as in the previous group of examples. This happens when the hiatus is followed by **nh** or by a consonant **l, m, n, r,** or **z** that does not begin a new syllable. **Repita as seguintes palavras.**

rainha moinho juiz ruim raiz

O acento gráfico: palavras oxítonas

A few Portuguese words are stressed on the last syllable. (This is called oxytone stress.) Some of these words need an accent mark to show that their last vowel is open, as opposed to similar words with an unstressed vowel in the same position. Compare the pronunciation of these pairs of words. **Repita as seguintes palavras.**

Pará/para nós/nos está/esta bobó/bobo Alá/ala Pelé/pele

Some oxytone words are written with an accent mark to indicate that the stress falls on the last syllable, as opposed to the next-to-last syllable, which is the normal tendency in Portuguese. **Repita as seguintes palavras.**

além alguém também mantém avós café

ESTRUTURAS

Indirect object nouns and pronouns (Textbook pp. 277–280)

7-28 Os presentes de Natal. Augusto is going to buy Christmas gifts for his brothers and some of his friends. Listen the information and then complete the chart using the information below.

livraria	Helena
óculos de sol	ingressos para o Maracanã
loja de esportes	Rosa
boutique	

PESSOA(S)	PRESENTE(S)	LUGAR ONDE COMPRAR
1. __________	um dicionário	2. __________
Os irmãos dele	3. __________	Internet
4. __________	raquete	5. __________
Rita	6. __________	7. __________

7-29 As perguntas do amigo. Your friend doubts that you did certain things. Answer his questions in the affirmative using indirect object pronouns.

MODELO: Você mostrou o estádio ao irmão de Augusto?
Sim, eu lhe mostrei o estádio.

1. …
2. …
3. …
4. …
5. …

7-30 Para quem ela vai comprar o equipamento? Your friend Marta works in the athletics department of your university. She needs to buy new equipment for many athletes. Using the cues you hear, say what she is going to buy for each person.

MODELO: Alexandre e Rodrigo / umas meias
Ela vai lhes comprar umas meias.

1. …
2. …
3. …
4. …
5. …
6. …

Some irregular preterits (Textbook pp. 281–284)

7-31 As atividades dos jogadores de futebol. Use the cues to tell what the soccer players of your college team did yesterday.

MODELO: estar no ginásio duas horas
Estiveram no ginásio duas horas.

1. …
2. …
3. …
4. …
5. …
6. …

7-32 Mas hoje não. Use the cues to explain that today's soccer game was very different from what it normally is.

MODELO: O treinador sempre dá instruções antes do jogo.
Mas hoje não deu.

1. …
2. …
3. …
4. …
5. …
6. …

The imperfect (Textbook pp. 286–289)

7-33 Um sonho de sempre. Read the statements below and then listen as Rubens Barrichello describes his life as a young boy and his dream to become a top Formula 1 driver. Then indicate whether the statements are true or false by selecting **Verdadeiro** or **Falso**.

1. Na infância, Rubens morava em Minas Gerais. VERDADEIRO FALSO
2. Nas férias, Rubens visitava o avô. VERDADEIRO FALSO
3. A casa do avô ficava perto do autódromo. VERDADEIRO FALSO
4. O sonho (*dream*) de Rubens era ser como Fittipaldi. VERDADEIRO FALSO
5. Rubens recebeu um kart quando tinha 8 anos. VERDADEIRO FALSO
6. Inicialmente, Rubens não gostava de dirigir seu kart. VERDADEIRO FALSO

7-34 Quando eu era mais jovem. Looking back on your own childhood, say whether or not you used to do the following things.

MODELO: caminhar para a escola
Caminhava para a escola. ou *Não caminhava para a escola.*

1. …
2. …
3. …
4. …
5. …
6. …

7-35 A rotina da professora Liliana. Ms. Liliana is a new swimming coach in a local college. Her routine has not changed much with the new job. As you hear what she customarily does at present, say that she used to do the same things before.

MODELO: A professora Liliana acorda cedo.
Antes, ela também acordava cedo.

1. ...
2. ...
3. ...
4. ...
5. ...
6. ...
7. ...
8. ...

7-36 Vamos recordar com Josué e Marcelo. Josué and Marcelo used to be very active as athletes when they were students at the Universidade Federal da Bahia. Tell what they used to do using the cues you hear.

MODELO: correr na praia nos fins de semana
Eles corriam na praia nos fins de semana.

1. ...
2. ...
3. ...
4. ...
5. ...
6. ...
7. ...
8. ...

7-37 Recordações de uma mãe orgulhosa. Listen to this imaginary interview with the mother of Gustavo Kuerten (Guga) and then associate the sentences below with the order in which the events and situations took place.

1. ________ Os pais de Guga tornaram-se membros de um clube de tênis.
2. ________ Olga Schlosser, a avó de Guga, vinha de uma família alemã.
3. ________ Guga ganhou o torneio Roland Garros em 1997, 2000 e 2001.
4. ________ Aos 12 anos, o pai de Guga jogava basquete.
5. ________ Guga nasceu em Santa Catarina.

6. _________ Larri Passos foi um treinador maravilhoso para a carreira de Guga.
7. _________ A família imigrou para o Brasil.
8. _________ Guga costumava acompanhar os pais ao clube de tênis.
9. _________ A mãe de Guga gostava e ainda gosta de assistir os campeonatos de seu filho.
10. _________ Rafael, o irmão mais velho de Guga, nasceu (*was born*) em 1973.
11. _________ No início, Guga praticava tênis com sua família.
12. _________ A família de Guga encorajou sua carreira desde o início.

7-38 As dificuldades de Mariana. Listen as Mariana's sister describes why Mariana had a hard time getting to their basketball training session on time. Then categorize some of the events described as completed actions, habitual actions, or background description.

MODELO: Ela saiu para o treino – Ação terminada
Ela ia de ônibus *(bus)* – Ação habitual
Chovia muito – Descrição

1. Verônica telefonou.

   Ação terminada   Ação habitual   Descrição

2. Ela sempre ia de ônibus.

   Ação terminada   Ação habitual   Descrição

3. Ela pegava um táxi.

   Ação terminada   Ação habitual   Descrição

4. Mariana estava com pressa.

   Ação terminada   Ação habitual   Descrição

5. Ela perdeu mais tempo.

   Ação terminada   Ação habitual   Descrição

6. Uma voz lhe falou.

   Ação terminada   Ação habitual   Descrição

7. Ela não gostava de deixar a treinadora e as colegas esperando.

   Ação terminada   Ação habitual   Descrição

8. Havia muito trânsito.

   Ação terminada   Ação habitual   Descrição

9. Elas chegaram ao Centro de Esportes às nove e quinze.

   Ação terminada   Ação habitual   Descrição

10. Mariana não levou o equipamento.

    Ação terminada   Ação habitual   Descrição

11. Um carro parou.

    Ação terminada   Ação habitual   Descrição

12. A fila estava enorme.

    Ação terminada   Ação habitual   Descrição

7-39 O tempo e o feriadão *(long holiday weekend)*. Listen to the dialogue and complete the sentences with the appropriate information and verb tenses.

1. Anita não aproveitou o feriadão porque _______________.

   foi para o lago de Furnas e o tempo lá estava muito ruim

   sabia que podia ter passado o fim de semana na praia tomando sol

   o lago estava com ondas super altas e ela não pôde nadar

2. Iolanda ouviu a previsão do Instituto Nacional de Meteorologia para o Rio e assim teve certeza de que _______________.

   podia ir para o Lago de Furnas no fim de semana

   podia passar o fim de semana na praia tomando sol

   podia ir viajar com os colegas da faculdade

3. Anita também ouviu a previsão do Instituto Nacional de Meteorologia, mas _______________.

   acha que foi para a região errada porque não parou de chover

   não confiou na previsão do tempo

   acha que a previsão estava errada

4. No Lago de Furnas o tempo estava tão (*so*) ruim que _______________.

   Anita quase não saiu do hotel

   não foi possível voltar para o Rio mais cedo

   Anita quase não descansou

5. Depois que Anita voltou ao Rio, ainda deu para ela _______________.

   descansar em casa

   aproveitar para sair com os amigos

   aproveitar um pouco da praia

Nome: ______________________________ Data: ____________________

Pronúncia

O acento gráfico: o acento grave e a crase (*crasis*)

The grave accent (**acento grave**) is used only when there is a contraction of the preposition **a** with the feminine form of the definite article (**a** and **as**) or with the demonstratives **aquele**, **aquela**, **aqueles**, and **aquelas.** (You have learned and practiced these contractions in **Lições 1** and **5**). Such a contraction is known as *crasis* and is indicated by a grave accent mark. The accent mark also indicates that now the vowel **a** is open.

The contraction of the preposition **a** with **a** and **as** or with **aquele** and its inflections is quite common. The use of the grave accent mark can alter radically the meaning of a sentence. Compare the pronunciation and the meanings of the following paired expressions and sentences. **Repita as seguintes frases.**

Levar a mãe.	*To take one's mother (somewhere).*
Levar à mãe.	*To take (something) to one's mother.*
Lavar a mão.	*To wash one's hands.*
Lavar à mão.	*To wash by hand.*
Eu lhe digo a hora da lição.	*I'll tell you the time of the lesson.*
Eu lhe digo à hora da lição.	*I will tell you (something) when it is time for the lesson.*

Mais um passo: Há/Faz meaning *ago* (Textbook pp. 294–295)

7-40 Na Amazônia. While visiting Manaus, you decide to go on a boat ride on the Amazon. Assuming that it is now 10 in the morning, as you hear the names of your fellow passengers, look at the time each person arrived at the dock and say how long ago he or she arrived. Pause the recording at the beep to answer at your own pace.

MODELO: You hear: Jaime
You see: Jaime/9:40
You say: *Jaime chegou faz vinte minutos.* ou *Jaime chegou há vinte minutos.*

1. Eliza/9:50
2. Armando e Carolina/9:58
3. Ivo/9:55
4. os irmãos Castro/9:45
5. Mauro/9:35

ENCONTROS (Textbook pp. 296–297)

7-41 O dia da viagem. Irina and Alessandro are leaving to spend two weeks in Porto Alegre. Listen to the description of their preparations for the trip, to their conversation at the airport, and to the statements that follow. Indicate whether each statement is true or false by selecting the appropriate response.

1. VERDADEIRO FALSO
2. VERDADEIRO FALSO
3. VERDADEIRO FALSO
4. VERDADEIRO FALSO
5. VERDADEIRO FALSO
6. VERDADEIRO FALSO
7. VERDADEIRO FALSO
8. VERDADEIRO FALSO

7-42 O jogo de futebol. Your friends Jorge and Arnaldo went to an important soccer game yesterday. Listen to the story and complete the paragraph based on what you hear.

Ontem à tarde estava fazendo (1) ______________ e Jorge (2) ______________ ir assistir o jogo de futebol no (3) ______________, mas não (4) ______________ dinheiro para comprar o ingresso. Então, ele (5) ______________ na televisão. Porém, Arnaldo ligou para o Jorge porque um amigo lhe (6) ______________ ingressos para o jogo e ele queria convidar o Jorge para acompanhá-lo. Jorge ficou muito feliz e (7) ______________ rapidamente de casa para (8) ______________ cedo ao estádio.

VÍDEO

Vocabulário útil

aguentar	*to bear*	**escaldante**	*scalding, very hot*
aliviar	*to relieve*	**a estrada**	*road*
ameno/a	*mild, pleasant*	**Flamengo**	*a Rio de Janeiro soccer team*
o calçadão	*promenade, walkway*	**a musculação**	*bodybuilding*
a caminhada	*hike*	**o/a perna-de-pau**	*"wooden leg"; bad soccer player*
a canja	*chicken soup*	**péssimo/a**	*the worst, terrible*
castigar	*to punish*	**sentir falta**	*to miss*
o craque	*star soccer player*		

Nome: ____ Data: __________________________

7-43 Os esportes. Primeiro passo. Four people are discussing the sports they like to watch and practice and their likes and dislikes. Listen to their comments and information and select the correct responses.

1. ______________ não é craque de futebol.

Dona Raimunda Chupeta Caio Juliana

2. ______________ pratica ciclismo de estrada.

Dona Raimunda Chupeta Caio Juliana

3. ______________ chegou a competir em natação.

Dona Raimunda Chupeta Caio Juliana

4. ______________ é fanática por futebol.

Dona Raimunda Chupeta Caio Juliana

5. ______________ faz musculação.

Dona Raimunda Chupeta Caio Juliana

6. ______________ acha o esporte uma excelente oportunidade para trabalhar em grupo.

Dona Raimunda Chupeta Caio Juliana

7. ______________ gosta de fazer caminhada.

Dona Raimunda Chupeta Caio Juliana

8. ______________ não pôde jogar vôlei por ser baixinha.

Dona Raimunda Chupeta Caio Juliana

9. ______________ é meio (*kind of*) perna-de-pau.

Dona Raimunda Chupeta Caio Juliana

10. ______________ pratica judô à noite.

Dona Raimunda Chupeta Caio Juliana

11. ______________ é péssimo tenista.

Dona Raimunda Chupeta Caio Juliana

12. ______________ caminha pelo calçadão da praia.

Dona Raimunda Chupeta Caio Juliana

13. ______________ tem uma medalha com a bandeira do Flamengo.

Dona Raimunda Chupeta Caio Juliana

14. ______________ adora correr.

Dona Raimunda Chupeta Caio Juliana

15. ______________ adora assistir vôlei.

Dona Raimunda Chupeta Caio Juliana

7-44 Os atletas. Chupeta, Mariana, and Caio talk about the athletes they admire. Complete the statements below with the information below.

gosta muito de	exemplo	esportivamente	pessoa
Guga	um grande homem	ginástica olímpica	Ayrton Senna

- Chupeta admira (1) ______________ e (2) ______________.
- Mariana (3) ______________ Danielle Hipólito, que faz (4) ______________ e é muito boa em qualquer aparelho.
- Caio admira Pelé não só pelo que ele representou (5) ______________, mas como (6) ______________, como (7) ______________. Ele considera Pelé (8) ______________.

7-45 O tempo e as estações. Sandra, Manuela, Dona Raimunda, Chupeta, and Mônica talk about the seasons and their preferences in terms of weather. Listen to their comments and decide which statements below are true (**V**) and which are false (**F**).

- **Sandra**

1. A estação preferida dela é o inverno. V F
2. Ela acha que no Rio tem pouca diferença entre as estações. V F
3. Ela gosta de um sol escaldante no fim de semana e uma temperatura mais amena durante a semana. V F
4. Ela prefere um dia nublado a um dia claro. V F

- **Manuela**

5. Ela acha que o clima do Rio é muito legal. V F
6. As temperaturas são elevadas o ano inteiro. V F
7. Nos últimos anos, as temperaturas têm baixado (*have gone down*) mais no inverno. V F
8. As temperaturas no inverno chegam a 10 graus centígrados. V F

- **Dona Raimunda**

9. No Ceará, durante o dia faz um calor que você não aguenta. V F
10. O Ceará é uma terra boa que não castiga as pessoas. V F
11. Ela não gosta do frio. V F
12. Quando faz frio, ela gosta de tomar um pratinho de canja. V F

- **Chupeta**

13. O inverno é rigoroso no Rio de Janeiro. V F
14. Não há grandes diferenças entre o inverno e o verão. V F
15. No verão, as pessoas treinam mais cedo ou mais tarde para aliviar o sol. V F

- **Mônica**

16. Quando ela morava no Rio Grande do Sul, ela não gostava daquele inverno de junho a agosto. V F
17. Agora que ela mora no Rio, ela não sente falta do frio do Rio Grande do Sul. V F
18. Ela sempre vai em agosto para o Rio Grande do Sul. V F
19. Para ela, o melhor tempo que tem é o inverno. V F

Nome: ______________________________ Data: ____________________

Lição 8 ◆ Festas e tradições

Prática

À PRIMEIRA VISTA (Textbook pp. 308–313)

8-1 Associações. Associe as descrições com os feriados.

1. Um dia muito especial para os casais românticos.	a. ________ Páscoa
2. Uma festa muito importante em Nova Orleans e no Rio de Janeiro.	b. ________ Véspera de Natal
3. Comemoração relacionada a três santos (Santo Antônio, São João e São Pedro).	c. ________ Festas Juninas
4. As famílias brasileiras cristãs preparam uma grande ceia e trocam presentes.	d. ________ Dia das Bruxas
5. As famílias brasileiras costumam dar ovos de chocolate como presente.	e. ________ Carnaval
6. As crianças americanas vão às casas dos vizinhos e pedem doces e balas.	f. ________ Dia dos Namorados

8-2 Palavras cruzadas. Complete as seguintes frases e resolva as palavras cruzadas. A coluna vertical vai revelar o nome de um feriado.

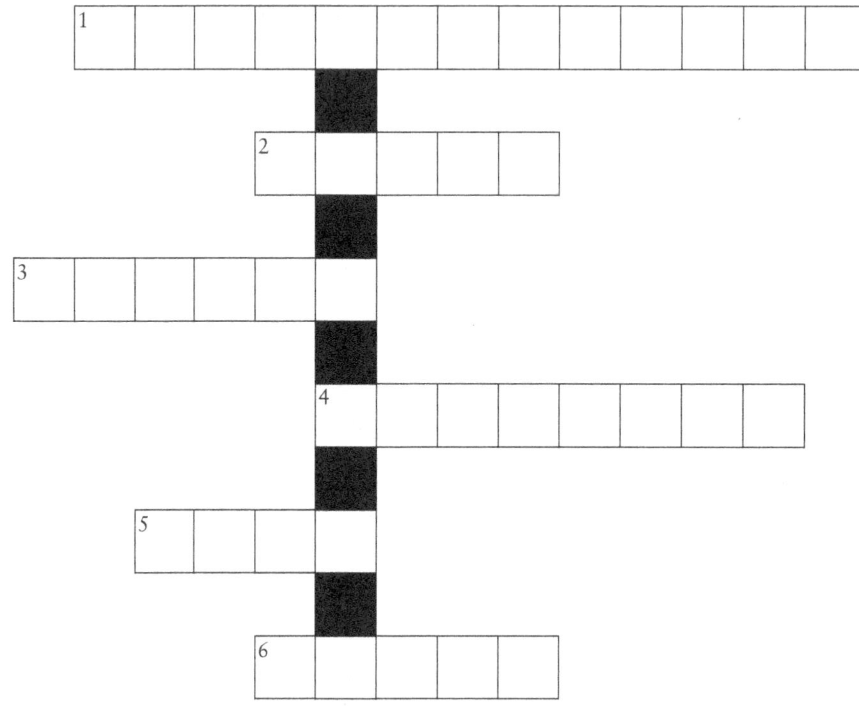

1. Os países comemoram sua liberdade e soberania no Dia da ___________.
2. O Papai Noel traz presentes para as crianças no ___________.
3. Na última quinta-feira de novembro se comemora o Dia de Ação de ___________ nos Estados Unidos.
4. As pessoas usam fantasias, dançam e se divertem muito. É o ___________.
5. O primeiro dia do ano é o Dia de Ano ___________.
6. São João é um ___________ muito popular no Nordeste do Brasil.

8-3 As festas tradicionais dos Estados Unidos. Responda às perguntas de um estudante brasileiro sobre os feriados e tradições nos Estados Unidos, completando o diálogo seguinte.

DANIEL: No Brasil nós não comemoramos o Dia de Ação de Graças. Você pode me dizer quando vocês comemoram esse feriado? O que vocês fazem nesse dia?

EU: ____

____

DANIEL: Puxa, esta data é muito legal, muito importante para a família! Com certeza aqui vocês comemoram os aniversários como nós comemoramos no Brasil. Quando é o seu aniversário? O que as pessoas costumam dar de presente?

EU: ____

____

Nome: ______________________________ Data: ____________________

DANIEL: Legal! E como são as festas aqui? De que tipo de festa você gosta?

EU: ____

____

DANIEL: Então, avise quando você vai para a próxima festa para eu ir com você!

8-4 Um convite. Você convida seus amigos Guilherme e Álvaro para uma festa. Guilherme aceita o convite e quer saber o que pode levar para a festa. Álvaro diz que não pode ir e explica a razão. Primeiro, dê informações sobre a festa. Depois, escreva as respostas dos seus colegas.

1. Motivo da festa: ____
2. Dia: ____
3. Hora: ____
4. Local: ____
5. Guilherme (aceitando): ____
6. (oferecendo para trazer alguma coisa e ajudar) : ____

   ____
7. Álvaro (não aceitando o convite): ____
8. (razão): ____

ESTRUTURAS

Síntese gramatical

1. **Comparisons of inequality**

   mais + *adjective/noun* + **(do) que**

   menos + *adjective/noun* + **(do) que**

melhor	*better*	**pior**	*worse*
menor	*smaller*	**maior**	*bigger*

2. **Comparisons of equality**

tão + *adjective/adverb* + **quanto/como**	*as . . . + as*
tanto/a + *noun* + **quanto/como**	*as much . . . + as*
tantos/as + *noun* + **quanto/como**	*as many . . . + as*
tanto quanto/como	*as much as*

3. **The superlative**

   definite article + (*noun*) + **mais/menos** + *adjective* + **de**

   A festa mais popular do Brasil.

   adjective + **íssimo**

   grande + **íssimo** = **grandíssimo**

   normal + **íssimo** = **normalíssimo**

4. **Pronouns after prepositions**

PREPOSITION	PRONOUNS AFTER PREPOSITION
para *(for, to)*	**para mim** / para você / para ele, ela/ para nós / para vocês / para eles, elas
sem *(without)*	**sem mim** / sem você / sem ele, ela / sem nós / sem vocês /sem eles, elas
com *(with)*	**comigo / contigo** / com você / com ele, ela / **conosco** / com vocês / com eles, elas
de *(from, of)*	de mim / de você / **dele, dela** / de nós / de vocês / **deles, delas**
por *(by, for, through)*	por mim / por você / por ele, ela / por nós / por vocês / por eles, elas

5. **Reflexive verbs and pronouns**

eu	**me levanto**
você, o sr./a sra., ele/ela	**se levanta**
nós	**nos levantamos**
vocês, os srs./as sras., eles/elas	**se levantam**

Eu **vou me levantar** cedo amanhã.
Você **está se sentindo** bem?
Gostamos de nos levantar cedo.

Comparisons of inequality (Textbook pp. 314–316)

8-5 Outras pessoas e eu. Compare você com outras pessoas, completando as afirmações seguintes. Use **mais** ou **menos** e identifique a(s) outra(s) pessoa(s).

MODELO: Sou ____________ (+) atlético do que ____________(irmão).
Sou mais atlético do que meu irmão.

- Faço ____________ (1. +) esportes que ____________(2. irmã).
- Vou a ____________(3. −) festas do que ____________(4. amigo Paul).
- Sou ____________(5. +) otimista do que ____________(6. avô).
- Comemoro ____________(7. +) feriados que ____________(8. família do Paul).
- Compro presentes ____________(9. −) caros do que ____________(10. pais).
- Como ____________(11. +) frutas e verduras do que ____________(12. prima Lila)

8-6 Mais de ou menos de? Complete as frases corretamente com **mais de** ou **menos de**.

1. O ciclo das festas juninas no Brasil dura (*lasts*) ____________(+) duas semanas.
2. Há ____________(+) cinco feriados nacionais nos Estados Unidos.
3. A cidade do Rio de Janeiro tem ____________(−) vinte milhões de habitantes.
4. Eu ganho (*earn*) ____________(+) mil dólares por mês.
5. Eu peso (*weigh*) ____________(−) 65 quilos.

Nome: ______________________________ Data: ____________________

8-7 As coisas mais importantes da vida. Compare seis pares de itens da lista abaixo em relação à importância.

1. As tradições são ____________ (−) importantes do que o dinheiro.
2. Os amigos são ____________ (+) importantes do que o trabalho.
3. A televisão é ____________ (−) importante que o computador.
4. O cinema é ____________ (+) importante do que os esportes.
5. Os carros são ____________ (+) importantes do que roupas.
6. O namorado é ____________ (−) importante do que a comida.

8-8 Minha família, meus amigos e eu. Compare você com sua família e amigos. Use **mais/menos, maior/menor, melhor/pior** e as palavras da lista abaixo ou outras.

festas	feriados	roupas	carros	CDs	amigos
comprar	dançar	comemorar	ter	preferir	ir

MODELO: *Eu danço melhor do que Irene.*
Tenho menos roupas pretas que minha irmã.

1. ______________________________
2. ______________________________
3. ______________________________
4. ______________________________
5. ______________________________

8-9 Maior, melhor. Complete as comparações que seguem escolhendo a opção mais apropriada.

MODELO: São Paulo / Rio de Janeiro (maior/menor)
São Paulo é maior do que o Rio de Janeiro.

1. O Rio de Janeiro é ____________ do que São Paulo.

   maior
   menor
2. O Brasil é ____________ do que Angola.

   maior
   menor
3. O Timor-Leste é ____________ do que o Brasil.

   maior
   menor

4. O inverno de Boston é ______________ do que o da Flórida.

   melhor

   pior

5. Comida orgânica é ______________ do que comida transgênica.

   melhor

   pior

Comparisons of equality (Textbook pp. 316–318)

8-10 Aspectos da vida. Complete as seguintes afirmações com **tanto/ a tantos/ as** ou **tão**.

MODELO: Tênis é ______________ difícil quanto ______________.
Tênis é tão difícil quanto golfe.

1. A música brasileira é ______________ boa quanto a música caribenha.
2. Há ______________ comemorações no Brasil quanto nos EstadosUnidos.
3. O Natal é ______________ importante como o Chanucá em minha família.
4. Eu gosto ______________ do Dia de Ação de Graças quanto do meu aniversário.
5. As crianças ganham ______________ presentes no Natal quanto no aniversário.

8-11 Comparações. Complete as afirmações usando **tão, tanto/a** ou **tantos/as** para comparar você com atletas, artistas e outras pessoas famosas.

1. Não sou ______________ divertido quanto Will Smith.

   tão

   tanto

2. Tenho ______________ amigos como o presidente.

   tão

   tantos

3. Jogar futebol não é ______________ difícil quanto basquete.

   tão

   tanto

4. Ela tem ______________ dinheiro quanto a rainha da Inglaterra.

   tão

   tanto

5. Eles recebem ______________ convites para festas quanto meus vizinhos.

   tantos

   tantas

6. Maria Rita canta ______________ bem quanto a mãe.

   tão

   tanto

8-12 Opiniões sobre as celebrações e as festas. Complete as comparações que seguem com a opção mais apropriada.

1. O Carnaval é [tão, tanto] divertido quanto o Halloween.
2. Gasta-se [tão, tanto] em um casamento quanto em um batizado.
3. Na família de Maria, a Páscoa é [tão, tanto] importante quanto o Natal.
4. No casamento de Célia havia [tão, tantos] convidados quanto no casamento da Marília.
5. Havia [tão, tanta] gente no clube quanto na rua.

The superlative (Textbook pp. 318–320)

8-13 Minhas preferências. Escreva frases explicando as suas preferências e usando formas do superlativo.

MODELO: (o melhor festival de jazz)
O melhor festival de jazz é em Nova Orleans.

1. (meu melhor amigo)

   ____

2. (pior programa de televisão)

   ____

3. (maior festa popular do Brasil)

   ____

4. (feriado mais interessante para mim)

   ____

5. (filme menos interessante que vi)

   ____

8-14 Os eventos no Rio. Complete o parágrafo seguinte sobre as atrações da cidade do Rio de Janeiro. Use cada palavra da lista abaixo somente uma vez.

belíssimos	super baratos	geladíssimos	a melhor
famosíssimo	baratíssima	os mais caros	as mais famosas

Nos fins de semana ensolarados, o carioca se diverte de várias maneiras, muitas vezes de forma (1) ______________. Pela manhã, as famílias vão para o Aterro do Flamengo jogar ou andar de bicicleta pelas ruas fechadas para lazer. Mas (2) ______________ praia é a do Pepino. Na praia, sempre vendem cocos verdes (3) ______________. Da praia do Pepino é possível ver pessoas fazendo asa delta. O voo de asa delta mostra praias e lugares (4) ______________ do Rio. À tarde, geralmente tem um jogo no (5) ______________ estádio de futebol do Maracanã. As noites cariocas são sempre agitadas. Nas noites de sábado, no bairro antigo da Lapa, pode-se ouvir (6) ______________ músicas brasileiras. Tem muitos shows no Rio: (7) ______________ são os do Canecão, com artistas famosos. Os restaurantes são caros, alguns são (8) ______________, mas servem comida maravilhosa. Recomendo que você vá ao Rio no próximo fim de semana!

8-15 Isabel, Sidney e o Seu Jorge. Usando superlativos, compare a idade, altura e peso de cada pessoa de acordo com o quadro abaixo.

	SIDNEY	SEU JORGE	ISABEL
idade	22 anos	57 anos	19 anos
altura	1,85 m	1,72 m	1,55 m
peso	82 kg	68 kg	51 kg

MODELO: A Isabel é ______________ (idade) dos três.
Isabel é a mais jovem dos três.

1. Seu Jorge é o ______________ (idade) dos três.
2. Sidney é o ______________ (altura) dos três.
3. Isabel é a ______________ (altura) dos três.
4. Sidney é o ______________ (peso) dos três.
5. Isabel é a ______________ (peso) dos três.

Nome: ______________________________ Data: ____________________

Pronouns after prepositions (Textbook pp. 323–324)

8-16 Com quem? Preencha os espaços em branco com as expressões da lista abaixo. Não repita nenhuma expressão.

conosco **sem mim** **com você** **~~comigo~~** **para mim** **de mim** **com ele**

MODELO: Vou levar o Jorge. Ele vai *comigo* (eu).

1. Nós vamos primeiro e Fernando se encontra ______________ (nós) mais tarde.
2. Mariazinha disse que me ama e que não pode viver ______________ (eu).
3. Você e eu temos que mudar os planos. Não posso ir ______________ (você) amanhã.
4. Você é muito gentil. Obrigada pelas flores que você mandou ______________ (eu).
5. Você diz que Miguel chegou de viagem há uma semana e você ainda não falou ______________ (ele)?
6. Nós nos queremos bem: Mariana gosta ______________ (eu).

8-17 Antes do feriado. Seu irmão mais novo está muito animado antes de um feriado importante para sua família. Complete as perguntas que ele está fazendo. Selecione os pronomes apropriados.

1. Posso comprar presentes ____________?

   com você   comigo

2. Nós vamos para a casa ____________?

   dela   para mim

3. Você tem um presente ____________?

   sem mim   para mim

4. Nós vamos comemorar o feriado ____________?

   para mim   com eles

5. A prima Luisinha vai brincar ____________?

   comigo   dele

Reflexive verbs and pronouns (Textbook pp. 324–327)

8-18 Maria Isabel e eu. Complete o parágrafo abaixo com os pronomes mais apropriados e os verbos na conjugação completa.

Minha colega de quarto (1. chamar-se) ______________ Maria Isabel. Ela está sempre muito ocupada porque trabalha, estuda e também quer (2. divertir-se) ______________. Ela sabe que eu (3. preocupar-se) ______________ com ela. Os pais dela também (4. preocupar-se) ______________ com ela e sempre querem saber como ela (5. sentir-se) ______________. Ela (6. levantar-se) ______________ muito cedo todos os dias, lá pelas seis da manhã. Ela não é como eu, eu (7. levantar-se) ______________ bem mais tarde. Nós não (8. levantar-se) ______________ na mesma hora, nem nos feriados. Ela mal (*barely*) tem tempo para (9. vestir-se) ______________ antes de ir trabalhar porque ela (10. concentrar-se) ______________ de manhã para estudar. Nós gostamos das mesmas festas e (11. divertir-se) ______________ muito. Quando estamos num barzinho ou numa festa de aniversário, nós não (12. lembrar-se) ______________ de nossas preocupações.

8-19 Planos para o feriado. Responda às seguintes perguntas sobre suas expectativas para o próximo feriado que você vai comemorar.

1. A que horas você vai se levantar no dia do feriado?

   ____

2. Você vai se vestir elegantemente nesse dia?

   ____

3. Você acha que vai se divertir?

   ____

4. Como você vai se sentir no fim do dia?

   ____

5. A que horas você vai se deitar?

   ____

ENCONTROS

Para ler (Textbook pp. 330–332)

8-20 As festas do Brasil. Indique o caráter de cada uma das ocasiões festivas: feriado religioso, feriado não religioso ou comemoração pessoal.

1. Ano Novo	RELIGIOSO	NÃO RELIGIOSO	PESSOAL
2. Natal	RELIGIOSO	NÃO RELIGIOSO	PESSOAL
3. Dia da Independência	RELIGIOSO	NÃO RELIGIOSO	PESSOAL
4. Páscoa	RELIGIOSO	NÃO RELIGIOSO	PESSOAL
5. Aniversário de casamento	RELIGIOSO	NÃO RELIGIOSO	PESSOAL
6. Dia das Mães	RELIGIOSO	NÃO RELIGIOSO	PESSOAL
7. Dia dos Namorados	RELIGIOSO	NÃO RELIGIOSO	PESSOAL
8. Dia das Bruxas	RELIGIOSO	NÃO RELIGIOSO	PESSOAL
9. Dia de São Pedro	RELIGIOSO	NÃO RELIGIOSO	PESSOAL
10. Descobrimento do Brasil	RELIGIOSO	NÃO RELIGIOSO	PESSOAL
11. Dia de Nossa Sra. Aparecida	RELIGIOSO	NÃO RELIGIOSO	PESSOAL
12. Dia do Índio	RELIGIOSO	NÃO RELIGIOSO	PESSOAL

Nome: ______________________________ Data: ____________________

8-21 Os feriados e o Dia da Consciência Negra. Leia o texto sobre os feriados no Brasil e siga as instruções.

O Brasil é um país que tem muitos feriados nacionais e feriados religiosos. Os feriados são dias de descanso, mas também convites para aprender um pouco sobre as heranças históricas, religiosas e culturais de nosso país. Quem não gosta de um feriado numa quinta-feira? É uma prática muito comum para os brasileiros juntar o feriado da quinta-feira com a sexta-feira, fazendo disso um fim de semana prolongado, um "feriadão". As famílias aproveitam para viajar e os estudantes fazem excursões para lugares turísticos e de lazer. E todos esperam ansiosamente pelo Carnaval, com três dias de feriado. O Carnaval, de origem cristã, é hoje uma festa de caráter profano. É a maior festa brasileira, com música, fantasias e muita alegria; é uma ocasião que libera o povo brasileiro das dificuldades do dia a dia.

Muitos dos feriados brasileiros são religiosos, como o Natal, a Sexta-feira Santa ou o Dia de Nossa Senhora Aparecida, a Padroeira do Brasil (12 de outubro). Por ser um país historicamente católico, os feriados religiosos são todos católicos. Os feriados nacionais de caráter histórico são motivo de orgulho como o Dia da Independência do Brasil (7 de setembro), o Dia do Descobrimento do Brasil (22 de abril), a Proclamação da República (15 de novembro), a Abolição da Escravatura (13 de maio) e o Dia de Tiradentes, o mártir da Independência (21 de abril). O mais recente feriado incorporado ao calendário brasileiro é o Dia da Consciência Negra (20 de novembro), uma homenagem a Zumbi dos Palmares.

Nos anos noventa, por meio de um projeto de lei proposto pela senadora Benedita da Silva, foi criado o Dia da Consciência Negra no Brasil. Este dia, devotado ao herói negro Zumbi que viveu antes da abolição da escravatura, ainda não faz parte das tradições de muitos estados. Ou seja, muitos estados do Brasil não fecham o comércio e as instituições públicas nesse dia, tal como fazem em feriados históricos mais tradicionais, como Tiradentes ou a Proclamação da República. Mesmo assim, as comemorações são sempre muito significativas. Por exemplo, em 2006 a cidade de São Paulo parou e houve palestras e eventos culturais para educar o povo em relação aos direitos iguais de todos os cidadãos brasileiros. Em Salvador, a cidade com a maior influência negra no Brasil, o dia foi dedicado a Zumbi, com muitas festas de origem africana. Os mais famosos afoxés, mães-de-santo do candomblé e capoeiristas fizeram sua homenagem a Zumbi. Cantores famosos, como Caetano Veloso e sua irmã Maria Bethânia, estiveram presentes nas cerimônias religiosas. Em Palmares, no estado de Alagoas, onde viveu Zumbi e onde existiu o maior e mais famoso quilombo (comunidade de escravos fugidos), centenas de pessoas caminharam pela mata e pelas montanhas, refazendo o itinerário de Zumbi há mais de trezentos anos. Em Recife, houve festivais de danças folclóricas com grupos de Caboclinhos, Cirandas e Maracatus, que são quase todos tradições de origem africana. Em todos os estados, as escolas fizeram atividades especiais relembrando Zumbi e sua luta para libertar os escravos. Zumbi hoje é relembrado com orgulho como símbolo da luta dos negros do Brasil contra a opressão sofrida desde o período colonial.

Indique:

1. O dia de Nossa Senhora da Aparecida é 10 de março. V F
2. O "feriadão" significa um fim de semana prolongado. V F
3. Comemora-se a Independência do Brasil no dia 7 de setembro. V F
4. Salvador não comemora o dia da Consciência Negra. V F

8-22 Verdadeiro ou falso? Marque as afirmações verdadeiras com um **V** e as falsas com um **F**.

1. Há poucos feriados no Brasil. V F
2. O Carnaval é uma festa de origem religiosa. V F
3. Os feriados religiosos brasileiros são relacionados com o islamismo, o judaísmo e o catolicismo. V F
4. Tiradentes morreu (*died*) lutando pela independência do Brasil. V F
5. Todos os estados do país comemoram o Dia da Consciência Negra. V F
6. Salvador tem razões muito especiais para celebrar a herança de Zumbi. V F
7. Zumbi viveu no Rio de Janeiro. V F
8. O Dia Nacional da Consciência Negra relembra o sofrimento dos negros devido à escravidão e discriminação racial. V F

8-23 Tradições de família. Selecione a palavra que não pertence ao grupo das seguintes festas.

1. No Ano Novo
   fogos de artifício   champanhe   ovos de chocolate
2. O Dia da Independência
   patriotismo   nação   desfile de escola de samba
3. O Dia de Ação de Graças
   peru   família   fantasia

Para escrever (Textbook pp. 332–334)

8-24 Comparação. Escreva dois parágrafos comparando dois feriados. Siga os passos seguintes antes de começar a escrever.

- Escolha os feriados.
- Faça uma lista das semelhanças e diferenças.
- Decida se você quer apresentar todas as diferenças e semelhanças de um feriado e, em seguida, todas as semelhanças de outro, ou se você quer comparar uma ideia de cada vez.

Nome: ______________________________ Data: ____________________

____

____

____

____

____

____

____

____

HORIZONTES (Textbook pp. 335–336)

8-25 O Centro e o Norte de Portugal. Indique se as afirmações são verdadeiras (**V**) ou falsas (**F**) de acordo com o texto em **Horizontes** nas páginas 335–336 do seu livro.

1. A região Centro de Portugal é muito diversificada em termos geográficos e econômicos. V F
2. A maior parte da população da região Centro se concentra na Beira Litoral. V F
3. A Universidade de Coimbra tem menos de cem anos. V F
4. Há muitas montanhas e serras na região Centro. V F
5. A Serra da Estrela é hoje um parque nacional. V F
6. A montanha mais alta da Serra da Estrela tem mais de 2.000 metros. V F
7. A base econômica da região Centro é a indústria pesada. V F
8. Na região Centro é importante a produção de laticínios. V F
9. O Norte é uma região menor do que o Centro. V F
10. A cidade do Porto é tão grande como a cidade de Lisboa. V F
11. O Porto fica longe do mar. V F
12. Vários arquitetos estrangeiros realizaram obras no Porto. V F
13. O vinho do Porto é um produto consumido exclusivamente em Portugal. V F
14. As cidades de Trás-os-Montes rivalizam com Lisboa e o Porto em termos de população. V F
15. Azeite e águas minerais são duas das exportações de Trás-os-Montes. V F

LABORATÓRIO

À PRIMEIRA VISTA (Textbook pp. 308–313)

8-26 As festas tradicionais. Listen to the following descriptions and selecting the holiday that is being described.

	a)	b)	c)
1.	a) a Véspera de Natal	b) o Carnaval	c) o Dia da Independência
2.	a) o Dia das Mães	b) o Dia das Bruxas	c) a Semana Santa
3.	a) o Natal	b) o Ano Novo	c) o Dia de Nossa Sra. Aparecida
4.	a) o Dia dos Namorados	b) a Páscoa	c) o Dia de Ação de Graças

8-27 Comemorações. Listen to the recording for the names of holidays. For each holiday, indicate who celebrates this holiday, and how it is celebrated.

1. ________________ a) comunidades religiosas/ ovos de chocolate
2. ________________ b) namorados/as/ jantam fora.
3. ________________ c) cristãos/ vão à missa e ceiam
4. ________________ d) as famílias/ comem tortas de abóbora e peru
5. ________________ e) família e amigos / fazem festas e ficam acordados até meia-noite
6. ________________ f) muitas pessoas / fazem churrasco e assistem a desfiles.

8-28 Mais uma tradição brasileira. First, read the incomplete text. Then, listen as Daniel and Melissa discuss their recent trips to Brazil, and fill in the missing information based on what you hear.

Daniel e Melissa foram ao (1) ________________ no ano passado. Ela visitou a cidade de Barretos, no estado de (2) ________________ e ele foi a Ouro Preto para o (3) ________________. Melissa ficou com a família de Eliane, sua amiga brasileira, durante um mês. Lá em Barretos, ela teve a oportunidade de assistir a um (4) ________________, que é mais ou menos como os rodeios americanos. A festa de Barretos se chama "A Festa do Peão". Melissa disse que os brasileiros chamam os *cowboys* de (5) ________________ ou peões. Ela assistiu ao rodeio, comeu comidas típicas, como churrasco, e ouviu música (6) ________________, que é o equivalente à *country music* dos Estados Unidos. Geralmente, duas (7) ________________ cantam as músicas sertanejas. Elas são as duplas (8) ________________. Caipira quer dizer "do campo". As festas com rodeios e músicas caipiras no passado eram festas (9) ________________, mas hoje acontecem também em muitas cidades do Brasil. Melissa, que é originalmente de Memphis, TN, adorou Barretos e a música sertaneja!

Nome: ______________________________ Data: ____________________

Comparisons of inequality (Textbook pp. 314–316)

8-29 Cristina e Rodrigo. You will hear statements comparing Cristina and Rodrigo as they appear in the drawings below. For each statement that is true, select **Verdadeiro**; for each statement that is false, select **Falso**.

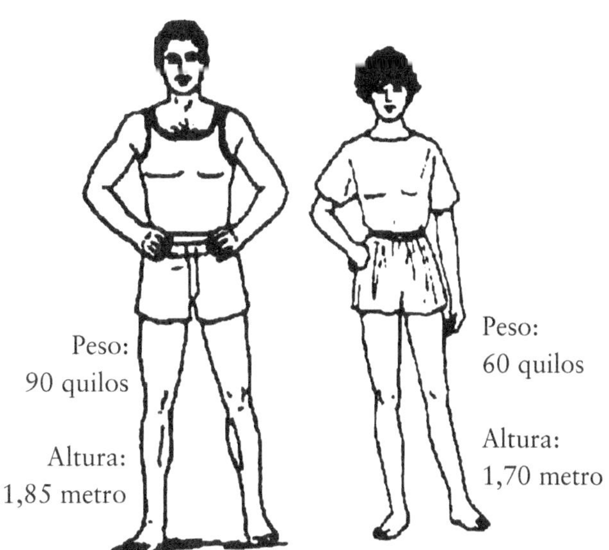

1. VERDADEIRO FALSO
2. VERDADEIRO FALSO
3. VERDADEIRO FALSO
4. VERDADEIRO FALSO
5. VERDADEIRO FALSO
6. VERDADEIRO FALSO

8-30 Dois jogadores. You will hear a comparison of two basketball players who are playing for the Brazilian national team at an international championship in Tokyo. Based on what you hear, complete the sentences that follow it.

- André tem ______________ (1) anos e Roberto tem ______________ (2) anos. André é muito alto. Ele é ______________ (3) do que Roberto.
- André tem ______________ (4) experiência ______________ (5) Roberto.
- André é ______________ (6) ágil ______________ (7) Roberto.
- Roberto pesa ______________ (8) do que André.

8-31 Como é que eles são? The chart below contains information about two students. Respond in complete sentences to the questions you will hear using this information to compare the students.

MODELO: Quem é mais baixo?
Márcia é mais baixa do que Rafael.

MÁRCIA MORAES	RAFAEL PEREIRA
20 anos	22 anos
1,65 m	1,82 m
super inteligente	inteligente
alegre	sério

1. ...
2. ...
3. ...
4. ...
5. ...

Comparisons of equality (Textbook pp. 316–318)

8-32 Dois rapazes bem diferentes. Look at the drawing and listen to the statements comparing the two students shown. For each statement that it is true, select **Verdadeiro**; for each statement that is false, select **Falso**.

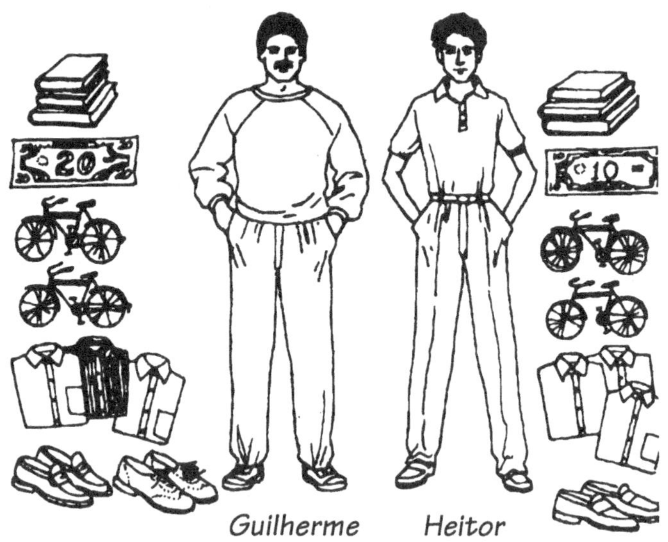

1. VERDADEIRO FALSO
2. VERDADEIRO FALSO
3. VERDADEIRO FALSO
4. VERDADEIRO FALSO
5. VERDADEIRO FALSO
6. VERDADEIRO FALSO
7. VERDADEIRO FALSO
8. VERDADEIRO FALSO

Nome: ______________________________ Data: ____________________

8-33 Mais comparações. Answer the questions you hear by comparing the people in the drawing.

MODELO: QUEM É TÃO ALTO QUANTO ARTUR?
Carlos é tão alto quanto Artur.

1. …
2. …
3. …
4. …

8-34 O que eles têm? Answer the questions you hear by comparing these people's possessions, based on the information in the chart.

MODELO: Quem tem tantos televisores quanto o Seu José?
Mirela tem tantos televisores quanto o Seu José.

	SEU JOSÉ	DONA ISIS	MIRELA
casas	1	2	1
carros	1	2	2
televisores	2	5	2
reais (R$)	50.000	9.000.000	50.000

1. …
2. …
3. …
4. …
5. …

The superlative (Textbook pp. 318–320)

8-35 Uma pesquisa. You will hear the results of a survey on students' opinions of one another. Select the name of the student or students, which are considered to have the qualities in the list that follows. Listen as many times as necessary.

1. mais simpático:	VÍTOR	AURÉLIO	ÂNGELO	SÉRGIO
2. mais popular:	VÍTOR	AURÉLIO	ÂNGELO	SÉRGIO
3. menos arrogante:	VÍTOR	AURÉLIO	ÂNGELO	SÉRGIO
4. mais estudioso:	VÍTOR	AURÉLIO	ÂNGELO	SÉRGIO
5. mais bonitão:	VÍTOR	AURÉLIO	ÂNGELO	SÉRGIO

ENCONTROS (Textbook p. 328)

8-36 A festa de São João em Recife. First, read the incomplete text below. Then, listen as Ana Mendes talks about the **Festa de São João** in Recife and describes what people do and eat during the São João festival. Finally, complete the sentences with the superlatives Ana uses to describe various aspects of the feast.

- Os recifenses decoram as ruas com bandeirinhas ________________(1).
- Em todos os bairros há quadrilhas ________________(2).
- A quadrilha é uma dança ________________(3); os casais que dançam são ________________(4) .
- As comidas típicas de São João são ________________(5).
- A festa de São João em Recife conserva alegria e tradição e é ________________(6).
- Muitos artistas ________________(7) participam da festa de São João.

8-37 Não estou de acordo. You disagree with your friend's opinions about various people you both know. Correct your friend using names provided below.

MODELO: You hear: João é o mais alto da turma.
You see: Henrique
You say: *Não, Henrique é o mais alto da turma.*

1. Ana
2. Patrícia e Sara
3. Antônio
4. Carlos
5. Pedro e Letícia

Nome: ____ Data: ___________________________

8-38 Importantíssimos. Express your agreement with the following statements using the **-íssimo** forms of the adjectives you hear.

MODELO: Roger Federer é elegante.
Sim, ele é elegantíssimo.

1. …
2. …
3. …
4. …
5. …

Pronouns after prepositions (Textbook pp. 323–324)

8-39 Quem vai com quem? Patrícia is on the phone with her friend Lucas making plans to go to a soccer game. Listen to Patrícia's side of the conversation and indicate with whom the following people are going.

1. Carla e Fred	PATRÍCIA	LUCAS	CARLOS E EDUARDO
2. Catarina e Amanda	PATRÍCIA	LUCAS	CARLOS E EDUARDO
3. Irene	PATRÍCIA	LUCAS	CARLOS E EDUARDO

Reflexive verbs and pronouns (Textbook pp. 324–327)

8-40 De manhã. Looking at the times given, tell when each person gets up.

MODELO: You hear: João
You see: João / 7:00
You say: *João se levanta às sete.*

1. Alice / 7:30
2. Felipe e Pedro / 8:00
3. eu / 9:00
4. meu pai / 6:00
5. nós (nos feriados) / 10:30

8-41 Meu irmão e eu. A friend is telling you what he does at a summer resort. Tell him that you and your friends do the same thing.

MODELO: Eu me levanto às sete.
Nós nos levantamos às sete também.

1. …
2. …
3. …
4. …

8-42 O balé à noite. Listen to Rita talk about her plans to see a ballet performance tonight. Then complete the following statements according to what you have heard.

1. Hoje à noite, Rita quer ________________ com os amigos dela.
2. Antes do balé, ela ________________ para descansar um pouco.
3. Ela fica imaginando como as pessoas ________________ para este show.
4. Ela sempre ________________ com roupas práticas e simples.
5. Rita gosta de ________________ bem com a roupa que usa.

8-43 Planos mudados. First, read the statements below. Then, listen to Vívian and Bruno making plans to go out. The first part of their conversation takes place the day before their date and the second just before they're supposed to get together. Indicate if the statements as true or false.

1. Bruno e Vívian planejam se encontrar amanhã.	VERDADEIRO	FALSO
2. Vívian vai chamá-lo às oito da noite.	VERDADEIRO	FALSO
3. Bruno vai pegá-la depois de tomar banho e se arrumar.	VERDADEIRO	FALSO
4. Vívian não está se sentindo bem para sair.	VERDADEIRO	FALSO
5. Ela não quer se levantar da cama para se encontrar com Bruno.	VERDADEIRO	FALSO
6. Bruno não a desculpa.	VERDADEIRO	FALSO
7. Bruno vai lhe telefonar no dia seguinte.	VERDADEIRO	FALSO
8. Vívian está zangada com Bruno.	VERDADEIRO	FALSO
9. Vívian e Bruno vão se encontrar no dia marcado.	VERDADEIRO	FALSO

VÍDEO (Textbook p. 328)

Vocabulário útil

amar	*to love*	**morrer**	*to die*
o ano que vem	*next year*	**a passagem do ano**	*New Year's Eve*
arranjar	*to get, to find*	**pular ondinhas**	*to jump over waves*
atual	*current*	**restar**	*to remain*
chorar	*to cry*	**o réveillon**	*New Year's Eve*
de paixão	*passionately*	**romântico/a**	*romantic*
o doce	*candy, sweets*	**a simpatia**	*superstition, good-luck spell*
evangélico/a	*Evangelical*	**a terça-feira gorda**	*Shrove Tuesday, Mardi Gras*
os fogos (de artifício)	*fireworks*	**tratar de**	*to take steps to*
extinguir-se	*to become extinct*		

8-44 As festas. Quais são as festas e os feriados que as seguintes pessoas mais gostam de comemorar? Relacione as pessoas com as ocasiões.

1. Adriana ________________	a. Natal
2. Rogério ________________	b. feriado prolongado
3. Dona Raimunda ________________	c. Festas Juninas
4. Chupeta ________________	d. Terça-Feira Gorda
5. Manuela ________________	e. todos os feriados
6. Mônica ________________	f. Carnaval

Nome: ______________________ Data: ______________

8-45 Os hábitos. Responda às seguintes perguntas sobre como Rogério e Manuela costumam comemorar certos feriados. Use frases completas em português.

- Rogério:
  1. Com quem o Rogério comemora a passagem do ano?

     ____

  2. O que acontece com ele às dez para a meia-noite?

     ____

- Manuela:
  3. Com quem e onde Manuela gosta de passar o réveillon?

     ____

  4. Qual é a única simpatia dela?

     ____

- Você:
  5. Com quem você passa o réveillon?

     ____

  6. Onde você geralmente gosta de passar o réveillon?

     ____

  7. Você faz alguma simpatia?

     ____

8-46 O Dia dos Namorados. O Dia dos Namorados, no dia 12 de junho, é uma data muito especial no Brasil. Ouça os comentários do Chupeta e da Manuela e complete o texto abaixo com as palavras apropriadas.

CHUPETA: No Dia dos Namorados, eu (1) ____________ estar com minha namorada, ir ao (2) ____________, ficar junto, jantar junto, fazer programas (3) ____________, que é o que a data propõe, né?

MANUELA: O Dia dos Namorados é uma data muito especial, que eu amo de (4) ____________. É, eu nunca vou esquecer um Dia dos Namorados que eu não tinha namorado, que foi um ano antes de eu (5) ____________ namorar o meu atual namorado, que é o Caio. É, o meu tio me levou pra jantar, pra sair pra jantar num restaurante (6) ____________ que eu gosto muito. E aí falou, "Oh, o ano que vem eu não (7) ____________ te chamar de novo não, hein? Trata de arranjar logo um namorado". E parece que foi assim, (8) ____________ mesmo, porque no ano seguinte eu já estava (9) ____________ o Caio e eu adoro assim passar o dia inteiro com ele.

8-47 As tradições religiosas. As seguintes pessoas falam das tradições religiosas das suas famílias. Responda às perguntas abaixo com frases completas em português.

- Rogério:

1. Qual é o dia da festa de São Cosme e São Damião e o que se faz para comemorar essa data?

____

2. O que aconteceu depois que a avó do Rogério morreu?

____

3. Qual foi a única tradição religiosa que restou para a família do Rogério?

____

- Dona Raimunda:

4. O que Dona Raimunda assiste pela televisão?

____

- Adriana:

5. O que a família da Adriana faz em termos religiosos?

____

6. Ela considera a família dela muito religiosa?

____

- Você:

7. Sua família tem tradições religiosas? Se tem, descreva uma delas.

____

____

____

Nome: ______________________________ Data: ____________________

Lição 9 ◆ O trabalho e os negócios

Prática

À PRIMEIRA VISTA (Textbook pp. 340–346)

9-1 Associações. Associe cada profissão com o respectivo local de trabalho.

1. vendedora ____________ a) um laboratório
2. cientista ____________ b) um carro
3. enfermeiro ____________ c) um banco
4. motorista ____________ d) uma loja
5. contador ____________ e) um hospital
6. empregada doméstica ____________ f) uma casa

9-2 Quem é? Escreva os nomes das profissões descritas abaixo.

1. O ____________ ajuda as pessoas com problemas psicológicos e de relacionamento humano.
2. O ____________ defende as pessoas com problemas legais perante um juiz.
3. A ____________ serve comida em um restaurante.
4. A ____________ representa personagens em filmes ou na televisão.
5. O ____________ trabalha na escola ou na universidade e tem muitos alunos.

9-3 De que profissional preciso? Decida de que profissional você vai precisar nas seguintes situações.

1. Você olha pela janela e vê um homem sendo assaltado na rua.	a) encanador/a
2. Tem muita água no chão do seu banheiro.	b) policial
3. Seu cabelo está muito comprido e não tem boa aparência.	c) caixa
4. Você está na África e não compreende a língua que as pessoas falam.	d) cabeleireiro/a
5. Você está em um supermercado e quer pagar as compras.	e) médico/a
6. Você está se sentindo muito mal e não sabe o que tem.	f) intérprete

9-4 Entrevista sobre seu trabalho. O repórter de um jornal local quer entrevistar vários estudantes que trabalham e pediu para você responder a estas perguntas por escrito. Se você trabalha, escreva sobre seu trabalho real; se não trabalha, escreva sobre um trabalho que você teve no passado ou um trabalho imaginário.

1. JORNALISTA: Onde você trabalha?
   VOCÊ: ____________________
2. JORNALISTA: A que horas você chega ao trabalho?
   VOCÊ: ____________________
3. JORNALISTA: A que horas você sai do trabalho?
   VOCÊ: ____________________
4. JORNALISTA: Quantas pessoas trabalham com você?
   VOCÊ: ____________________
5. JORNALISTA: O que você faz no seu trabalho?
   VOCÊ: ____________________

Nome: ____ Data: __________________________

ESTRUTURAS

Síntese gramatical

1. *Se* **as impersonal subject**

   você/ele/ela verb form + **se** + *singular noun (adverb, infinitive, etc.)*

Fala-se português no Brasil.	*Portuguese is spoken in Brazil.*
Não se aceita dinheiro estrangeiro.	*Foreign money is not accepted.*
Neste restaurante **se come** muito bem.	*One eats well in this restaurant.*
Você/ele/ela verb form + **se** + *plural noun*	
Vendem-se carros.	*Cars for sale.*
Para quem **se mandam** os convites?	*To whom should the invitations be sent?*

2. **More on the preterit and the imperfect**

   Verbs with different meanings in English when the Portuguese preterit is used: **saber, querer, conhecer, poder**

   Expressing intentions in the past: imperfect of **ir** + *infinitive*

Nós iamos sair, mas já era tarde.	*We were going to go out, but it was already too late.*

   Imperfect progressive: imperfect of **estar** + *present participle* (**-ando, -endo, -indo**)

A secretária **estava falando** com um cliente.	*The secretary was talking to a client.*

3. **More on interrogative pronouns**

   a, com, de, para + *interrogative pronouns*

Para quem é este pacote?	*Who is this package for?*
Este catálogo veio **de que** abastecedor?	*This catalogue has come from which supplier?*

   que...? (generic *what...?*), **qual...?** (*which one?*) and **quais...?** (*which ones?*)

Que nome devo apresentar?	*What name should I announce?*
Quais são as ofertas mais favoráveis?	*Which are the most favorable offers?*

4. **Commands**

		VOCÊ O/A SENHOR/A	VOCÊS OS/AS SENHORES/AS	
FALAR:	fal~~e~~	fal**e**	fal**em**	*speak*
COMER:	com~~o~~	com**a**	com**am**	*eat*
SAIR:	sai~~o~~	sai**a**	sai**am**	*leave, go out*

Se as impersonal subject (Textbook pp. 347–349)

9-5 Completar. Selecione a forma correta para completar cada frase.

1. ____________ vendedores com experiência.
   Procura-se   Procuram-se
2. Nessas lojas ____________ português.
   se fala   se falam
3. Disseram-me que ____________ bicicletas aqui.
   se aluga   se alugam
4. ____________ apartamentos com dois quartos e dois banheiros.
   Vende-se   Vendem-se
5. ____________ viver muito bem nesta cidade.
   Pode-se   Podem-se

9-6 O que se faz aqui? Selecione o que normalmente se faz nestes lugares.

MODELO: um livraria
Compram-se livros em uma livraria.

1. em um restaurante ________	Nada-se e se toma sol.
2. em um escritório de advogados ________	Compram-se roupas.
3. na redação de um jornal ________	Faz-se comida.
4. em uma loja de roupas ________	Escrevem-se notícias e artigos.
5. em um cinema ________	Fala-se com clientes.
6. em uma praia ________	Assistem-se filmes.

Nome: ______________________________ Data: ____________________

9-7 Os anúncios. Você é um estagiário no jornal *Folha de S. Paulo*. Escreva um título para cada um destes anúncios usando **se**.

MODELO:

Aluga-se casa com 3 quartos,
3 banheiros, garagem, cozinha grande
R$ 4.500
Avenida Ipanema, 1043-Rio de Janeiro
Tel: (212)521-0743

Aluga-se casa

1.

LIQUIDATUDO
Vende pelos preços mais baixos
equipamento de tênis, raquetes e bolas
Rua São Francisco, 792, fone: (250)541-5841

____

2.

APARTCO LTDA., vende escritório
52 m, acarpetado,
dividido em dois espaços
RS $315.000
Rua Bom Jesus, 245-Recife
Tel: (812)359-7538

____

3.

Técnicos consertam
Geladeiras, freezers, microondas
Máquinas de lavar louça e de lavar roupa
Máquinas de secar
Fone: 234-379221

____

4.

Vendo Computador
Compatível IBM
Pentium IV, 30 GB
Muitos extras
273-827401 (depois das 20h)

____

5.

Lavamos tapetes e carpetes
Trabalho garantido
Tel: 375-109213

____

9-8 Em minha casa. Você descreve os hábitos da sua família a um amigo. Escreva um parágrafo usando a forma impessoal de seis das expressões na lista abaixo e/ou outras.

ligar a televisão	comer em restaurantes	ir ao supermercado
chamar o médico	lavar o carro	limpar a casa
comprar o jornal	assistir um filme	ir ao correio
jantar	comemorar (datas especiais)	lavar a roupa

MODELO: *Em minha casa se almoça às...*

____

____

____

____

____

____

____

____

More on the preterit and the imperfect (Textbook pp. 350–352)

9-9 Quando Madalena estudava no Recife. Complete as frases com formas do imperfeito ou do pretérito dos verbos em parênteses.

- Quando Madalena estudava no Recife (1) ______________ (querer) ir a Caruaru, uma cidade do sertão, mas nunca (2) ______________ (poder) ir.
- Madalena (3) ______________ (conhecer) José Carlos em 2003. Eles se (4) ______________ (conhecer) bem porque estudavam juntos na Universidade Federal de Pernambuco e conversavam todos os dias.
- Madalena (5) ______________ (saber) do acidente de José Carlos quando um colega de curso lhe (6) ______________ (telefonar).
- Madalena (7) ______________ (saber) o endereço do hospital porque (8) ______________ (ter) vários amigos que (9) ______________ (trabalhar) lá.

Nome: ______________________________ Data: ____________________

9-10 Entrevista. Responda a estas perguntas com frases completas, usando o pretérito ou o imperfeito, conforme o caso.

1. Você conhecia o seu/a sua atual professor/a de Português no ano passado?

____

2. Quando e onde você conheceu seu melhor amigo/sua melhor amiga?

____

3. Você sabia que o Brasil possui muito minério de ferro (*iron ore*)?

____

4. Quando você soube que no Brasil se fala português?

____

5. Você queria falar com seus pais no fim de semana passado?

____

6. Você pôde falar com eles?

____

9-11 As coisas não deram certo. João Medina é um jovem arquiteto. Ontem, ele e seus colegas do escritório estavam acabando um projeto importante e iam fazer certas coisas, mas nem tudo deu certo. O que eles iam fazer? Use os verbos listados abaixo para completar as frases.

preparar | começar | comprar | falar | acabar | pedir

MODELO: Eles *iam preparar* a apresentação do projeto, mas o computador não estava funcionando bem.

1. Eles ____________ um modelo do projeto, mas não tinham os materiais necessários.
2. O João ____________ os materiais hoje cedo, mas a loja já estava fechada.
3. Eles ____________ ajuda, mas o diretor não estava no escritório dele.
4. João ____________ com o técnico, mas ele não atendia o telefone.
5. Eles ____________ todo o projeto hoje, mas não conseguiram.

9-12 Um dia no escritório. Você trabalha em um escritório. Descreva o que as pessoas estavam fazendo quando você chegou ao trabalho ontem de manhã. Use o imperfeito progressivo nas suas descrições (*two verbs*).

MODELO: o diretor de vendas __________a lista de encomendas (ler)
O diretor de vendas estava lendo a lista de encomendas.

1. D. Gabriela ______________ um relatório. (preparar)
2. Alberto e Rosa ______________ com dois clientes. (falar)
3. A secretária ______________ a reunião de amanhã. (preparar)
4. Irene ______________ pela TV as últimas notícias sobre a bolsa de valores no escritório dela. (assistir)
5. O contador ______________ o balanço das contas. (fazer)

More on interrogative pronouns (Textbook pp. 355–356)

9-13 Associações. Uma secretária está treinando outra que acaba de ser contratada. Indique qual é a resposta correta para cada pergunta.

1. De onde veio esse pacote?
2. Para quem é esta carta?
3. Com quem é a reunião de amanhã?
4. Para que serve este formulário?
5. Devo me apresentar a qual dos diretores?
6. Com quais firmas vamos trabalhar?
7. Para qual departamento devo me dirigir?
8. Para onde mando as encomendas?

a) Para a Dra. Fernandes.
b) Ao Dr. Santos Serra.
c) Com as internacionais.
d) De Angola.
e) Com o diretor geral.
f) Para o departamento de finanças.
g) Para fazer as encomendas.
h) Para os clientes do exterior.

9-14 Que? Qual? Quais? Complete os diálogos com a interrogativa mais apropriada.

1. ______________ é o maior produtor de café no mundo?
   — É o Brasil.
2. ______________ são os outros países que produzem café?
   — Colômbia, Angola, São Tomé, Timor-Leste, dentre outros.
3. ______________ mensagem a Dra. Adriana deixou?
   — Que ela não pode vir hoje às três.
4. ______________ destas firmas você já contactou?
   — Todas.
5. ______________ e o horário de trabalho?
   — Todos os dias das 9.00 às 18.00, com uma hora de intervalo para o almoço.
6. ______________ companhias têm os melhores produtos?
   — A Optimus & Cia. e a Benebene Ltda.

Nome: ____ Data: __________________________

9-15 Qual é a pergunta? Você está entrevistando um novo engenheiro de informática para sua empresa. Escreva as perguntas para as respostas do candidato.

1. ____?
   Atualmente trabalho na Informasil, uma companhia baiana especializada em informática.
2. ____?
   Nos últimos 10 anos trabalhei com duas companhias de informática e uma de telecomunicações.
3. ____?
   As minhas referências são dos diretores das duas companhias de informática onde trabalhei.
4. ____?
   Além de português, falo espanhol, inglês e japonês.
5. ____?
   O salário que pretendo ganhar corresponde ao anúncio deste emprego.
6. ____?
   Em caso de acidente, pode mandar avisar minha esposa.
7. ____?
   Minhas principais preocupações são o trânsito e o horário, porque tenho que pegar meu filho na escola antes de voltar para casa.

Commands (Textbook pp. 357–359)

9-16 Qual opção faz sentido? Leia as seguintes situações e circule a ordem mais lógica para cada uma delas.

1. Você é um/a arquiteto/a que tem que mandar um projeto para a casa de um cliente. Você está falando com o desenhista (*draftsman*) que está fazendo o projeto. Você diz:

   a) Termine hoje. b) Compre a casa. c) Não venha amanhã.

2. Nicolau está visitando o sertão nordestino num dia de muito calor e está com muita sede. Ele vai a uma lanchonete e pede:

   a) Me dê uma camisa. b) Me dê um um copo d'água. c) Me dê dinheiro.

3. Os filhos de seu irmão estão na sala de jantar de sua casa. Você tem louça e copos muito caros e as crianças estão correndo em volta da mesa. Você diz para eles:

   a) Comam o sorvete aqui. b) Fechem a porta. c) Não brinquem aqui.

4. Você vai entrevistar uma pessoa que quer trabalhar na sua companhia. Você cumprimenta o candidato e diz:

   a) Abra a janela. b) Sente-se, por favor. c) Não trabalhe mais.

5. Seu professor de Literatura dá tarefa todos os dias. Ao terminar a aula, ele diz:

   a) Façam a tarefa em casa. b) Não falem. c) Troquem os livros.

9-17 Não corram em casa. Você está cuidando dos filhos de seus vizinhos. Você diz para eles não fazerem estas coisas.

MODELO: Eles abrem a geladeira.
Não *abram* a geladeira.

1. Eles dão banho no cachorro (*dog*).

   Não __________ banho no cachorro.

2. Eles saem para a rua.

   Não __________ para a rua.

3. Eles se deitam no sofá.

   Não se __________ no sofá.

4. Eles brincam com o computador.

   Não __________ com o computador.

5. Eles escrevem nas paredes.

   Não __________ nas paredes.

9-18 Recomendações do médico. Você é médico e está falando com um paciente que teve um ataque de coração. Escreva suas recomendações para o paciente de acordo com o modelo.

MODELO: __________ uma hora por dia (caminhar)
Caminhe uma hora por dia.

1. __________ oito horas. (dormir)
2. __________ frutas e verduras no almoço. (comer)
3. __________ a dieta todos os dias. (seguir)
4. Não __________ hambúrguer. (comer)
5. __________ com seus netos. (brincar)
6. Não __________ mais de seis horas. (trabalhar)

9-19 Que fazer? Durante uma reunião, seu assistente faz as seguintes perguntas. Responda afirmativamente de acordo com o modelo.

MODELO: Trago o contrato?
Traga, sim.

1. Fecho a porta?

   ____

2. Fico aqui?

   ____

3. Trago meu laptop?

   ____

4. Sirvo o cafezinho agora?

____

5. Leio minhas notas?

____

9-20 Por favor... Enquanto você e sua família estão de férias, alguém vai tomar conta da casa de vocês. Sua mãe pede para você escrever uma nota com as instruções abaixo para a pessoa que vai tomar conta da casa.

MODELO: *Acenda* as luzes da varanda à noite.

1. __________ as janelas de manhã. (abrir)
2. __________ o jornal. (comprar)
3. __________ o cachorro para dar um passeio. (levar)
4. __________ a correspondência. (pegar)
5. __________ as portas e janelas à noite. (fechar)

ENCONTROS

Para ler (Textbook pp. 365–366)

9-21 À procura de trabalho. Imagine que você está concorrendo ao seu emprego ideal. Que tipo de informação você vai colocar em seu CV? Decida quais são os três itens mais importantes da lista abaixo, numere de 1 a 3 e explique por que, na sua opinião, essas são as três mais importantes.

nacionalidade	e-mail	nome
atestado de saúde	educação	profissão / ocupação
idade	passatempo preferido	sexo

1. ____

____

2. ____

____

3. ____

____

9-22 Os anúncios. Leia os anúncios e siga as instruções abaixo.

> ## Secretária executiva bilíngue
>
> ***Importante empresa mineira*** procura secretária executiva bilíngue (português-inglês), com experiência mínima de 4 anos e com conhecimentos de processador de texto. Indispensável ter excelente relacionamento pessoal e boa apresentação.
>
> As pessoas interessadas devem enviar Curriculum Vitae, foto recente e pretensão salarial para Escritório de Recrutamento Mineiro, Belo Horizonte, Sala 932

Preencha os espaços baseando-se nas informações dadas no anúncio.

1. Posto de trabalho: ____________________
2. Anos de experiência mínima: ____________________
3. Qualidades importantes: ____________________
4. Informação que deve ser mandada pelo correio: ____________________
5. Deve-se enviar a informação acima para: ____________________

9-23 Os anúncios. Leia os anúncios e siga as instruções abaixo.

Indique se cada afirmação abaixo sobre o seguinte anúncio é **Verdadeira** ou **Falsa**.

> ## Procura-se pessoal
> **Jovens dinâmicos de ambos os sexos**
>
> Requisitos:
> - Facilidade de expressão
> - Aptidão para vendas
> - Boa apresentação
> - Disposto a treinamento profissional
> - Trabalho não requer tempo integral
>
> **Os interessados devem ligar para (22) 3460-2553**
> Falar com Chefe de Recursos Humanos
> das 9 às 13hrs e das 14 às 18hrs

1. Os empregos são só para homens.	VERDADEIRO	FALSO
2. As pessoas interessadas devem se expressar bem.	VERDADEIRO	FALSO
3. É necessário trabalhar em tempo integral.	VERDADEIRO	FALSO
4. Vestir-se bem não é importante para este emprego.	VERDADEIRO	FALSO
5. As pessoas contratadas vão ser treinadas.	VERDADEIRO	FALSO
6. Os interessados podem telefonar a qualquer hora.	VERDADEIRO	FALSO

Nome: ______________________________ Data: ____________________

9-24 Complete as informações abaixo com base no anúncio seguinte.

> **Loja especializada em computadores e comunicações procura**
>
> VENDEDORA
>
> *Solteira, até 35 anos, dinâmica, boa apresentação. Experiência em programação, interessada na carreira de vendas de computadores e em viajar para o exterior. Prefere-se candidata com conhecimento de línguas.*
> *Enviar curriculum vitae com fotografia para*
>
> **Recrutamento IBM,**
> **Avenida Marginal 536, Pinheiros, São Paulo SP**

1. Emprego oferecido: ______________________________
2. Idade limite: ______________________________
3. Estado civil: ______________________________
4. Requisito relacionado com computadores: experiência em ______________________________
5. Qualificação preferida: ______________________________
6. Documentos exigidos: ______________________________ com fotografia.
7. Enviar as informações acima para ______________________________ Avenida Marginal 536, Pinheiros, São Paulo SP

Para escrever (Textbook pp. 367–368)

9-25 Minha profissão ideal. Pense no que seria o seu trabalho ideal e escreva o anúncio para este emprego. Use, se quiser, uma das outras atividades deste capítulo para ajudá-lo/a. Não se esqueça de incluir as seguintes informações: requisitos, qualidades, habilitações, descrição do trabalho, endereço, telefone, etc.

____

____

____

____

9-26 Procura-se. Você é um/a executivo/a que precisa de um/a secretário/a. Faça uma lista dos requisitos do trabalho. Considere aspectos como: experiência, línguas faladas, uso de computador, palavras digitadas por minuto, personalidade, etc.

1. ______________________________
2. ______________________________
3. ______________________________
4. ______________________________
5. ______________________________
6. ______________________________

9-27 Um anúncio. Você decide colocar um anúncio no jornal para uma vaga. Escreva um anúncio listando os requisitos identificados e identificando as responsabilidades do emprego, as condições, os contatos, etc.

____

____

____

____

HORIZONTES (Textbook pp. 370–371)

9-28 A Madeira. Indique se as afirmações que se seguem são **verdadeiras (V)** ou **falsas (F)**, de acordo com o texto em *Horizontes*, na página 370 do seu livro.

1. A Madeira e os Açores são dois arquipélagos que ficam no Oceano Pacífico. V F
2. Embora integradas na República Portuguesa, as duas regiões têm total autonomia política. V F
3. As ilhas foram colonizadas com população portuguesa, francesa e belga. V F
4. Quando os navegadores portugueses chegaram à ilha da Madeira, não encontraram vegetação. V F
5. As plantações de cana-de-açúcar no Brasil foram o resultado da experiência das plantações na Madeira. V F
6. O turismo é o setor mais importante da economia da Madeira e Porto Santo. V F
7. Os hotéis do Funchal, capital da Madeira, são excelentes mas não têm piscina porque o mar é perto. V F
8. A Madeira é uma ilha de grande beleza, com as encostas cheias de flores. V F

9-29 Os Açores. Preencha os espaços com a informação correta, com base no texto sobre os Açores nas páginas 370–371 do seu livro.

A capital do arquipélago dos Açores é (1) ______________, na ilha de (2) ______________. Devido à sua situação geográfica, as ilhas têm um clima (3) ______________ e o solo é úmido e fértil. Estas ilhas são, na realidade, o topo de uma cadeia de (4) ______________ que sobe acima do nível das águas do (5) ______________.

A base da economia dos Açores é a (6) ______________, mas a pesca também é importante.

Os Açores compartilham com os Estados Unidos a tradição de caça à (7) ______________. No século XIX, barcos americanos iam caçar baleias perto dos Açores. Muitos pescadores açorianos acabaram imigrando para os Estados Unidos e fundando comunidades portuguesas em (8) ______________ e (9) ______________. No século XX, outros açorianos imigraram para a Califórnia e estabeleceram sítios (*small farm*) onde criavam gado e desenvolveram a produção de (10) ______________ e (11) ______________.

Nome: ______________________________ Data: ____________________

LABORATÓRIO

À PRIMEIRA VISTA (Textbook pp. 340–346)

9-30 Procura-se um profissional. As you listen to these descriptions of various situations, select the name of the professional best prepared to solve each problem.

1. piloto	arquiteto	astronauta
2. encanador	intérprete	enfermeiro
3. psicóloga	telefonista	recepcionista
4. engenheiro	médica	secretário
5. advogada	pescador	atriz
6. contador	caixa	mecânico

9-31 Meu trabalho. You will hear several people talking about their jobs. Identify their professions by writing the corresponding number next to the appropriate profession.

1. ________	veterinário/a	4. ________	piloto
2. ________	ator/atriz	5. ________	cozinheiro/a
3. ________	caixa	6. ________	enfermeiro/a

9-32 As profissões. Listen to the following job descriptions and write the names of the professions that best match them.

1. ______________________________
2. ______________________________
3. ______________________________
4. ______________________________

ESTRUTURAS

Se as impersonal subject (Textbook pp. 347–349)

9-33 Procurando trabalho. Read the statements below before listening to this telephone conversation. Then indicate whether each statement below is true or false by selecting **Verdadeiro** or **Falso**.

1. Precisa-se de um diretor na companhia Cepeda.	VERDADEIRO	FALSO
2. O anúncio da companhia está no jornal.	VERDADEIRO	FALSO
3. É necessário ter experiência.	VERDADEIRO	FALSO
4. Rubens Chaves tem experiência de vendas.	VERDADEIRO	FALSO
5. Rubens deve falar com o gerente de vendas.	VERDADEIRO	FALSO

9-34 Onde? Certain activities normally occur in specific places. As you listen to the description of each activity, associate it with the place.

1. ______________	banco	4. ______________	cozinha
2. ______________	loja	5. ______________	Café
3. ______________	biblioteca	6. ______________	quadra

9-35 Mercado Livre. Say that the following things are sold on the online auction site Mercado Livre.

MODELO: um microfone
Vende-se um microfone.
roupas
Vendem-se roupas.

1. ...
2. ...
3. ...
4. ...
5. ...
6. ...
7. ...

More on the preterit and the imperfect (Textbook pp. 350–352)

9-36 O novo chefe. First, read the incomplete statements below. Then, listen to a conversation between two coworkers, Lauro and Beto. Finally, fill in the missing words to complete the sentences below.

1. Beto ______________ o novo diretor ontem.
2. Beto acha que o novo chefe é simpático e que ______________ muito de negócios.
3. Lauro ______________ ir à reunião, mas não ______________.
4. A reunião ______________ muito breve.
5. O diretor de vendas já ______________ o Seu Veloso antes de trabalhar nessa companhia.
6. O Seu Veloso ______________ algumas palavras na reunião.

9-37 Que aconteceu no banco? There has been a robbery at the bank and Ms. Alda Caetano, one of the bank officers, is reconstructing the scene for the police. She is telling them what various people were doing at the time of the robbery. Match each person with the appropriate action according to the information you hear. Don't worry if you don't understand every word. You may have to listen to the passage more than once.

1. D. Alda Caetano ______________.
2. A secretária da D. Alda ______________.
3. D. Angelina ______________.
4. O Seu Martins ______________.
5. Alex ______________.

a. estava trocando um cheque
b. estava lendo alguns documentos
c. estava procurando uma informação no computador
d. estava fazendo pagamentos
e. estava falando com o diretor

9-38 No escritório. Using the cues you hear, tell what various employees were doing at the office when the president of the company paid them an unannounced visit.

MODELO: a recepcionista / atender o telefone
A recepcionista estava atendendo o telefone.

1. …
2. …
3. …
4. …
5. …

More on interrogative pronouns (Textbook pp. 355–356)

9-39. Planejando uma semana de trabalho. Mr. Castro, the director of a large paper-goods factory, is talking to his secretary, planning his next work week. Listen to the dialogue and then complete the questions with an appropriate interrogative expression.

1. ______________ vem o carregamento de madeira?

   Para que

   Com quem

   De onde

   Em que

   Para onde

2. ______________ dia estava marcada a chegada do carregamento?

Para que

Com quem

De onde

Em que

Para onde

3. ______________ a D. Lúcia vai mandar um fax urgente?

Para que

Com quem

De onde

Em que

Para onde

4. ______________ a D. Lúcia vai falar na companhia Madeiril?

Para que

Com quem

De onde

Em que

Para onde

5. ______________ é o Sr. Elísio Vandúnem?

Para que

Com quem

De onde

Em que

Para onde

6. ______________ dia o Sr. Elísio Vandúnem vai visitar a fábrica?

Para que

Com quem

De onde

Em que

Para onde

Nome: ______________________________ Data: ____________________

9-40 Não posso acreditar! You are discussing the worrisome state of your company's finances with a partner. He utters incomplete sentences because he is very worried and nervous. You are also upset and keep interrupting him with questions because you cannot believe what you are hearing. Use interrogatives for your questions.

MODELO: O dinheiro… está…
Onde está o dinheiro?

1. …
2. …
3. …
4. …
5. …
6. …
7. …
8. …

9-41 Preparando um questionário. You work in marketing for Aerônia, an imaginary Brazilian airline, and you have to draft a set of questions for a promotional contest. The prize is a flight to Manaus. A colleague is assisting you and suggests important aspects of the airline and services. Listen to your colleague's suggestions and write the respective questions.

1. ______________________________?
2. ______________________________?
3. ______________________________?
4. ______________________________?
5. ______________________________?
6. ______________________________?

9-42 Uma entrevista de trabalho. An acquaintance is advising what you should and shouldn't do during an upcoming job interview. If the advice is appropriate select **Sim**; if it is not, select **Não**.

1. SIM NÃO
2. SIM NÃO
3. SIM NÃO
4. SIM NÃO
5. SIM NÃO
6. SIM NÃO

9-43 No escritório do gerente. Read the statements below before listening to Djalma Peixoto's conversation with the manager of a company. Then indicate whether each statement below is true or false by selecting **Verdadeiro** or **Falso**.

1. O gerente pensa que Djalma é o agente de vendas.	VERDADEIRO	FALSO
2. Djalma concorreu para a vaga de programador de computadores.	VERDADEIRO	FALSO
3. Djalma tem pouca experiência, mas quer aprender.	VERDADEIRO	FALSO
4. O chefe do escritório não acha Djalma competente para o trabalho.	VERDADEIRO	FALSO
5. O gerente vai falar sobre as condições de trabalho.	VERDADEIRO	FALSO

9-44 Em um restaurante. You own a small restaurant and are training a young man to assist the waiter and help out in the kitchen. Listen to the cues and tell the new employee what to do.

MODELO: limpar as mesas rapidamente
Limpe as mesas rapidamente.

1. ...
2. ...
3. ...
4. ...
5. ...

9-45. Um dia negativo. Answer in the negative the questions your assistants at the office are asking.

MODELO: Vamos fechar as janelas?
Não, não fechem.

1. ...
2. ...
3. ...
4. ...
5. ...

Nome: ______________________________ Data: ____________________

9-46 Um garçom atencioso. Answer the first three questions of the waiter affirmatively and the last negatively. Say a polite thanks whenever you reply negatively. Pause the recording at the beep to answer at your own pace.

MODELO: Trago o cardápio?
Traga sim, por favor.
Trago a lista dos vinhos?
Não, obrigado, não traga.

1. …
2. …
3. …
4. …
5. …
6. …

ENCONTROS (Textbook pp. 363–368)

9-47 Meus pais. Listen as Marília describes herself, her family, and their preferences. Select the correct descriptions of each member of her family.

1. mãe

   arquiteto

   cozinhar pratos vegetarianos

   advogada

   médica (no futuro)

   esportes

   ler livros científicos
2. pai

   arquiteto
   cozinhar pratos vegetarianos
   advogada
   médica (no futuro)
   esportes
   ler livros científicos
3. Marília

   arquiteto
   cozinhar pratos vegetarianos
   advogada
   médica (no futuro)
   esportes
   ler livros científicos

9-48 Um casal jovem. Anita and Rogério are young professionals. Listen to what happened to them last weekend and choose the best answer according to what you heard.

- Profissão

1. economista	Rogério	Anita
2. advogado/a	Rogério	Anita

- Problemas

3. deixou a carteira em casa	Rogério	Anita
4. carro com pouca gasolina	Rogério	Anita

- Solução

5. pediu dinheiro emprestado	Rogério	Anita
6. pagou com cartão de crédito	Rogério	Anita

VÍDEO (Textbook p. 354 & p. 362)

Vocabulário útil

cair	*to fall (out)*	**estrear**	*to open (show)*
chateado/a	*unhappy, annoyed*	**particular**	*private*
o dente	*tooth*	**o/a pipoqueiro/a**	*popcorn seller*
a doideira	*craziness*	**planejar**	*to plan*
o/a dono/a	*owner*	**o primeiro grau**	*elementary education*
engraçado/a	*funny (strange)*	**propiciar**	*to make possible, to promote*
ensaiar	*to rehearse*	**provisório/a**	*temporary*
o ensaio	*rehearsal*	**quebrado/a**	*broken*
o espetáculo	*show*	**sobrar**	*to be in excess*
o estágio	*internship*	**tumultuado/a**	*agitated*
o/a estrangeiro/a	*foreigner*		

9-49 O trabalho. Sobre o que falam as seguintes pessoas: Dona Sônia, Carlos, Sandra e Dona Raimunda?

1. pipoqueira	DONA SÔNIA	CARLOS	SANDRA	DONA RAIMUNDA
2. se surpreende a cada dia	DONA SÔNIA	CARLOS	SANDRA	DONA RAIMUNDA
3. IBGE (Instituto Brasileiro de Geografia e Estatística)	DONA SÔNIA	CARLOS	SANDRA	DONA RAIMUNDA
4. 20 horas semanais	DONA SÔNIA	CARLOS	SANDRA	DONA RAIMUNDA
5. faz 10 anos	DONA SÔNIA	CARLOS	SANDRA	DONA RAIMUNDA
6. prótese	DONA SÔNIA	CARLOS	SANDRA	DONA RAIMUNDA
7. adora o trabalho	DONA SÔNIA	CARLOS	SANDRA	DONA RAIMUNDA
8. dentista	DONA SÔNIA	CARLOS	SANDRA	DONA RAIMUNDA

Nome: ____ Data: ______________________

9-50 A experiência da Adriana. Adriana fala sobre o seu trabalho e a sua formação profissional. Complete a transcrição das palavras dela.

Eu (1) ______________ toda uma formação voltada para ser (2) ______________. Então eu fiz um (3) ______________ de três anos, para dar aula para crianças, para cursos elementares. Depois eu fiz a (4) ______________ em (5) ______________, né? Então eu (6) ______________ dar aulas de Português e de Literatura. Trabalhei com isso, com (7) ______________, mas eu nunca estava satisfeita com isso. E aí, quando eu (8) ______________ o português como segunda língua, foi então que eu me (9) ______________ profissionalmente.

9-51 Um dia típico. Qual é a profissão e como é o dia típico de trabalho das seguintes pessoas? Indique **Verdadeiro (V)** ou **Falso (F)** para as afirmações abaixo de acordo com o vídeo.

1. Caio é professor de teatro. V F
2. O dia típico de trabalho da Sandra é muito tranquilo. V F
3. O dia típico de trabalho da Adriana é dar aulas apenas na cidade do Rio de Janeiro. V F
4. Caio nunca estreou um espetáculo. V F
5. A atividade de Caio é muito agitada. V F
6. Sandra trabalha muito, mas consegue sair sempre no horário previsto. V F
7. Sandra se preocupa muito com os seus pacientes. V F
8. Adriana dá aula das 3 até as 7 horas, três vezes por semana. V F

9-52 O mercado de trabalho. De acordo com o Carlos, a Juliana e a Dona Sônia, quais são as características do mercado de trabalho brasileiro? Selecione algumas características mencionadas por cada um dos três.

1. Carlos

 complicado

 engraçado

 não oferece muitas oportunidades para uma grande parcela da população

 pessoas mal preparadas

 injusto

 falta gente em algumas áreas e sobra em outras

 exigência de nível universitário

 exige no mínimo segundo grau

2. Juliana
   complicado
   engraçado
   não oferece muitas oportunidades para uma grande parcela da população
   pessoas mal preparadas
   injusto
   falta gente em algumas áreas e sobra em outras
   exigência de nível universitário
   exige no mínimo segundo grau
3. Dona Sônia
   complicado
   engraçado
   não oferece muitas oportunidades para uma grande parcela da população
   pessoas mal preparadas
   injusto
   falta gente em algumas áreas e sobra em outras
   exigência de nível universitário
   exige no mínimo segundo grau

Nome: ______________________________ Data: ____________________

Lição 10 ◆ A comida

Prática

À PRIMEIRA VISTA (Textbook pp. 376–382)

10-1 Associações. Relacione as descrições com as palavras adequadas.

1. Usa-se para fazer hambúrguer. ______	a. espinafre
2. Popeye é forte porque come esta verdura. ______	b. pimenta
3. É desta fruta que se faz vinho. ______	c. manteiga
4. É algo que se coloca na mesa junto com o sal. ______	d. uva
5. Serve para fazer pão e biscoitos. ______	e. carne moída
6. É amarela e tem bastante colesterol. ______	f. farinha de trigo

10-2 Os ingredientes. Que ingredientes você usa para preparar os seguintes pratos ou sobremesas?

1. salada de frutas

laranja	pepino	maça	cenoura
tomates	bananas	carne	morangos

2. sopa de legumes

cebolas	pepino	maçã	cenoura
tomates	batatas	carne	morangos

3. hambúrguer

pão	maçã	cebolas	tomates
bananas	carne moída	morangos	

4. bolo de aniversário

leite	pão	ovos	cebolas
farinha de trigo	pepino	açúcar	carne

5. sorvete de morango

leite	carne	ovos	laranja
morangos	tomates	creme de leite	açúcar

10-3 Os utensílios. Combine os utensílios com as comidas e bebidas. Embora, em alguns casos, as combinações possam ser múltiplas, não repita nenhuma palavra nesta atividade.

1. bife _______	a. um prato
2. arroz e feijão _______	b. uma faca
3. vinho _______	c. um copo
4. água _______	d. uma colher
5. chá _______	e. uma xícara
6. sopa _______	f. uma taça

10-4 Um piquenique muito divertido. Você e alguns colegas estão organizando um piquenique para o próximo fim de semana. Escreva frases completas explicando como cada um de vocês vai contribuir. Use as palavras da lista abaixo e/ou outras.

hambúrguer	cozinhar	salada	sorvete	pão
cerveja	biscoitos	preparar	comprar	frutas
suco	procurar	frango frito	música	levar

MODELO: *Mário vai preparar uma sobremesa deliciosa.*

1. ____

____

2. ____

____

3. ____

____

4. ____

____

5. ____

____

6. ____

____

10-5 Suas preferências. Seu novo amigo brasileiro quer saber quais são seus hábitos e preferências em relação à comida. Responda com o maior número possível de detalhes.

1. O que você gosta de beber nas festas?

____

2. Que verduras você compra regularmente?

____

Nome: ______________________________ Data: ____________________

3. O que você prefere comer quando come fora?

____

4. Que condimentos você usa frequentemente?

____

5. O que você e sua família comem no Dia de Ação de Graças?

____

ESTRUTURAS

Síntese gramatical

1. **The present subjunctive**

	FALAR	COMER	ASSISTIR	DIZER	FICAR
eu	fale	coma	assista	diga	fique
você, o sr./a sra., ele/ela	fale	coma	assista	diga	fique
nós	falemos	comamos	assistamos	digamos	fiquemos
vocês, os srs./as sras., eles/elas	falem	comam	assistam	digam	fiquem

DAR: dê ESTAR: esteja HAVER: haja IR: vá

QUERER: queira SABER: saiba SER: seja

The present subjunctive (Textbook pp. 383–384)

10-6 Para completar. Escolha a opção certa para completar cada frase.

1. Gabriel prefere que você ____________.

   come em um restaurante vá ao supermercado compra o peixe

2. A professora quer que os estudantes ____________.

   escutam a música praticam os diálogos façam a tarefa

3. Tomara que este prato ____________.

   tem pouco colesterol tenha poucas calorias não é muito salgado

4. Samuel e você não querem que eu ____________.

   compre a sobremesa vou à padaria tiro a carne do forno

5. Mamãe quer que nós ____________.

   voltamos cedo para casa lavamos a louça limpemos a cozinha

6. É muito importante que vocês ____________.

   almocem bem todos os dias não comem muito doce bebem sucos e vitaminas

The subjunctive used to express wishes and hope (Textbook pp. 385–387)

10-7 Cuidando de cachorro. Você está cuidando do Bolinha, o cachorro (*dog*) de seus vizinhos enquanto eles estão viajando. O que seus vizinhos querem que você faça com o Bolinha? Complete as sentenças com o verbo entre parênteses.

MODELO: Eles querem que eu ______________ comida para o Bolinha. (comprar)
Eles querem que eu *compre* comida para o Bolinha.

1. Eles querem que eu ______________ comida ao Bolinha duas vezes por dia. (dar)
2. Eles querem que eu ______________ com ele todos os dias. (brincar)
3. Eles querem que eu ______________ com ele. (andar)
4. Eles querem que eu ______________ água fresca para o Bolinha todas as manhãs. (pôr)
5. Eles querem que eu ______________ banho no cachorro no fim de semana. (dar)
6. Eles querem que eu ______________ biscoitos de cachorro para o Bolinha. (comprar)

10-8 Eles não sabem cozinhar. Sérgio e a irmã dele, Janine, estão falando sobre o jantar que Sérgio e sua esposa Sofia vão oferecer esta noite a um casal de amigos. Complete a conversa entre Sérgio e Janine com formas apropriadas dos verbos entre parênteses.

JANINE: Você está dizendo que é a primeira vez que vocês vão fazer strogonoff de camarão? E com convidados! Espero que não (1) ______________ (ter) problemas.

SÉRGIO: Sim, espero que tudo (2) ______________ (dar) certo, mas você sabe que Sofia não (3) ______________ (cozinhar) muito bem e eu muito menos ainda!

JANINE: Mamãe diz que vocês (4) ______________ (pôr) muita cebola e alho. Com certeza ela vai chegar mais cedo para ajudar Sofia.

SÉRGIO: É importante que ela (5) ______________ (chegar) cedo. Sofia quer que os Anderson (6) ______________ (comer) um bom strogonoff de camarão.

JANINE: Sérgio, não se preocupe: (7) ______________ (pedir) à mamãe que (8) ______________ (ajudar) Sofia. Mamãe vai adorar e assim ela se sente útil.

SÉRGIO: Você tem razão, é bom que mamãe se (9) ______________ (sentir) útil.

JANINE: Ligue pra mamãe agora e tenho certeza que ela vai estar aqui em quinze minutos.

SÉRGIO: É pra já!

10-9 Notas para os jogadores. Você é o treinador de um time de futebol e vai escrever notas para cinco de seus jogadores explicando o que você quer que cada um deles faça.

MODELO: *Quero que você ______________ duas horas esta tarde. (praticar)*
Quero que você *pratique* duas horas esta tarde.

1. Espero que você ______________ oito horas esta noite. (dormir)
2. Prefiro que você ______________ menos carne vermelha e mais peixe. (comer)
3. Preciso que você ______________ mais cedo para o treino amanhã. (vir)
4. Quero que você ______________ o equipamento para o estádio. (trazer)
5. Tomara que você ______________ bem no sábado. (jogar)

Nome: ______________________________ Data: ____________________

10-10 Esperamos que eles gostem. Você e alguns colegas estão preparando um almoço para o Clube de Português. Complete as seguintes frases sobre suas expectativas e desejos em relação aos convidados para o almoço. Use indicativo ou subjuntivo.

1. Desejamos que eles __________ (se sentir) durante o almoço.
2. Preferimos que eles __________ (escolher) o que querem comer.
3. Esperamos que eles __________ (chegar) na hora marcada.
4. Achamos que eles __________ (ser) gentis conosco.
5. Não queremos que eles __________ (sair) descontentes.

10-11 A disciplina é conveniente. Você trabalha como conselheiro/a residente (*resident advisor*) em um dormitório da sua universidade. Escreva quais são as atividades que você permite que os estudantes residentes façam e quais você proíbe que eles façam. Indique as condições, horários, lugares, etc., relevantes para as atividades. Use as expressões abaixo e/ou suas próprias ideias.

comer	fumar (*to smoke*)	tomar bebidas alcoólicas	convidar pessoas
fazer barulho	fazer festas	assistir televisão	pedir pizza

MODELO: tomar banho
Permito que eles tomem banho entre as seis horas da manhã e as dez horas da noite.
ouvir música
Proíbo que eles ouçam música muito alto nos quartos.

1. ______________________________
2. ______________________________
3. ______________________________
4. ______________________________
5. ______________________________
6. ______________________________

The subjunctive with verbs and expressions of doubt (Textbook pp. 389–390)

10-12 Não, não acredito. Você não acredita nos seguintes estereótipos culturais.

MODELO: Não acredito que todos os brasileiros ______ futebol muito bem. (jogar)
Não acredito que todos os brasileiros _joguem_ futebol muito bem.

1. Não acredito que todos os gaúchos ______ carne duas vezes por dia. (comer)
2. Não acredito das todas as crianças americanas ______ hambúrguer todos os dias. (querer)
3. Não acredito que todos os mexicanos bebam tequila e ______ fazer tortilhas. (saber)
4. Não acredito que todos os cariocas ______ no carnaval. (fantasiar-se)
5. Não acredito que todos os brasileiros ______ feijoada. (adorar)

10-13 Minha opinião. Dê sua opinião sobre os seguintes tópicos. Inicie cada sentença com uma das expressões oferecidas. Observe se o verbo está no modo indicativo ou subjuntivo.

1. __________ as comidas rápidas têm muita gordura saturada.

   acredito que   não acredito que

2. __________ é importante ensinar às crianças uma dieta saudável.

   acho que   não acho que

3. __________ seja necessário financiar projetos de pesquisa sobre obesidade.

   acho que   talvez

4. __________ as pessoas gordas precisem fazer dieta para emagrecer.

   é possível que   acho que

5. __________ os vegetarianos sejam mais saudáveis do que as pessoas que comem carne.

   acho que   é possível

6. __________ os americanos saibam muito sobre as propriedades dos alimentos.

   duvido que   acho que

10-14 Uma mineira fala de seu estado. Tatiana, uma estudante brasileira que está estudando na sua universidade, faz uma apresentação sobre as atrações turísticas de Minas Gerais, o estado natal dela. Complete a apresentação da Tatiana com as formas apropriadas (indicativo ou subjuntivo) dos verbos entre parênteses.

Meu nome é Tatiana de Freitas. Moro em Belo Horizonte, a capital do estado de Minas Gerais. Os turistas que visitam Minas acham que meu estado (1) __________ (ser) um dos mais interessantes do Brasil, mas as pessoas que nunca visitaram Minas duvidam que (2) __________ (ter) lugares tão interessantes. Por isso quero dar a vocês algumas informações sobre meu estado.

As cidades históricas coloniais são as maiores atrações de Minas. Tomara que todos os turistas (3) __________ (poder) conhecer as igrejas barrocas de Ouro Preto, Mariana e outras cidades. Não creio que qualquer outro estado do Brasil (4) __________ (ter) igrejas tão preciosas como as de Minas, sobretudo em Mariana, que possui as esculturas do famoso Aleijadinho, do período colonial. Ouro Preto é uma cidade considerada patrimônio da humanidade pela UNESCO. É impossível que os turistas não (5) __________ (aprender) muitas coisas sobre a história do Brasil quando (6) __________ (visitar) Minas, porque muitos movimentos para a independência do Brasil começaram lá. O estado também é famoso pelas suas montanhas e pelos minérios e pedras preciosas que possui. Para os turistas que (7) __________ (gostar) de jóias, meu estado é um paraíso, e é provável que eles (8) __________ (comprar) pelo menos uma jóia em Minas.
A famosa comida mineira é sempre uma delícia para o paladar (*palate*) dos turistas. Espero que todos os turistas (9) __________ (comer) o famoso tutu de feijão com couve e torresmo e (10) __________ (provar) os doces caseiros, que mais parecem sobremesa dos deuses. É provável que os turistas (11) __________ (voltar) a Minas simplesmente porque vão adorar a comida!

Nome: ______________________ Data: ______________

More on commands (Textbook pp. 392–394)

10-15 As ordens dos pais. Your parents are going out tonight and are telling your brothers what they want them to do. Complete the sentences with a verb in the command form.

MODELO: Verônica: _______ as tarefas para amanhã!
Faça as tarefas para amanhã!
João: Não _______ jogando a noite toda!
Não *fique* jogando a noite toda!

A. Verônica:

1. _______ a cozinha! (arrumar)
2. Não _______ horas ao telefone! (passar)

B. João:

3. _______ o jantar! (servir)
4. Não _______ depois do jantar ! (sair)

C. os gêmeos:

5. _______ leite no jantar! (beber)
6. Não _______ televisão! (assistir)

D. todos:

7. _______ os legumes! (comer)
8. Não _______ acordados (*awake*) até tarde! (ficar)

10-16 Sugestões. You are advising some of your relatives and friends on how to deal with the following situations. Tell them what you think they should do.

MODELO: Sara quer aprender a fazer bacalhau à baiana.
Procure uma receita na Internet!

1. Pedro tirou uma nota muito baixa no teste.
____
2. Seu irmão convidou o chefe dele para um jantar em casa.
____
3. Vivaldo e Davi querem impressionar as namoradas.
____
4. Sua prima está muito gorda.
____
5. Raquel e Mila vão jantar num restaurante brasileiro pela primeira vez.
____

ENCONTROS

Para ler (Textbook pp. 400–403)

10-17 Uma dieta saudável. Você segue uma dieta e um estilo de vida muito saudáveis. Seu irmão, pelo contrário, come muito mal, mas quer mudar os hábitos ruins dele e pede seu conselho. Indique-lhe um exemplo de cada um dos seguintes grupos de alimentos e diga como seu irmão deve preparar esse alimento e quanto deve comer.

MODELO: gorduras

Azeite é uma gordura saudável. Use-o para temperar salada ou para fritar peixe.

Mas você não deve usar muito, porque tem muitas calorias.

1. laticínios

____

____

2. pão e cereais

____

____

3. frutas

____

____

4. legumes e verduras

____

____

5. carne e peixe

____

____

10-18 A cozinha brasileira. Leia o artigo e siga as instruções abaixo.

A cozinha brasileira

A cozinha brasileira tem tanto características próprias como também dos povos que formam o Brasil. Devido à colonização portuguesa, muitos pratos populares em Portugal passaram para o Brasil, África e Ásia. O bacalhau, por exemplo, foi trazido para o Brasil pelos portugueses e ainda hoje é um prato muito apreciado pelos brasileiros. O pão brasileiro tem sabor[1] do pão português assim como muitas outras comidas do dia-a-dia dos brasileiros. Transportada para o continente americano, a cozinha portuguesa entrou em contato com a cozinha indígena e, em seguida, com a cozinha africana. Mais tarde apareceram no Brasil outras comidas europeias e a comida japonesa, todas trazidas por imigrantes.

É claro que muitos dos ingredientes dos pratos portugueses não existiam no Brasil. Além disso, devidoà dificuldade dos transportes, esses produtos não chegavam facilmente ao continente americano. Então, alguns ingredientes foram substituídos por outros semelhantes. Ao mesmo tempo, osportugueses experimentaram pratos tradicionais das culturas indígenas e africanas—preparados com produtos desconhecidos na Europa—e a cozinha portuguesa no Brasil passou por um processo de adaptação, várias influências e se transformou na comida que hoje é considerada brasileira.

Nome: ______________________________ Data: ____________________

A cozinha brasileira se caracteriza pelo uso diário de arroz, feijão, carnes e verduras. O prato mais popular, de Norte a Sul do Brasil, é a feijoada, com influências africana e indígena. Mas, como o Brasil é um país de dimensões continentais, é natural que a cozinha varie de região para região. Às vezes, o mesmo prato recebe diferentes nomes, como é, por exemplo, o caso de um creme feito de milho verde fresco. No Sul este creme se chama curau e para os nordestinos é canjica, sendo essencialmente o mesmo prato, mas com pequenas variações.

Pode-se dizer que a variedade é o que melhor define a cozinha brasileira, de acordo com as características geográficas de cada região e com as influências sofridas. A comida do Norte do Brasil tem forte influência indígena. Isso significa que incorpora frutas, raízes e verduras locais. O pato no tucupi, um prato muito popular em Belém do Pará, combina o pato cozido com o tucupi, que é a água extraída da mandioca selvagem durante o fabrico da farinha. A mandioca e a farinha, herdadas dos indígenas, são a base dos pratos tradicionais do Norte. Além disso, os paraenses usam o jambu cozido no pato no tucupi. Esta verdura não é conhecida em muitas partes do Brasil. O Norte do Brasil também é riquíssimo em frutas que os brasileiros estão descobrindo pouco a pouco. O açaí, a fruta mais popular do Norte do Brasil, e também uma das mais importantes fontes econômicas da Ilha de Marajó, só recentemente foi "descoberto" como bebida energética pelos brasileiros de outras regiões, pelos que residem nos Estados Unidos e também pelos americanos. O guaraná, natural da Amazônia, é uma das bebidas mais populares em todo o Brasil e também tem propriedades energéticas. O Nordeste, especialmente a Bahia, tem forte influência africana, uma vez que para o Nordeste foram enviados os maiores contingentes de africanos escravizados até o século XIX. Na comida tradicional baiana não podem faltar o azeite de dendê[2] e leite de coco[3]. Estes ingredientes foram incorporados aos frutos do mar, tão comuns em Portugal, dando um sabor especial à culinária baiana. O inhame, tubérculo considerado alimento sagrado dos orixás africanos, é hoje parte do café da manhã dos pernambucanos.

No Sul do Brasil, devido à influência europeia e ao clima mais frio, é comum encontrar salsichas locais tipicamente alemãs em Santa Catarina e massas, queijos e vinhos no Rio Grande do Sul que lembram muito os produtos italianos, em qualidade e sabor. No Rio Grande do Sul, estado vizinho da Argentina, o churrasco ganha lugar de destaque nas celebrações e reuniões de família. A carne desse estado é de primeira qualidade e o churrasco hoje é consumido no Brasil todo. No Centro-Oeste do Brasil, devido à grande extensão de terra fértil dessa região, há também grandes criações de gado e daí a tradição de pratos à base de carne bovina. Ao mesmo tempo, a contribuição japonesa no Paraná e em São Paulo transformou os hábitos alimentares do Brasil no século XX. Os imigrantes japoneses incorporaram uma variada gama de verduras ao cardápio brasileiro, como repolho[4], acelga[5] e brotos de feijão[6]. Podemos mesmo dizer que os brasileiros "aprenderam" a comer verduras com os imigrantes do Japão.

O arroz, tão popular entre os asiáticos e os africanos, é hoje o ingrediente principal na mesa dos brasileiros, acrescentado a um bom feijão. O chocolate, originário das Américas, mais precisamente do México, é muito consumido no Brasil. A Bahia é um dos maiores produtores mundiais de cacau, a matéria prima[7] para fazer o chocolate. O café, ainda hoje um dos principais produtos de exportação no Brasil, é um produto originário da África que se incorporou profundamente nos hábitos dos brasileiros.

Mais recentemente, os brasileiros, principalmente os jovens das grandes cidades, passaram a consumir comidas rápidas nos shoppings. Mesmo assim, a comida rápida muitas vezes tem um toque brasileiro, seja em alguma fruta tropical que foi acrescentada ao prato, seja em algum suco natural que acompanha um sanduíche.

Então, o que é a comida brasileira? Podemos dizer que a comida brasileira é uma mistura de influências europeia, indígena, africana e asiática, com características próprias devidas ao clima, à topografia e aos produtos naturais existentes no Brasil.

1. *taste, flavor* 2. *palm oil* 3. *coconut milk* 4. *cabbage*
5. *Swiss chard* 6. *bean sprouts* 7. *raw material*

Indique se as seguintes afirmações são Verdadeiras (V) ou Valsas (F) de acordo com o artigo.

1. A cozinha brasileira é pouco diversificada. V F
2. O bacalhau é popular tanto em Portugal quanto no Brasil. V F
3. Na cozinha brasileira do período colonial realizou-se uma convergência de influências europeias, indígenas e asiáticas. V F
4. Feijoada é um prato regional do Sul do Brasil. V F
5. Curau e canjica são, essencialmente, o mesmo prato, preparado com milho verde fresco. V F
6. O pato no tucupi é um prato nordestino.
7. Guaraná e açaí são frutas originárias do Norte do Brasil. V F
8. Várias comidas de origem alemã e italiana são comuns na região Sul. V F
9. Pratos à base de peixe e frutos do mar são a principal contribuição dos imigrantes japoneses à cozinha brasileira. V F
10. O café é originário do Brasil. V F

10-19 Associe o que se pede com os produtos específicos, de acordo com as informações do artigo. Não repita nenhuma resposta.

1. Quatro ingredientes típicos da cozinha brasileira ______
2. Três alimentos comuns na cozinha afro-brasileira ______
3. Três produtos de origem italiana comuns no Sul ______
4. Três verduras que os japoneses levaram para a mesa dos brasileiros ______
5. Bebida muito popular no Brasil que não é originária do Brasil ______
6. Bebida muito popular no Brasil originária da Amazônia ______

a. guaraná
b. repolho, acelga, brotos de feijão
c. azeite de dendê, leite de coco, inhame
d. café
e. massas, queijos e vinhos
f. arroz, feijão, carnes e verduras

10-20 Procure no artigo um substantivo (*noun*) associado com os seguintes verbos.

MODELO: comer: *comida*
transportar: *transporte*

1. cozinhar: ______
2. imigrar: ______
3. misturar: ______
4. colonizar: ______
5. adaptar: ______
6. alimentar: ______
7. variar: ______
8. influenciar: ______
9. celebrar: ______
10. contribuir: ______
11. exportar: ______

Nome: ______________________________ Data: ____________________

10-21 Você é o que você come. Seu irmão, o mesmo que lhe pediu conselhos sobre uma dieta saudável na atividade 10-17, agora está estudando no Brasil. Ele consultou uma médica brasileira, especialista em alimentação, e escreveu para você contando as recomendações dela. Diga quais são essas recomendações, aproveitando as informações sobre a cozinha brasileira apresentadas no artigo na páginas 236–237. Use verbos e expressões como **recomendar**, **aconselhar**, **querer**, **é importante, é desejável**, etc. Varie os verbos/expressões.

MODELO: *Ela recomenda que eu coma arroz com feijão com frequência, porque é saudável e não engorda.*

1. ______________________________
2. ______________________________
3. ______________________________
4. ______________________________
5. ______________________________

Para escrever (Textbook pp. 404–405)

10-22 Minha receita preferida. Um/a amigo/a pediu para você uma receita brasileira. Escreva a receita (ingredientes e modo de preparar) para uma entrada, uma sopa, um prato principal ou uma sobremesa. Use o imperativo (**acrescente** o refogado, **sirva** a feijoada, **ferva** os ingredientes) ou o infinitivo (**refogar** o arroz, **fritar** a couve).

10-23 Conselhos. Seu amigo Ricardo gosta muito de uma colega e quer convidá-la para jantar fora. Ele quer sua ajuda para fazer planos para uma noite perfeita. Escreva uma carta para o Ricardo aconselhando o que ele deve fazer.

a) Aconselhe que Ricardo convide a colega para a casa dele e que cozinhe para ela.

b) Recomende que ele use sua receita preferida (da atividade 10-20).

c) Diga o que você espera que ele faça (ou não faça) antes, durante e depois do jantar.

d) Fale sobre o que você espera que aconteça e sobre o que duvida que aconteça.

____

____

____

____

____

____

____

____

____

____

____

____

____

____

HORIZONTES (Textbook pp. 406–407)

10-24 Angola. Indique se as seguintes afirmações são **Verdadeiras** (**V**) ou **Falsas** (**F**) de acordo com as informações no texto sobre Angola em **Horizontes** nas páginas 406–407 do seu livro.

1. Os povos khoisan eliminaram os povos bantu do futuro território angolano. V F
2. A colonização portuguesa de Angola começou no século XVI e durou até o século XX. V F
3. A guerra contra o domínio colonial começou no início dos anos sessenta do século XX. V F
4. Entre 1975 e 2002, Angola passou por um período de desenvolvimento econômico notável. V F
5. Os Estados Unidos, a União Soviética e Cuba desempenharam um papel considerável na guerra civil angolana. V F
6. O potencial econômico de Angola se deve sobretudo às frutas tropicais e ao cacau. V F
7. Na África subsaariana, só a Nigéria ultrapassa Angola em produção de petróleo. V F
8. A exploração dos diamantes contribuiu para a continuação da guerra civil angolana. V F
9. Os kimbundu são o maior grupo étnico de Angola. V F
10. Waldemar Bastos é um músico angolano com reconhecimento internacional. V F

Nome: ________________________________ Data: ____________________

10-25 Mais sobre Angola. Procure no texto as seguintes informações sobre o maior país africano de língua oficial portuguesa. Associe a coluna da direita com a coluna da esquerda.

1. o nome da capital de Angola _______	a. petróleo, diamantes, florestas
2. a data da independência de Angola _______	b. Luandino Vieira, Pepetela, Manuel Rui
3. três recursos naturais importantes _______	c. Luanda
4. o nome do maior grupo étnico do país _______	d. (novembro de) 1975
5. três nomes de escritores angolanos _______	e. ovimbundo

LABORATÓRIO

À PRIMEIRA VISTA (Textbook pp. 376–382)

10-26 No supermercado. Read the list below and listen as this shopper in a supermarket reads her shopping list. If an item below is on her list, select the item.

tomates, alface, limões, ovos, pimentões, cebolas, alho, azeite, carne, peru, arroz, frango, cenoura, berinjela, palmito

10-27 Às compras. You and a friend are having company for dinner tonight. Read the statements below before listening to your friend's ideas. Then for each statement below that is true, select **Sim**; for each statement that is false, select **Não**.

1. Seu amigo pensa em fazer uma feijoada.	SIM	NÃO
2. Vocês precisam comprar frango.	SIM	NÃO
3. Vocês vão servir dois tipos de vinho.	SIM	NÃO
4. Vocês precisam de carne seca e linguiça.	SIM	NÃO
5. Vocês vão comprar limões para fazer uma mousse de limão.	SIM	NÃO

10-28 Um jantar especial. O Seu Júlio e a D. Irene are having guests for dinner. Read the statements before you listen to a brief description of their preparations for the dinner party. Then for each statement below that is true, select **Sim**; for each statement that is false, select **Não**.

1. O Seu Júlio gosta de cozinhar.	SIM	NÃO
2. Amanhã eles vão receber quatro pessoas para o jantar.	SIM	NÃO
3. Eles vão preparar arroz com frango para o jantar.	SIM	NÃO
4. A sobremesa vai ser uma mousse de chocolate.	SIM	NÃO
5. Eles não bebem bebidas alcoólicas.	SIM	NÃO

10-29 O que é? You are helping to set the table for a formal meal. For each item you are to place on the table, you will hear a number followed by the item's name in Portuguese. For each object mentioned, write its corresponding number below.

1. Toalha de mesa ______
2. Uma faca ______
3. Um copo ______
4. Uma colher ______
5. Um guardanapo ______
6. Uma colher de chá ______
7. A garrafa de vinho ______
8. Uma xícara ______
9. Um garfo ______

ESTRUTURAS

The present subjunctive (Textbook pp. 383–384)

10-30 Um convite para jantar. Listen to Paula's conversation with her mother about tonight's dinner party. Then indicate whether the statements in your workbook are true or false; for each statement in your workbook that is true, select **Sim**; for each statement that is false, select **Não**.

1. O casal Pereira vai jantar na casa dos Bianchini. SIM NÃO
2. A Sra. Bianchini está muito ocupada. SIM NÃO
3. A Sra. Bianchini quer que a filha Paula prepare o jantar e limpe a casa. SIM NÃO
4. Paula vai fazer compras no supermercado. SIM NÃO
5. A Sra. Bianchini precisa de manteiga, camarão e sorvete para o jantar. SIM NÃO
6. Ela também precisa de verduras para a salada. SIM NÃO

Nome: ______________________________ Data: ____________________

The subjunctive used to express wishes and hope (Textbook pp. 385–387)

10-31 Louis e a torta de maçã. Louis is an American exchange student who is living in Curitiba. He wants to prepare a **torta de maçã** (*apple pie*) for his classmates. Some of them have promised to bring the necessary ingredients. Tell what Louis wants each person named to bring according to the cues provided.

MODELO: Clarice/farinha

Ele quer que Clarice traga farinha.

1. …
2. …
3. …
4. …
5. …
6. …

10-32 A colaboração é importante. Your friends are going to help you with a fund-raising campaign. Tell each person named what you expect him or her to do according to the cues.

MODELO: Lívia/ligar para as pessoas da lista.

Espero que Lívia ligue para as pessoas da lista.

1. …
2. …
3. …
4. …
5. …
6. …

10-33 Os amigos aconselham Frederico. Frederico has just had stomach surgery and is on a strict diet. At the restaurant, you try to dissuade him from his eating and drinking plans. Give your opinion of Frederico's plans using the cues provided.

MODELO: You hear: Vou comer hambúrguer./Espero que …

You say: *Espero que você não coma hambúrguer.*

1. …
2. …
3. …
4. …
5. …
6. …

The subjunctive with expressions of doubt (Textbook pp. 389–390)

10-34 Marta e Alberto conversam. Listen to this conversation between two friends and to the incomplete statements that follow. Circle the answer that best completes each statement. Don't worry if you don't understand every word.

1. a) um restaurante b) casa de Alberto c) uma lanchonete da universidade
2. a) comida francesa b) comida mexicana c) comida baiana
3. a) um prato de peixe b) um prato de carne c) uma comida portuguesa
4. a) não está com fome b) não tem tempo c) faz calor

10-35 Num restaurante. Ana Cecília and Melissa are in a restaurant. Listen to the brief introduction, to their conversation, and to the statements that follow. Then for each statement below that is true, select **Sim**; for each statement that is false, select **Não**.

1. SIM NÃO
2. SIM NÃO
3. SIM NÃO
4. SIM NÃO
5. SIM NÃO

10-36 Sempre há dúvidas. Fabrício is bragging about what he plans to do while traveling. Express your doubts about each of his claims.

MODELO: Vou a Paris todos os anos.
Duvido que você vá a Paris todos os anos.

1. ...
2. ...
3. ...
4. ...
5. ...

More on commands (Textbook pp. 392–394)

10-37 Você é o que você come. You're chatting with a friend who has terrible eating habits and a sedentary lifestyle. You would like her to change. Tell her what you think she should do according to the clues you hear.

MODELO: comer mais fruta
Come mais fruta!

1. ...
2. ...
3. ...
4. ...
5. ...

Nome: ______________________________ Data: ____________________

ENCONTROS (Textbook pp. 398–400)

10-38 O jantar desta noite. Listen as your friend's mother talks about her neighbors, the Soares family. Then for each statement below that is true, select **Sim**; for each statement that is false, select **Não**.

1. SIM NÃO
2. SIM NÃO
3. SIM NÃO
4. SIM NÃO
5. SIM NÃO

10-39 O aniversário de Sílvia. Sílvia's grandmother is planning a dinner party to celebrate Sílvia's birthday. Listen to their conversation and complete each sentence.

1. A avó da Sílvia vai fazer _______	a. é muito alegre.
2. Ela quer que Sílvia _______	b. venham para a festa.
3. Sílvia não acha que Mário e Patrícia _______	c. uma torta de frango.
4. A avó da Sílvia pensa que Carlos _______	d. lhe diga quantos amigos vêm para a festa.

VÍDEO

Vocabulário útil

a abóbora	*pumpkin*	**o lanche**	*snack*
a berinjela	*eggplant*	**o macarrão**	*pasta, macaroni*
o bobó de camarão	*shrimp and manioc dish*	**o miojo**	*instant noodles*
o cachorro quente	*hot dog*	**o podrão**	*street food*
o cheiro	*smell*	**o quiabo**	*okra*
a dobradinha ao bucho	*tripe*	**rotineiramente**	*routinely*
a empada	*savory filled pastry*	**o salgado**	*appetizer, tidbit*
a esquina	*street corner*	**a torta**	*pie*
guloso/a	*glutton, big eater*	**a tripa lombeira**	*tripe*

10-40 Pratos preferidos. As seguintes pessoas falam sobre o que elas costumam comer. Escolha a pessoa correta para cada comida.

1. arroz com feijão	Rogério	Mariana	Carlos	Mônica
2. chocolate	Rogério	Mariana	Carlos	Mônica
3. tripa lombeira	Rogério	Mariana	Carlos	Mônica
4. comida pesada	Rogério	Mariana	Carlos	Mônica
5. cachorro quente	Rogério	Mariana	Carlos	Mônica
6. bobó de camarão	Rogério	Mariana	Carlos	Mônica
7. comidas de tradição africana	Rogério	Mariana	Carlos	Mônica
8. bife e batata frita	Rogério	Mariana	Carlos	Mônica
9. podrão	Rogério	Mariana	Carlos	Mônica
10. massa	Rogério	Mariana	Carlos	Mônica

10-41 Comidas que eles não gostam. Antes de assistir o vídeo, coloque as letras na ordem certa para formar nomes das comidas que Caio, Mariana, Rogério e Manuela não gostam de comer.

1. blacoe ____________
2. nnaaba ____________
3. rljbiaene ____________
4. abqiuo ____________
5. mpdeaa ____________
6. róbaboa ____________

10-42 As refeições. Mônica e Manuela falam sobre as refeições. Escolha a resposta correta.

1. Quais são as duas refeições que Mônica sempre faz?
   a) café da manhã e almoço
   b) café da manhã e jantar
   c) almoço e jantar
2. Que refeição Mônica não faz?
   a) café da manhã
   b) almoço
   c) jantar
3. O que Mônica geralmente bebe à tarde?
   a) suco de laranja
   b) chá
   c) café
4. Além de fazer as três refeições principais, que outra "refeição" Manuela faz e quando?
   a) lanche de tarde
   b) lanche de manhã
   c) lanche de noite
5. Qual é a refeição preferida de Manuela?
   a) almoço
   b) café da manhã
   c) jantar

10-43 Na cozinha. Assista o vídeo e responda às perguntas abaixo.

1. Quem não gosta de cozinhar rotineiramente?	Caio	Mariana	Rogério
2. Quem sabe cozinhar feijoada?	Caio	Mariana	Rogério
3. Quem comeu miojo durante um ano?	Caio	Mariana	Rogério
4. Quem faz capelletti ao molho branco?	Caio	Mariana	Rogério

Nome: ______________________________ Data: ____________________

Lição 11 ◆ A saúde e os médicos

Prática

À PRIMEIRA VISTA (Textbook pp. 411–418)

11-1 O corpo humano. Você está estudando para um teste de anatomia e você decide classificar as partes do corpo em três categorias: a cabeça, o tronco e os membros. Selecione a categoria adequada para cada uma.

1. cintura	CABEÇA	TRONCO	MEMBROS
2. nariz	CABEÇA	TRONCO	MEMBROS
3. ombro	CABEÇA	TRONCO	MEMBROS
4. braço	CABEÇA	TRONCO	MEMBROS
5. pé	CABEÇA	TRONCO	MEMBROS
6. joelho	CABEÇA	TRONCO	MEMBROS
7. perna	CABEÇA	TRONCO	MEMBROS
8. pescoço	CABEÇA	TRONCO	MEMBROS
9. mão	CABEÇA	TRONCO	MEMBROS
10. costas	CABEÇA	TRONCO	MEMBROS
11. quadris	CABEÇA	TRONCO	MEMBROS
12. testa	CABEÇA	TRONCO	MEMBROS
13. cotovelo	CABEÇA	TRONCO	MEMBROS
14. boca	CABEÇA	TRONCO	MEMBROS
15. olho	CABEÇA	TRONCO	MEMBROS
16. orelha	CABEÇA	TRONCO	MEMBROS
17. dedo	CABEÇA	TRONCO	MEMBROS
18. cabelo	CABEÇA	TRONCO	MEMBROS
19. peito	CABEÇA	TRONCO	MEMBROS
20. rosto	CABEÇA	TRONCO	MEMBROS

11-2 O que é? A que partes do corpo se referem as seguintes descrições?

MODELO: É o líquido vermelho essencial para viver. Sangue

1. Digere a comida. ____________________
2. Permite ouvir música. ____________________
3. Levam o sangue pelo corpo. ____________________
4. Precisamos deles para respirar. ____________________
5. Mantém (*holds*) a cabeça. ____________________
6. Liga a mão com o braço. ____________________
7. É uma articulação no braço. ____________________
8. É uma articulação na perna. ____________________
9. Podemos ver com estes órgãos. ____________________

11-3 No consultório médico. Selecione os sintomas típicos de cada doença.

1. Laringite
   garganta inflamada
   pele irritada
   dificuldade para comer
   febre
   dor de dente
2. Gripe
   dor de dente
   tosse
   espirro
   braço quebrado
   febre
3. Indigestão
   braço quebrado
   pé quebrado
   dor de garganta
   dor de estômago
   infecção
4. anemia
   abatido/a
   dor de dente
   dor de garganta
   problema no sangue
   espirro

Nome: ______________________________ Data: ____________________

11-4 Receitas médicas. Leia sobre os problemas dos seguintes pacientes. Depois, receite um remédio e recomende comportamentos apropriados para cada paciente. Escreva as recomendações seguindo o modelo do formulário abaixo. Use o imperativo e o subjuntivo sempre que possível.

MODELO:

Dr. ____________________

Nome ______________________________ **Data** ____________________

Endereço ____

Instruções:

Assinatura ____________________

1. O paciente tem uma infecção na garganta.

____

____

____

2. A paciente tem uma dor de cabeça muito forte e é alérgica à aspirina.

____

____

____

3. O paciente está muito estressado no trabalho. Não come e não dorme bem.

____

____

____

4. A paciente está gripada e está tossindo muito.

____

____

____

11-5 Perguntas pessoais. Responda às seguintes perguntas sobre sua saúde.

1. Como você está de saúde?

____

2. Com que frequência você vai ao médico?

____

3. Você fuma? Você quer parar *(quit)* de fumar?

____

4. Você tem alergias? Que tipo de alergia você tem?

____

5. O que você come para manter-se saudável?

____

6. O que você faz para estar em boas condições físicas?

____

ESTRUTURAS

Síntese gramatical

1. **The subjunctive with expressions of emotion**

Espero que você **se sinta** melhor.	*I hope you feel better.*
Que pena que você não **possa** ir!	*What a shame you can't go!*

2. **The equivalents of English *let's***

Vamos / Não vamos + infinitive

nós form of subjunctive: **Falemos** agora. *Let's talk now.*

3. ***por* and *para***

	POR	**PARA**
MOVEMENT	through or by	toward
TIME	duration	deadline
ACTION	reason/motive	for whom

POR

por + o = pelo　por + a = pela　por + os = pelos　por + as = pelas

• exchange/substitution:	Paguei $10,00 **pelo** remédio.	*I paid $10.00 for the medicine.*
• unit/rate:	Caminho 4 km **por** hora.	*I walk 4 km per hour.*
• instead of:	Ele fez o trabalho **por** mim.	*He did the work instead of me.*
• approximate time:	Chegaram lá **pelas** três da manhã.	*They arrived around three a.m.*

Nome: ____ Data: _________________________

PARA

- judgment: **Para** mim, a aspirina é melhor. *For me, aspirin is better.*
- intention/purpose: Saí **para** comprar aspirina. *I left to buy aspirin.*

4. **Relative pronouns**

que persons or things

quem persons only, after a preposition

The subjunctive with expressions of emotion (Textbook pp. 418–420)

11-6 Opiniões de minha mãe. Você está na casa da Estela e está ouvindo a seguinte conversa entre Estela e a mãe dela. Complete o diálogo usando formas apropriadas (subjuntivo, indicativo ou infinitivo) dos verbos na lista.

terminar	divertir-se	pensar	sair
estar	ter	ser	ir

ESTELA: Mamãe, José quer que eu (1. ir) __________ à discoteca com ele no sábado.

MÃE: Que bom, Estela, que você (2. sair) __________ com ele e não com Roberto.

ESTELA: Por que, mamãe? Roberto é um menino muito legal.

MÃE: Bom, eu sei que ele (3. ser) __________ um menino legal e responsável, mas você é mais velha do que ele.

ESTELA: No momento, eu estou muito feliz por (4. estar) __________ solteira!

MÃE: É bom mesmo que você (5. terminar) __________ seus estudos antes de casar.

ESTELA: Claro, mamãe, não se preocupe. Só espero que você e o papai (6. ter) __________ mais paciência e não (7. pensar) __________ muito no meu futuro.

MÃE: Vamos tentar, Estela! Espero que você (8. divertir-se) __________ muito com José no sábado!

11-7 Nas montanhas. Você convidou um/a amigo/a para passar uma semana nas montanhas com você e sua família. Diga-lhe o que seu pai gosta e não gosta que você e seus amigos façam. Complete a sentença de acordo com o modelo.

MODELO: não gostar / fumar
Ele não gosta que nós fumemos.

- gostar / caminhar

Ele __________ (1) que nós __________ (2) muito.

- recear / gastar

Ele __________ (3) que nós __________ (4) muito no shopping.

- estar / ficar

Ele __________ (5) preocupado que nós __________ (6) doentes.

- ficar / comer

Ele __________ (7) feliz que nós __________ (8) comida saudável.

- detestar / jogar

Ele __________ (9) que nós __________ (10) no computador.

11-8 As emoções. Sílvia está falando sobre as emoções dos amigos e parentes dela. Combine os elementos das quatro colunas abaixo para escrever o que ela está dizendo.

MODELO: *Júlia espera que suas amigas façam dieta.*

A	B	C	D
Júlia	se preocupar	eu	ir ao médico
meus pais	esperar	o tio José	sair do hospital
você	se alegrar	nós	comer bem
eu	lamentar	você	fazer ginástica
minha irmã	recear	minha avó	quebrar a perna
	ficar feliz	meus amigos	estar doente

1. ______________________________
2. ______________________________
3. ______________________________
4. ______________________________
5. ______________________________

The equivalents of English *let's* (Textbook pp. 423–424)

11-9 Os companheiros de casa. Leia o diálogo abaixo e decida se as afirmações são verdadeiras ou falsas.

OTÁVIO: Arrumemos a casa como sempre fazemos?

MARCOS: Claro, juntos. Tomemos o café antes na lanchonete como sempre fazemos?

OTÁVIO: Tudo bem, mas limpemos o apartamento no sábado.

MARCOS: Concordo, mas não esqueçamos que combinamos de lavar a roupa uma vez por semana.

OTÁVIO: Eu sei, combinamos também de comer fora apenas duas vezes por semana e de nos levantar às 7 horas da manhã, mas nunca fazemos isso.

Nome: ______________________________ Data: ____________________

MARCOS: Terminemos o dia jogando baralho na cozinha.

1. Marcos e Otávio vão arrumar a casa separadamente. V F
2. Eles vão tomar o café da manhã na lanchonete. V F
3. Eles vão limpar o apartamento no sábado. V F
4. Eles vão lavar a roupa de duas em duas semanas. V F
5. Marcos e Otávio vão comer fora duas vezes por semana. V F
6. Eles vão se levantar às oito da manhã? V F
7. Eles vão jogar cartas na sala. V F

11-10 Uma festa no apartamento. Leia o diálogo abaixo e decida se as afirmações são verdadeiras ou falsas.

HELOÍSA: Por favor, limpe a cozinha e o banheiro.

CONCEIÇÃO: Detesto serviço doméstico.

HELOÍSA: Bom, então faça as compras.

CONCEIÇÃO: Tudo bem. Também posso preparar os aperitivos e você arruma a mesa.

HELOÍSA: Está bem. E eu vou arrumar a mesa e fazer a sobremesa. Por favor, não se esqueça de enviar os convites.

CONCEIÇÃO: Boa lembrança. Eu vou enviar os convites.

1. Heloísa pede a Conceição que a ajude na limpeza. V F
2. Conceição adora fazer trabalhos domésticos. V F
3. Heloísa pede para a Conceição fazer compras. V F
4. Conceição aparentemente gosta de fazer compras. V F
5. Heloísa vai arrumar a mesa. V F

Por and *para* (Textbook pp. 425–429)

11-11 Mudando de hábitos. Jorge decidiu levar uma vida mais natural e vai fazer muitas mudanças na sua dieta e na maneira de cuidar da saúde. Para cada hábito atual de Jorge, encontre um hábito futuro.

HÁBITOS ATUAIS DE JORGE	HÁBITOS FUTUROS DE JORGE
1. pratos de carne _____	a) frutas orgânicas
2. café _____	b) acupunturista
3. batata frita _____	c) produtos feitos com soja
4. médico da clínica universitária _____	d) chás de ervas naturais
5. frutas com pesticidas _____	e) arroz e verduras

11-12 Por ou para? Sua amiga Juliana conta o que fez quando ficou doente na semana passada. Complete o relato dela com **para, por** ou contrações de **por** com artigos (**pelo, pela, pelos, pelas**).

Na semana passada, (1) ________ me sentir muito mal, fui ao médico (2) ________ fazer uma consulta. Eu tinha dor de garganta e febre. O médico era argentino, mas (3) ________ estrangeiro, falava português muito bem. Depois que ele me examinou, ele me receitou um antibiótico (4) ________ minha doença. Eu fui (5) ________ a farmácia comprar o antibiótico. Na farmácia, paguei R$ 65,00 (6) ________ remédios. Depois de sair da farmácia, tomei um táxi (7) ________ ir (8) ________ casa. O táxi passou (9) ________ centro da cidade. Quando cheguei em casa, tomei o antibiótico e deitei no sofá (10) ________ descansar.

11-13 Uma viagem à Amazônia. Complete as frases com **para** ou **por** (ou **pelo, pela, pelo, pelas**).

- Lucas e eu saímos do Rio de Janeiro lá (1) ________ oito da manhã.
- Nosso voo (*flight*) passou (2) ________ São Paulo.
- Em São Paulo, ficamos esperando o outro avião (3) ________ muito tempo.
- O voo era de São Paulo (4) ________ Manaus e a velocidade do avião era mais ou menos 850 km (5) ________ hora.
- Quando chegamos a Manaus, fomos direto (6) ________ o hotel e descansamos (7) ________ duas horas antes do jantar.
- No dia seguinte, fomos (8) ________ um congresso de três dias sobre a saúde dos brasileiros.
- Quando o congresso acabou, fomos (9) ________ a floresta amazônica.
- Passeamos de barco (10) ________ Rio Negro, caminhamos (11) ________ floresta e depois voltamos (12) ________ Manaus.
- No voo de volta, passamos (13) ________ Belém e depois seguimos diretamente (14) ________ o Rio de Janeiro.

Relative pronouns (Textbook pp. 431–432)

11-14 Depois da crise. Você está em um hospital se recuperando depois de uma operação. Um amigo veio visitar você e você está lhe mostrando várias pessoas que você conhece no hospital. Complete as frases abaixo com **que** ou **quem**.

1. Aquela moça ________ está ali é minha enfermeira.
2. O senhor alto e louro ________ está falando com aquela senhora é meu médico.
3. Essas senhoras com ________ a enfermeira está falando trabalham como voluntárias no hospital.
4. O outro médico ________ está com a enfermeira é muito amigo do meu pai.
5. A enfermeira de ________ não gosto muito é aquela ali.

Nome: ______________________________ Data: ____________________

11-15 Álbum de família. Uma amiga brasileira está mostrando um álbum de fotos da família dela para você. Escreva o que ela está dizendo para descrever várias pessoas. Use **que** ou **quem** nas descrições.

1. Este é meu tio __________ mora em São Paulo.
2. Esta é minha prima com __________ fui à praia no mês passado.
3. Este é o meu irmão __________ trabalha na Argentina.
4. Esta é minha tia de __________ gosto muito.
5. Estes são os meus primos com __________ fui a Paris no ano passado.
6. Este é o meu primo __________ vai estudar nos Estados Unidos este ano.
7. Estas são as tias para __________ comprei presentes na semana passada.

ENCONTROS

Para ler (Textbook pp. 434–436)

11-16 Prevenção de ataques cardíacos. Leia o artigo e siga as indicações abaixo.

Previna ataques cardíacos

Para uma pessoa ter uma vida mais longa e melhor, deve diminuir ou eliminar certos vícios e deve ingerir alimentos mais saudáveis.

1. O cigarro aumenta o ritmo cardíaco em vinte batidas por minuto. O risco continua presente para ex-fumantes durante os primeiros cinco anos. Por isso, evite o cigarro.
2. O colesterol, que se encontra nas gorduras de origem animal, como em manteigas, cremes, carnes enlatadas[1] e carnes com molho, é outro fator de risco para a saúde. As carnes com mais gordura estão na seguinte ordem: carne de porco e cordeiro[2] (20%), carne de vaca e vitela[3] (2-10%), coelho[4] (5-10%) e as aves sem pele (2-8%). Também é necessário reduzir o óleo ou substituir os óleos comuns por óleo de milho ou soja.

Comer peixes, verduras e frutas é o recomendado, porque não prejudicam as artérias. Não é bom consumir ovos em excesso, uma vez que a gema[5] tem um alto nível de colesterol. Felizmente, hoje em dia é possível combater o colesterol com remédios eficazes.

3. O aumento de peso[6] e a falta de atividade física obrigam o coração a trabalhar mais. Para o coração, nada melhor do que praticar esporte e ter uma dieta saudável. Recomenda-se para as pessoas sedentárias que iniciem algum esporte com moderação. Iniciar com uma partida de tênis extenuante, por exemplo, pode ter efeitos perigosos e, às vezes, fatais. Agitar em excesso o coração causa hipertensão. O coração realiza um trabalho duplo. Mantenha-se ativo, coma bem e cuide do seu peso.
4. O abuso de sal na comida, o álcool e o estresse podem ser causadores de ataques cardíacos. Acostume-se a cozinhar ou comer com pouco sal. Você notará que o seu peso vai baixar e você se sentirá melhor fisicamente. Não cometa excessos com a bebida. Um copo de vinho no jantar não faz mal a sua saúde.

Outro risco para seu coração é o estresse. Este pode ser provocado pelo excesso de trabalho, problemas em casa, no trabalho ou com os estudos. Aprenda a viver com calma e moderação e aprenda a se descontrair. Ignore o que causa ansiedade e, consequentemente, o estresse. É muito importante que você tenha em mente que sua vida vale mais do que tudo.

1. *canned* 2. *lamb* 3. *veal* 4. *rabbit* 5. *yolk* 6. *weight*

Verdadeiro ou falso? Indique quais das seguintes afirmações são **verdadeiras (V)** e quais **falsas (F)**, de acordo com o artigo.

1. O ritmo do coração se acelera quando a pessoa fuma. V F
2. As carnes que contêm menos colesterol são vitela e carne de porco. V F
3. Hoje em dia há remédios que podem controlar o colesterol. V F
4. A gema é a parte mais saudável do ovo. V F
5. A prática de esportes ajuda a evitar ataques de coração. V F
6. O sal e o álcool em grandes quantidades têm efeitos positivos no corpo. V F

11-17 Para completar. Usando a informação do artigo, selecione a melhor opção para completar cada frase.

1. Se a pessoa fuma, o ______________________________.

   risco de um ataque cardíaco é menor

   coração bate mais rápido

   risco de um ataque cardíaco é certo em cinco anos

2. Dentre os alimentos mais recomendados está ______________________________.

   o peixe

   o ovo

   a carne de porco

3. Os exercícios físicos moderados são bons para ______________________________.

   controlar o apetite

   manter o coração saudável

   aumentar o peso

4. Para diminuir o estresse é bom ______________________________.

   comer mais sal e não fazer ginástica

   evitar o trabalho

   não dar muita importância aos problemas

Nome: ______________________________ Data: ____________________

11-18 Você é o médico. Seu paciente se queixa de cansaço, dor no peito, ritmo cardíaco acelerado e respiração difícil. Ele diz que fuma mais de vinte cigarros por dia e come ovos com bacon todos os dias no café da manhã. Analise sua situação e recomende o que ele deve fazer para melhorar a saúde. Use expressões como **É importante que..., Não é bom que..., Lamento que..., Espero que...**, etc.

____

____

____

____

____

____

____

____

Para escrever (Textbook pp. 436–437)

11-19 Preparação. Leia o texto sobre a importância de uma alimentação correta para as crianças com excesso de peso. Indique se as afirmações abaixo são **Verdadeiras** (**V**) ou **Falsas** (**F**).

Crianças com excesso de peso

Uma criança obesa tem mais probabilidades de tornar-se um adulto obeso. Sem ter que obrigar a criança a fazer dieta ou impor regras estritas, corrija a alimentação dela diminuindo o consumo de açúcar e de gordura.

- Em lugar de comprar iogurtes com sabores ou com frutas, que contêm uma maior quantidade de açúcar, escolha os naturais e acrescente pedaços de frutas frescas da temporada.
- Não abuse das frituras tais como a batata frita. Acostume a criança a comer verduras e legumes.
- Se a criança adora sorvetes, em lugar de comprá-los, faça sorvete em casa, utilizando leite ou suco e frutas frescas. Assim, você controla a qualidade do que a criança come.
- Se a criança não gosta de leite, incorpore-o em saladas, massas, purês e em qualquer prato que permita colocar leite, para que este alimento não falte na dieta dela.

1. Há grandes probabilidades de que uma criança obesa se torne um adulto com problemas de excesso de peso. V F
2. Estabelecer um programa de dieta rigorosa é a melhor maneira de corrigir o excesso de peso infantil. V F
3. O artigo incentiva as crianças a comer batata frita. V F
4. Os pais que seguirem os conselhos do artigo provavelmente passarão um bom tempo na cozinha. V F

11-20 Mãos à obra. Você é nutricionista e trabalha para o Ministério da Saúde. Você vai escrever uma palestra (*talk*) para um grupo de mães sobre a importância de combater a obesidade infantil. Aproveite o artigo acima para escrever a palestra: a) releia o artigo; b) identifique a ideia principal e os subtópicos; c) resuma (*summarize*) a informação do artigo; d) acrescente (*add*) mais dois subtópicos; e e) escreva a palestra. As expressões abaixo podem ser úteis.

Para evitar... *(to avoid)*	É importante/necessário que...
Certifique-se que... *(make sure that)*	Espero que...

Nome: ______________________________ Data: ____________________

HORIZONTES (Textbook pp. 438–439)

11-21 Cabo Verde. Indique se as afirmações abaixo são verdadeiras (**V**) ou falsas (**F**) de acordo com o texto nas páginas 438–439 do seu livro.

1. O arquipélago de Cabo Verde se situa a mais de 300 km da costa africana. V F
2. O grupo de Sotavento é maior do que o grupo de Barlavento. V F
3. A maior concentração de imigrantes cabo-verdianos se encontra no Brasil. V F
4. Cabo Verde é independente há mais de trinta anos. V F
5. Chove muito em Cabo Verde. V F
6. Os emigrantes cabo-verdianos enviam muito dinheiro para seu país de origem. V F
7. O crioulo de Cabo Verde é uma mistura do português com as línguas africanas. V F
8. O crioulo é a língua oficial do país. V F
9. A morna e a coladera são dois pratos tradicionais de Cabo Verde. V F
10. A revista *Claridade* teve um papel importante na construção da literatura nacional. V F
11. O romance *Chiquinho* foi escrito em crioulo. V F
12. Cesária Évora é uma escritora cabo-verdiana famosa. V F

LABORATÓRIO

À PRIMEIRA VISTA (Textbook pp. 411–418)

11-22 Qual é o problema? At the doctor's office you overhear three people describing their ailments. Identify the part of the body where each person's problem is probably located, by selecting the appropriate letter.

1. a) a garganta b) o ouvido c) a mão
2. a) o estômago b) os ossos c) os olhos
3. a) os pulmões b) as veias c) o joelho

11-23 A saúde de Isabel. While visiting the home of your friend Fernando, you witness his conversation with Isabel and Susana. Read the statements and then listen to the conversation. Finally indicate whether each statement below is true or false. For each statement that is true, select **Sim**; for each statement that is false, select **Não**.

1. Isabel não se sente bem. SIM NÃO
2. Isabel faz ginástica todos os dias. SIM NÃO
3. Fernando fuma muito. SIM NÃO
4. Fernando acha que sua amiga deve comer comidas mais saudáveis. SIM NÃO
5. Susana acha que Isabel deve tomar vitaminas. SIM NÃO

11-24 Para ter boa saúde. Listen to the statements and indicate whether or not each of these activities is beneficial to your health by selecting the appropriate answer.

1. Bom Ruim
2. Bom Ruim
3. Bom Ruim
4. Bom Ruim
5. Bom Ruim
6. Bom Ruim
7. Bom Ruim
8. Bom Ruim

11-25 Vitaminas. You overhear the following conversation between a customer and the pharmacist at the drugstore. Complete the sentences with the information you hear.

1. A senhora fala com o ______________________.

   farmacêutico

   médico

2. Ela pede ______________________.

   antibióticos

   vitaminas mais fortes

3. O farmacêutico recomenda ______________________.

   Forvital 300

   Forvital 500

4. Ela compra ______________________.

   Forvital 300

   Forvital 500

Nome: ________________________________ Data: ____________________

ESTRUTURAS

The subjunctive with expressions of emotion (Textbook pp. 418–420)

11-26 O que a mãe de Sabrina gosta (ou não gosta)? Sabrina, who is spending a semester studying in Belo Horizonte, has just received a letter from her mother. As Sabrina reads the letter out loud, associate the appropriate items according to her family's concerns and emotions.

1. estão felizes ______
2. tem medo ______
3. está preocupada ______
4. sentem ______
5. não gosta ______
6. acha ótimo ______
7. esperam ______

a. que Sabrina não esteja para o aniversário da avó
b. que Sabrina estude bastante e aproveite bem a viagem
c. que ela tenha muitos amigos
d. que os médicos receitem tantos remédios
e. que Sabrina esteja muito bem
f. que a avó não viva muito tempo
g. que Sabrina saia todas as noites

11-27 Uma visita a um amigo. Maria Isabel is visiting a friend who twisted his ankle. Listen to their conversation and then complete the sentences with Maria Isabel's reactions.

1. Maria Isabel está contente que…

   Antônio esteja melhor

   Antônio tenha dor no joelho

   possa jogar nos jogos mais importantes

   não possa jogar este sábado

2. Maria Isabel sente muito que…

   Antônio esteja melhor

   Antônio tenha dor no joelho

   possa jogar nos jogos mais importantes

   não possa jogar este sábado

The equivalents of English *let's* (Textbook pp. 423–424)

11-28 Vamos mudar! In the college cafeteria you overhear a conversation between Amanda and Luciana. First, read the statements below; then listen to the conversation. Finally, indicate whether the statements below are true or false; for each statement that is true, select **Sim**; for each statement that is false, select **Não**.

1. Amanda quer que Luciana comece uma dieta nova. SIM NÃO
2. Luciana gosta muito de comer. SIM NÃO
3. Luciana quer fazer muita ginástica para emagrecer. SIM NÃO
4. Amanda adora fazer ginástica. SIM NÃO
5. As meninas têm opiniões diferentes. SIM NÃO

Por and *para* (Textbook pp. 425–429)

11-29 Sofia e Dulce querem ir a um forró. Listen as Sofia and Dulce discuss their plans to go to a **forró** dance party. Then indicate whether the statements that follow are true or false. For each statement that is true, select **Sim**; for each statement that is false, select **Não**.

1. SIM NÃO
2. SIM NÃO
3. SIM NÃO
4. SIM NÃO
5. SIM NÃO

11-30 Um dia muito especial para Ângela. Listen to this description of the events related to a special occasion involving Ângela. Then complete the statements based on the information you heard.

- Ângela está no hospital. Os familiares e amigos cumprimentam Ângela __________ (1) nascimento do bebê.
- __________ (2) Ângela, o bebê dela é o mais lindo do mundo.
- Todos levam muitos presentes __________ (3) ela e __________ (4) o bebê.
- Sua amiga Clara chega ao hospital lá __________ (5) três da tarde.
- Clara dá uma roupinha de frio __________ (6) o bebê.
- Em poucos dias, Ângela vai voltar __________ (7) casa.

Nome: ____ Data: __________________________

11-31 Presentes para todos. It is Christmas time at the hospital where you work and everyone is exchanging presents. Looking at the drawings, tell who will receive each present.

MODELO: Para quem é o rádio?
É para Susana.

1.

2.

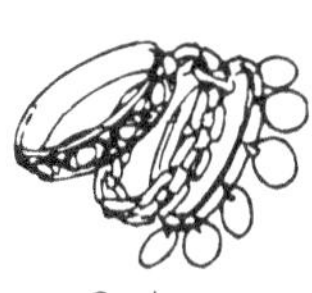

3.

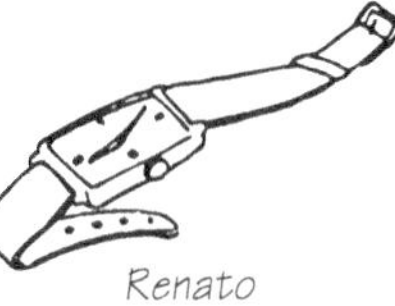

4.

5.

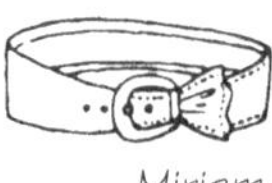

6.

11-32 Opiniões. You will hear the names of several people and their opinions on various topics. Combine both in a sentence using **para**.

MODELO: Alice / Esta é a melhor enfermeira do hospital.
Para Alice, esta é a melhor enfermeira do hospital.

1. …
2. …
3. …
4. …
5. …
6. …

11-33 Em um hospital. Listen to these statements about some of the people who work at the hospital where you are visiting a sick friend. Combine the statements you hear with those that appear below using **que**.

MODELO: You see: A secretária é muito simpática.
You hear: A secretária trabalha na recepção do hospital.
You say: *A secretária que trabalha na recepção do hospital é muito simpática.*

1. O enfermeiro é muito competente.
2. O médico é excelente.
3. O psiquiatra é muito calmo.
4. A recepcionista é portuguesa.
5. O médico mora perto da minha casa.

ENCONTROS (Textbook pp. 433–436)

11-34 A doença do meu pai. Listen as a friend tells you about his father's illness. Then listen to the statements that follow and indicate whether each statement is true or false. For each statement that is true, select **Sim**; for each statement that is false, select **Não**.

1. SIM NÃO
2. SIM NÃO
3. SIM NÃO
4. SIM NÃO
5. SIM NÃO

11-35 No consultório da Dra. Leila Tavares.You have accompanied Mrs. Marisa Morais to the doctor's office. Listen to her conversation with Dr. Tavares and to the incomplete statements that follow. Select the letter corresponding to the best completion for each.

1. a) dor de ouvido b) dor no pulmão c) dor de estômago
2. a) joelho b) peito c) garganta
3. a) antibióticos b) vitaminas c) massagens
4. a) tome canja b) tome uma injeção c) tome muito líquido
5. a) ir trabalhar b) descansar c) fazer análise

11-36 Duas boas amigas. Listen to this story about two friends and then select who did what.

1. se levanta cedo	MARINA	BÁRBARA
2. dieta vegetariana	MARINA	BÁRBARA
3. refeições em horário certa	MARINA	BÁRBARA
4. vôlei	MARINA	BÁRBARA
5. natação	MARINA	BÁRBARA
6. música clássica	MARINA	BÁRBARA
7. música popular	MARINA	BÁRBARA

VÍDEO (Textbook p. 430)

Vocabulário útil

a academia (de ginástica)	*gym*	**a lua**	*moon*
o adoçante	*sweetener*	**malhar**	*to exercise*
a alimentação	*eating, food habits*	**na orla**	*along the beach*
agravar	*to get/make worse*	**a pastilha**	*capsule, lozenge*
o chá da vovó	*apple tea*	**o/a personagem**	*character*
o colesterol	*cholesterol*	**prejudicial**	*harmful*
a erva	*herb*	**preocupar-se**	*to worry*
o/a fumante	*smoker*	**a riqueza**	*wealth*
a hortelã	*mint*	**sentir falta**	*to miss*
justamente	*precisely*	**suado/a**	*sweaty*

11-37 Minha saúde. Você se preocupa com a sua saúde? Preste atenção no que os seguintes entrevistados têm a dizer sobre a saúde deles e complete os parágrafos abaixo.

- Adriana

Em geral eu me preocupo com a minha saúde, sim, né. Eu sempre, __________ (1), eu faço os __________ (2) que toda mulher tem que fazer. É, qualquer coisa que eu __________ (3) eu geralmente procuro ir ao médico pra ver o que é que é. Eu sou uma pessoa que se preocupa com a saúde para depois aquilo não se __________ (4), né.

- Caio

Como a minha __________ (5) não é a mais correta pra minha saúde, e eu sei disso, eu procuro sempre estar fazendo uma atividade física, estar malhando, estar fazendo um exercício __________ (6). É, e vou regularmente ao médico. Qualquer... Não vou sem problema, não, mas eu tenho muita preocupação em relação à minha __________ (7). Eu preciso do meu corpo muito bem preparado para que eu __________ (8) interpretar diversos personagens e qualquer __________ (9) e qualquer problema que __________ (10), eu vou ao médico.

- Dona Raimunda

Me preocupo com a minha saúde porque eu acho que a minha saúde é a minha __________ (11). De seis em seis meses eu vou ao __________ (12) pra ver como é que está minha __________ (13), pra ver como é que tá o __________ (14), a glicose, isso é sagrado.

- Rogério

Eu tenho uma preocupação com a saúde e geralmente eu procuro preservar a saúde com alimentação porque eu já cometo um ato que é extremamente __________ (15) à saúde, porque eu sou __________ (16).

Nome: ______________________________ Data: ____________________

11-38 Os hábitos. Ouça os comentários das seguintes pessoas e indique se as afirmações abaixo são **Verdadeiras** ou **Falsas**.

- Rogério:

1. Ele não come açúcar.	VERDADEIRO	FALSO
2. Ele adora beber cerveja.	VERDADEIRO	FALSO
3. Rogério dificilmente fica doente.	VERDADEIRO	FALSO
4. Ele costuma ir ao pneumologista.	VERDADEIRO	FALSO

- Dona Raimunda:

1. Raimunda não come gordura.	VERDADEIRO	FALSO
2. Ela come doces de segunda a sexta.	VERDADEIRO	FALSO
3. Ela coloca açúcar no café.	VERDADEIRO	FALSO

- Sandra:

1. Ela não toma refrigerantes.	VERDADEIRO	FALSO
2. Ela tem medo de engordar.	VERDADEIRO	FALSO
3. Ela é a favor de dietas extremistas.	VERDADEIRO	FALSO
4. Ela caminha na orla.	VERDADEIRO	FALSO

- Mônica:

1. A Mônica vem do Sul.	VERDADEIRO	FALSO
2. Ela nunca come carne vermelha.	VERDADEIRO	FALSO
3. Ela não se estressa com a alimentação dela.	VERDADEIRO	FALSO

11-39 A medicina alternativa. Juliana e Adriana vão fazer uma série de comentários sobre a medicina alternativa. Identifique o que cada uma delas faz ou já fez que faz parte das chamadas medicinas alternativas.

1. Juliana
   toma chá da vovó
   faz acupuntura há 11 anos
   toma chá de hortelã e de boldo
   usa homeopatia
   usou pastilhas de ervas da África
2. Adriana
   toma chá da vovó
   faz acupuntura há 11 anos
   toma chá de hortelã e de boldo
   usa homeopatia
   usou pastilhas de ervas da África

Nome: ______________________________ Data: ______________________

Lição 12 ◆ As férias e as viagens

Prática

À PRIMEIRA VISTA (Textbook pp. 444–450)

12-1 Associações. Combine as palavras da lista com as respectivas definições.

1. _______ o avião
2. _______ a sala de espera
3. _______ a mala
4. _______ o ônibus
5. _______ o barco

a. para guardar a roupa quando viajamos
b. para viajar por terra
c. para descansar ou ler, antes do avião decolar
d. para viajar por mar
e. para viajar pelo ar

12-2 As definições e as viagens. Leia cada definição e identifique o objeto descrito.

1. Documento que a pessoa recebe em seu país para poder viajar ao exterior. ______________
2. Cartão que a pessoa precisa para embarcar em um avião. ______________
3. Documento que as pessoas compram em um banco para usar como dinheiro, quando viajam. ______________
4. Lugar onde as pessoas que vêm de outros países declaram o que estão trazendo. ______________
5. Tipo de passagem que a pessoa precisa para ir e voltar ao mesmo lugar. ______________

12-3 Uma viagem de carro. Complete o seguinte parágrafo sobre uma viagem de carro.

Fernando Telles tem que fazer uma viagem de negócios e decide ir de carro. No dia da viagem, ele põe a bagagem no (1) __________. Depois, entra no carro, senta-se ao (2) __________, põe o (3) __________ e liga (*starts*) o (4) __________. Ele não pode ver muito bem porque o (5) __________ está sujo. Então, ele o limpa antes de ir para a rodovia. Depois de sair da cidade, Fernando vai a um posto de gasolina para pôr (6) __________ no carro, ar nos (7) __________ e comprar um café.

12-4 Preparação. Sua família vai fazer uma longa viagem de carro este verão. Diga a seu pai o que você fez com o carro para preparar a viagem.

MODELO: lavar / o para-brisas
Lavei o para-brisas.

1. lavar / o carro

____

2. passar / o aspirador / nos bancos

____

3. limpar / o bagageiro

____

4. trocar / o óleo

____

5. pôr / ar / nos pneus

____

6. encher / o tanque de gasolina

____

12-5 No hotel. Leia as seguintes descrições e associe com as palavras a que se referem.

1. Um quarto para uma só pessoa. ______	a) a recepção
2. Lugar para onde o cliente vai pedir informação quando chega ao hotel. ______	b) a chave
3. Objeto necessário para abrir a porta do quarto. ______	c) um quarto simples
4. Lugar onde os hóspedes guardam objetos de valor. ______	d) fazer uma reserva
5. Ação de pedir um quarto em um hotel por telefone, fax ou Internet. ______	e) cofre

12-6 Correspondência. Você está escrevendo a uma amiga sobre Carolina e o namorado dela. Complete as frases com as palavras apropriadas.

O namorado de Carolina estuda em São Paulo e os dois falam por (1) __________ frequentemente. Mas hoje Carolina escreveu uma (2) __________ a seu namorado. Quando terminou, escreveu o endereço no (3) __________ e foi ao (4) __________ para comprar um (5) __________. Em seguida, ela colocou a carta na (6) __________.

Nome: ______________________________ Data: ____________________

ESTRUTURAS

Síntese gramatical

1. **Affirmative and negative expressions**

AFFIRMATIVE		NEGATIVE	
tudo	*everything*	**nada**	*nothing*
algum/a	*some, any*	**nenhum/a**	*no, not any*
alguns/algumas	*several*		
alguém	*someone*	**ninguém**	*no one, nobody*
alguma pessoa	*someone*	**nenhuma pessoa**	*no one, nobody*
algo	*something*	**nada**	*nothing, anything*
alguma coisa	*something*	**nenhuma coisa**	*nothing, anything*
todo (-a, os,-as)	*all, entire, whole*		
todos	*everybody, all*		
ou ...ou	*either...or*	**nem ...nem**	*neither...nor*
sempre	*always*	**nunca**	*never*
uma vez	*once*		
alguma vez	*sometime, ever*	**jamais**	*never, (not) ever*
algumas vezes	*sometimes*		
às vezes	*at times*		
também	*also, too*	**também não**	*not either, neither*

2. **The indicative and the subjunctive in adjective clauses**

Indicativo (known antecedent)	
Tem alguém aqui que **fala** inglês.	*There's someone here who speaks English.*
Estou procurando o piloto que **vai** nesse voo.	*I'm looking for the pilot who goes on that flight.*
Subjunctive (non-existent or unknown antecedent)	
Não tem ninguém aqui que **fale** russo.	*There isn't anyone here who speaks Russian.*
Estou procurando um piloto que **vá** nesse voo.	*I'm looking for a pilot who goes on that flight.*

3. **The subjunctive in adverbial clauses (a menos que, caso, desde que, embora, mesmo que, para que, por mais que, sem que)**

Vou viajar este ano, desde que tenha dinheiro suficiente.	*I am going to travel this year, as long as I have enough money.*

4. **The past subjunctive**

	VIAJAR	COMER	DIRIGIR	ESTAR
	(viaj~~aram~~)	(come~~ram~~)	(dirigi~~ram~~)	(estive~~ram~~)
eu	viajasse	comesse	dirigisse	estivesse
você, o sr./a sra., ele/ela	viajasse	comesse	dirigisse	estivesse
nós	viajássemos	comêssemos	dirigíssemos	estivéssemos
vocês, os srs./as sras., eles/elas	viajassem	comessem	dirigissem	estivessem

Affirmative and negative expressions (Textbook pp. 451–454)

12-7 Atividades. Leia o diálogo abaixo e indique se as afirmações são verdadeiras (V) ou falsas (F).

FERNANDO: Apresse-se, pois não quero chegar atrasado. Nunca chego atrasado a aeroportos.

OTÁVIO: Não seja tão exigente, às vezes podemos e devemos chegar atrasados.

FERNANDO: Concordo, algumas vezes isso é possível. Mas você sempre tem uma desculpa para justificar os seus atrasos. De tempos em tempos é possível chegar depois do horário combinado, mas todos os dias é um pouco demais.

1. Fernando nunca chega atrasado aos aeroportos. V F
2. Otávio acha que nunca se deve chegar atrasado. V F
3. Otávio sempre tem uma desculpa para justificar seus atrasos. V F
4. Fernando acha que é possível chegar atrasado todos os dias. V F

12-8 Uma viagem horrível. Ao contrário das expectativas, as coisas correram muito mal durante sua viagem mais recente. Descreva o que aconteceu, usando as palavras abaixo.

ninguém nenhum nunca nada nenhuma

1. Nós pensávamos que os voos sempre chegavam na hora certa.

   Os voos __________ chegaram na hora certa.
2. Pensávamos que no aeroporto alguém ajudava os passageiros.

   No aeroporto __________ ajudava os passageiros.
3. Queríamos provar alguns pratos regionais.

   Não provamos __________ prato regional.
4. Também queríamos visitar a floresta.

   Não visitamos __________ floresta.
5. Imaginávamos que tudo ia dar certo durante a viagem.

   Imaginávamos que __________ daria certo durante a viagem.

Nome: ______________________________ Data: ____________________

12-9 O otimista e o pessimista. Você é otimista e sempre vê o lado positivo das coisas. Seu amigo, ao contrário, é um pessimista terrível que contradiz tudo o que você diz. Escreva o que seu amigo responde quando você descreve para ele seu restaurante preferido.

poucas nunca nenhum mal nenhuma

1. Aqui <u>sempre</u> se come bem.

   Aqui ______________ se come bem.

2. <u>Todas</u> as garçonetes são muito amáveis.

   ______________ garçonete é muito amável.

3. Eles também servem muito <u>bem</u>.

   Eles também servem muito ______________.

4. <u>Muitas</u> pessoas famosas vêm a este restaurante.

   ______________ pessoas famosas vêm a este restaurante.

5. <u>Todos</u> os restaurantes dessa região são bons.

   ______________ restaurante dessa região é bom.

12-10 Minha família. Responda às perguntas sobre sua família usando o indicativo ou o subjuntivo.

MODELO: Você tem algum tio que fale chinês?
Não, não tenho nenhum tio que fale chinês.
Sim, tenho um tio que fala chinês.

- Você tem alguma prima que estude espanhol?
  1. Não, não tenho nenhuma prima que __________ espanhol.
  2. Sim, tenho uma prima que __________ espanhol.
- Seu pai ou sua mãe são brasileiros?
  3. Não, não tenho nem pai nem mãe que __________ brasileiros.
  4. Sim, tenho minha mãe que __________ brasileira.
- Você tem alguém na família que more na América do Sul?
  5. Não, não tenho ninguém que __________ na América do Sul.
  6. Sim, tenho uma prima que __________ na América do Sul.
- Tem alguém na sua família que viaje todos os anos ao Brasil?
  7. Não, não tenho ninguém que __________ todos os anos ao Brasil?
  8. Sim, tenho minha cunhada que __________ todos os anos ao Brasil.
- Você tem algum irmão que conheça São Paulo?
  9. Não, não tenho nenhum irmão que __________ São Paulo.
  10. Sim, tenho um sobrinho que __________ São Paulo.

The indicative and the subjunctive in adjective clauses (Textbook pp. 456–459)

12-11 Um apartamento à beira-mar. O Sr. Reinaldo Silveira e a D. Lúcia Silveira estão procurando um condomínio para a família. Eles têm dois filhos, uma menina de 2 anos, um menino de 4 anos e uma babá que toma conta dos filhos e que mora com eles. Os Silveira têm empregos muito estressantes e precisam de um lugar para se descontraírem. Lendo o anúncio abaixo optaram pelo condomínio tipo A, pois precisam das seguintes características. Indique se as afirmações abaixo são verdadeiras (V) ou falsas (F).

1. Eles procuram um apartamento que tenha playground. V F
2. Procuram um apartamento cuja cozinha seja moderna. V F
3. Os Silveira querem um apartamento que disponha de armários amplos. V F
4. Eles querem um apartamento que tenha dois quartos. V F
5. É imprescindível que o apartamento possua dependência de empregadas. V F

12-12 A universidade. Complete as frases seguintes sobre sua universidade usando os verbos abaixo no indicativo ou subjuntivo.

publicar dar ser morar ensinar servir

1. Não conheço muitos restaurantes no campus que __________ comida chinesa.
2. O/A reitor/a da universidade procura alguém que __________ dinheiro para a universidade.

3. Temos muitos professores que __________ livros.
4. Conheço alguns estudantes que __________ na universidade.
5. Não há muitos edifícios que __________ muitos modernos.
6. Precisamos de professores que __________ línguas estrangeiras.

12-13 Um cruzeiro. Você está falando com um/a agente de viagens sobre um cruzeiro que você quer fazer. Preencha as lacunas com os verbos no subjuntivo e no indicativo.

Agente: Tem muitos navios que __________ (1 fazer) cruzeiros excelentes. Eles __________ (2 ser) grandes e modernos. Os nossos clientes sempre desejam que seus quartos __________ (3 ter) janelas ou varanda. Eles também gostam que nós __________ (4 oferecer) shows à noite. Este ano, para ir à Argentina, vai ser preciso que __________ (5 sair) de Salvador e que __________ (6 fazer) escalas no Rio de Janeiro e, finalmente, que __________ (7 passar) por Parati e Angra dos Reis.

12-14 Uma vida nova. Mário ganhou muito dinheiro na loteria e o seu estilo de vida vai mudar! Usando o subjuntivo, complete as sentenças que descrevem algumas das coisas que ele quer fazer.

1. Em sua próxima viagem, Mário que ficar em um hotel que __________ (ter) suíte presidencial.
2. Ele quer comprar um carro que __________ (ser) de luxo.
3. Mário quer construir uma casa que __________ (causar) inveja aos vizinhos.
4. Mário quer conhecer pessoas que __________ (poder) lhe abrir portas.
5. Mário quer comer em restaurantes que __________ (servir) frutos de mar.
6. Ele quer trabalhar em um lugar que __________ (oferecer) um bom ambiente.

The subjunctive in adverbial clauses (Textbook pp. 460–462)

12-15 Hábitos de viagem. Seu amigo Joaquim está explicando o que ele costuma fazer quando viaja. Selecione o verbo apropriado em cada uma de suas afirmações abaixo.

1. Não gosto de sair de manhã cedo, a menos que não (tenho/tenha) outra possibilidade.
2. Sempre prefiro um assento na janela, caso (haja/há) vistas interessantes.
3. Gosto de viajar de carro, desde que não (é/seja) necessário dirigir muitas horas.
4. Por mais planos que (faço/faça), sempre acontecem situações imprevistas.
5. Posso ficar em qualquer lugar, embora (prefira/prefiro) hotéis grandes e modernos.

12-16 Adriana sonha com um carro. Adriana Martinho deseja muito ter um carro próprio. Ela está imaginando que o pai dela vai comprar um carro para ela. Fazendo o papel do pai da Adriana na imaginação dela, explique por que você vai lhe dar um carro, preenchendo as sentenças abaixo com os verbos no tempo correto.

1. Compro o carro para que você __________ (poder) procurar um emprego.
2. Compro o carro para que você não me __________ (pedir) sempre o meu.
3. Compro o carro para que você não __________ (perder) tempo esperando o ônibus.
4. Compro o carro para que você __________ (levar) seus amigos à praia.
5. Compro o carro para que você __________ (trazer) as compras do supermercado.

12-17 Planos para a viagem. Alice e Juca vão casar e estão fazendo planos para uma viagem de lua de mel. Complete as frases com formas apropriadas dos verbos da lista.

dar atrasar-se fazer estar haver

1. Eu vou marcar a passagem de avião, desde que você __________ a reserva do hotel.
2. Não podemos sair sem que você __________ o nosso itinerário a seus pais.
3. Mesmo que o tempo não __________ muito bom, podemos nos divertir fazendo compras e dançando na discoteca.
4. A menos que o voo __________, vamos passar três horas no aeroporto de Miami.
5. Precisamos comprar um seguro de viagem, caso __________ algum acidente.

12-18 Quando eu viajo. Complete as seguintes frases sobre seus hábitos e opiniões relacionados a viagens.

1. Prefiro viajar de avião, desde que ______________________________.
2. Gosto de viajar, embora ______________________________.
3. Por mais que eu viaje, ______________________________.
4. Para que uma viagem corra bem, é preciso ______________________________.
5. Viajar com amigos é ótimo, a menos que ______________________________.

The past subjunctive (Textbook pp. 463–465)

12-19 Um agente de viagens bem estranho. Leia o seguinte relato e complete-o com os verbos da lista abaixo.

dar sentar pagar fazer cancelar reservar ficar inscrever

No ano passado liguei para uma agência de viagens para planejar uma excursão ao Pantanal do Mato Grosso do Sul. Depois de falar com o agente, fui à agência buscar a passagem. Mas, quando vi meu itinerário, notei que havia algumas coisas estranhas. No voo para Campo Grande, eu queria um assento na janela, mas o agente insistiu que me (1) __________ em um assento no corredor na parte de trás do avião. Eu não quis e pedi que me (2) __________ um assento na janela. Depois notei que o agente queria que eu (3) __________ uma semana em Campo Grande, a capital do estado. Eu lhe expliquei que queria fazer ecoturismo no Pantanal e pedi que (4) __________ um quarto para mim numa pousada ecológica e que me (5) __________ também em passeios de observação de pássaros e animais. O agente me recomendou então que (6) __________ um safári fotográfico. Gostei da ideia, mas, quando ele me disse o preço do pacote e me pediu que (7) __________ em dinheiro, isso me pareceu muito suspeito. Pedi então que ele (8) __________ todas as reservas e decidi ir a outra agência de viagens.

12-20 Um ano no Brasil. Seu amigo Daniel passou um ano estudando no Brasil e morando com uma família brasileira. Complete as afirmações do Daniel sobre as experiências dele selecionando uma das sentenças.

1. Meus amigos brasileiros não queriam que eu ______________________________.

   voltasse aos Estados Unidos volte aos Estados Unidos

2. Minha família brasileira me tratava como se eu ______________________________.

   for um filho fosse um filho

3. Os professores recomendavam que eu ______________________________.

   faça aulas particulares de português   fizesse aulas particulares de português

4. Minha família não permitia que eu ______________________________.

   assistisse televisão até tarde   assista televisão até tarde

5. Eu queria que meus amigos ______________________________.

   venham me visitar nos Estados Unidos   viessem me visitar nos Estados Unidos

6. Depois de seis meses, eu falava português como se ____________________.

   fosse brasileiro   era brasileiro

12-21 Reações pessoais. Complete as frases abaixo exprimindo seus desejos ou suas reações às seguintes situações.

MODELO: No mês passado, meu irmão comprou um carro novo.
Eu queria que meu irmão comprasse um carro novo.

1. Meus pais cancelaram a viagem da nossa família para o Havaí.

   Eu não queria que meus pais __________ a viagem da nossa família para o Havaí.

2. Minha amiga não me convidou para fazer um cruzeiro com ela.

   Eu queria que minha amiga me __________ para fazer um cruzeiro com ela.

3. Meu pai fez uma reserva para mim em um hotel cinco estrelas.

   Eu queria que meu pai __________ uma reserva em um hotel menos luxuoso.

4. Meu professor de Matemática passa muita tarefa.

   Eu não queria que ele __________ muita tarefa.

ENCONTROS

Para ler (Textbook pp. 470–472)

12-22 Muito que fazer. Você vai viajar de avião para o Brasil. Em que ordem você faz as seguintes atividades? Coloque os números abaixo, começando com 1 (a primeira atividade) e terminando com 8 (a última).

1. Procuro o meu assento. ______ 1.
2. Vou para a sala de espera. ______ 2.
3. Faço *check-in*. ______ 3.
4. Arrumo as malas. ______ 4.
5. Entro no avião. ______ 5.
6. Tomo um táxi para o aeroporto. ______ 6.
7. Compro a passagem para a viagem. ______ 7.
8. Sento e coloco o cinto de segurança. ______ 8.

12-23 Viajamos de carro. Leia as seguintes sugestões do Ministério dos Transportes do Brasil para as pessoas que planejam viajar de carro. Depois siga as indicações abaixo.

Viaje duas vezes por esta estrada

Aproveite suas férias ao máximo, sejam elas curtas ou longas. Lembre-se de que a estrada que o trouxe até aqui é o seu caminho de volta e que no final dessa estrada tem muita gente à sua espera. Durante sua viagem, siga nossos conselhos.

Para viagens curtas ou longas:

- Faça manutenção do seu carro.
- Coloque sempre o cinto de segurança.
- Respeite os limites de velocidade.
- Mantenha boa distância de outros veículos.
- Não ultrapasse sem visibilidade.
- Ao menor sintoma de cansaço ou sono, não dirija.
- Use capacete ao dirigir motocicleta.

A vida é a viagem mais bela.

Programa de Redução de Acidentes no Trânsito
Ministério dos Transportes

Complete as frases com as formas verbais apropriadas.

1. É importante que um mecânico ou você __________ manutenção do seu veículo.
2. Segundo os conselhos do governo, é importante que todos __________ o cinto de segurança.
3. Você deve __________ os limites de velocidade.
4. É perigoso que você __________ outro veículo se não há boa visibilidade.
5. O governo recomenda que os motoristas cansados não __________.
6. É obrigatório que uma pessoa __________ o capacete, caso viaje de motocicleta.

Nome: ______________________________ Data: ____________________

12-24 E você? Lembre-se da viagem mais recente que você fez de carro, sozinho/a ou com família ou amigos. Para onde foi a viagem? Quanto tempo durou? Você e/ou outros motoristas seguiram os conselhos listados acima? Quais? E quais não seguiram e por quê?

____

____

____

____

____

____

____

____

____

Para escrever (Textbook pp. 472–473)

12-25 Trabalho e prazer. Dona Teresa Fernandes e Seu Ricardo Fernandes estão em um hotel em São Paulo. Eles vieram de Londrina, no estado do Paraná, e a viagem deles combina trabalho com descanso. A D. Teresa tem uma reunião de negócios e o Seu Ricardo vai participar de um seminário. Depois de concluir os trabalhos, eles vão ficar mais três dias em São Paulo com os filhos Carlinhos e Letícia, que vieram com eles. Leia o anúncio do hotel deles em São Paulo e selecione o que o Hotel Vilaverde lhes oferece para o trabalho, para o lazer e, especialmente, para as crianças.

Hotel Vilaverde
★★★★★
Como ficar bem em São Paulo
Em sua próxima viagem, hospede-se no Hotel Vilaverde.
Categoria 5 estrelas com preço de 3!
O hotel dispõe de apartamentos de luxo com ar condicionado, TV a cabo, internet, sala de jogos para jovens e crianças, sala para ginástica, sauna, piscina, mesas de bilhar e pingue-pongue, jardins e amplo estacionamento.
Possuímos salas pequenas para reuniões, salas com computador e projetor para até 50 pessoas e salas para eventos especiais, como festas de casamento e outras comemorações com capacidade para até 250 pessoas.
Hospede-se no Hotel Vilaverde para negócios ou lazer em São Paulo!
Os seus filhos vão adorar este hotel e você vai ter a oportunidade de passar momentos maravilhosos com eles.
Hotel Vilaverde, a apenas 30 minutos do centro de São Paulo.
Ônibus executivo especial do aeroporto ao hotel várias vezes ao dia.
Rua Adonis Barroso, no. 21
Cidade Jardim, São Paulo, SP 79200
Fone 11- 6231-2929
Fax 11-6231-2928

1. Para o trabalho
   salas para reuniões
   uma assistente sem custos adicionais
   internet
   salas reservadas de restaurante
   salas equipadas com computador e projetor
   ônibus executivo
2. Para o lazer
   TV a cabo
   sauna
   salas de cinema
   sala de exercício
   jardins
   quadra de tênis
3. Para as crianças
   pipoca grátis
   piscina
   sala de jogos
   salas de cinema
   mesas de pingue-pongue
   cardápio infantil

12-26 Minhas melhores férias. Seu amigo/Sua amiga vai ter férias em breve e precisa de recomendações. Escreva-lhe uma carta descrevendo a última viagem de férias que você fez. Explique quando e aonde você foi, com quem, como era o lugar onde você ficou, como eram as pessoas, que lugares você visitou, que meios de transporte você usou, o que você fez enquanto estava lá e quanto tempo você ficou. Explique também porque você gostou da viagem e recomende ao amigo/à amiga que vá ao mesmo lugar. Aconselhe o que ele/ela deve fazer, onde ficar, que lugares visitar, o que fazer/não fazer, etc. Você pode iniciar sua carta com "Querido" ou "Querida" e encerrar com "um grande abraço", antes da sua assinatura.

Nome: ____________________ Data: ____________________

HORIZONTES (Textbook pp. 474–475)

12-27 Moçambique. Complete as frases de acordo com o texto em **Horizontes** nas páginas 474–475 do seu livro.

Moçambique fica na costa do (1) __________ e tem uma população aproximada de (2) __________ de habitantes. A capital de Moçambique é (3) __________.
A língua oficial do país é (4) __________, mas a população fala muitas outras línguas, sendo que a maioria delas pertence ao grupo bantu. Há mais falantes de português em (5) __________ do que no resto do país.
Nos fins do século, XIX, Gugunhana foi o último (6) __________ de Gaza. Quando o império de Gaza foi destruído, Gungunhana foi levado como prisioneiro para os (7) __________.
Moçambique tornou-se independente em (8) __________. Depois da independência, o país sofreu uma (9) __________ que durou até 1992.
Leões e leopardos são duas das espécies de animais selvagens que habitam os três (10) __________ principais de Moçambique.
A (11) __________ moçambicana é diversa, com comidas de origem africana, portuguesa e indiana.
Paulina Chiziane é uma (12) __________ moçambicana e Malangatana é o (13) __________ mais famoso do país.

LABORATÓRIO

À PRIMEIRA VISTA (Textbook pp. 444–450)

12-28 Adivinhe o que é. Listen to these descriptions and identify what mode of transportation is being described. Next to each word, write the number of the corresponding audio selection.

1. o ônibus ______
2. o avião ______
3. o barco ______
4. a bicicleta ______
5. o carro ______
6. a motocicleta ______
7. o trem ______
8. o caminhão (*truck*) ______

12-29 No aeroporto. At the airport you hear several departure announcements. Fill in each flight number, destination, and gate number. The information is given twice in each announcement. Don't worry if you don't understand every word.

NÚMERO DO VOO	DESTINO	PORTÃO DE EMBARQUE
120	1. ____________	2. ____________
969	3. ____________	4. ____________
1048	5. ____________	6. ____________
340	7. ____________	8. ____________
65	9. ____________	10. ____________

12-30 Onde vocês preferem passar as férias? Listen as several students discuss where they would like to go on a vacation combining pleasure with learning. Complete the chart by filling in the place each one hopes to visit and the academic discipline each hopes to learn more about.

	ATIVIDADES	LUGAR	MATÉRIA
A.	Nadar e passear de barco	1. ____________	2. ____________
B.	Ir à praia, jogar capoeira	3. ____________	4. ____________
C.	Correr na Maratona	5. ____________	6. ____________
D.	Esquiar e visitar castelos e igrejas	7. ____________	8. ____________
E.	Ecoturismo, andar a cavalo	9. ____________	10. ____________

12-31 No aeroporto. First read the incomplete sentences below. Then listen to the following conversation between a passenger and an airline employee at the ticket counter. Finally, complete the sentences based on what you hear. You may not understand every word.

1. Estas pessoas estão em um ____________ da companhia aérea.
2. O passageiro prefere viajar em um assento no ____________.
3. A funcionária dá ao passageiro um assento na ____________.
4. A bagagem do passageiro consiste apenas em apenas uma ____________.
5. O portão de embarque é o número ____________.

12-32 Uma ligação para o Hotel Tropical. Read the sentences below. Then listen to this telephone conversation between an employee of the Hotel Tropical and a client. Finally, indicate whether each statement below is true or false by selecting the appropriate response.

1. O Sr. Novaes reservou uma entrada para o teatro. SIM NÃO
2. O Sr. Novaes precisa de um quarto para uma pessoa. SIM NÃO
3. Ele precisa de um quarto para o fim de semana. SIM NÃO
4. O hotel tem quartos disponíveis. SIM NÃO
5. O Sr. Novaes deve chegar ao hotel antes das seis da tarde. SIM NÃO
6. O quarto custa R$160. SIM NÃO

Nome: ______________________________ Data: ____________________

12-33 Na recepção do hotel. While waiting for a friend in the lobby of a hotel in Rio de Janeiro, you overheard this conversation. Complete the summary by filling in the missing words based on what you hear. You may need to listen to the conversation more than once.

O Seu João Carlos Cunha da Silva fez uma (1) __________ neste hotel para um quarto (2) __________. O recepcionista do hotel não está encontrando a reserva e procura no setor especializado. O Seu João Carlos pede para procurar a reserva com o (3) __________ da confirmação. Ele conhece bem o hotel porque já (4) __________ lá no ano passado. O recepcionista encontra a reserva no nome (5) __________ e dá um (6) __________ para o Seu João Carlos preencher e assinar. Finalmente, o recepcionista pede ao carregador para levar a (7) __________ do Seu João Carlos até o seu quarto.

12-34 A viagem de Irene. Irene is planning a trip. First, read the statements below, and then listen to her conversation with Augusto. Finally, indicate whether each statement is true or false by selecting **sim** or **não**.

1. Irene tem que fazer as malas esta noite.	SIM	NÃO
2. Ela precisa comprar cheques de viagem.	SIM	NÃO
3. Irene trabalha na estação de trem.	SIM	NÃO
4. Ela vai à estação com seu irmão.	SIM	NÃO
5. Irene vai viajar de trem.	SIM	NÃO

12-35 O automóvel. Listen to the audio identifying the parts of a car. For each blank, write down the car part that you hear. Don't forget to include the articles!

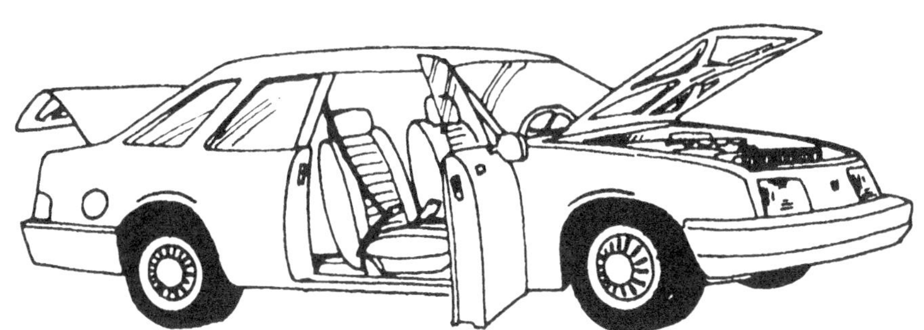

1. __________
2. __________
3. __________
4. __________
5. __________
6. __________
7. __________
8. __________

12-36 Um acidente. On the way to class, Artur meets Paulinho. Listen to their conversation and to the questions that follow, and select the appropriate answer to each. Knowing these words may help you better understand the conversation: **engessado/a** (*in a cast*); **muleta** (*crutches*).

	a)	b)	c)
1.	a) quebrou um braço	b) quebrou uma perna	c) quebrou um dedo
2.	a) um ônibus	b) um táxi	c) uma motocicleta
3.	a) ao hospital	b) à sua casa	c) ao seu carro
4.	a) de táxi	b) de ambulância	c) de trem
5.	a) o motor	b) o para-brisas	c) uma porta

ESTRUTURAS

Affirmative and negative expressions (Textbook pp. 451–454)

12-37 Meios de transporte. Listen as several people discuss various means of transportation. For each, indicate what means of transportation they use or would like to use and how often they travel. Each question will have two answers.

1.	carro	avião	trem	metrô	ônibus	sempre	nunca	às vezes
2.	carro	avião	trem	metrô	ônibus	sempre	nunca	às vezes
3.	carro	avião	trem	metrô	ônibus	sempre	nunca	às vezes
4.	carro	avião	trem	metrô	ônibus	sempre	nunca	às vezes
5.	carro	avião	trem	metrô	ônibus	sempre	nunca	às vezes

12-38 Uma viagem a Natal. Rogério has decided to spend his vacation with relatives in Natal. Listen to his conversation with a travel agent and to the questions that follow. Then, select the best answer to each question among the choices offered below.

	a)	b)	c)
1.	a) uma viagem de ônibus	b) uma reserva para o dia 15	c) telefonar para Natal
2.	a) que vá na quinta	b) que vá no voo mais caro	c) que viaje pela TAM
3.	a) porque custa menos	b) para passar mais tempo lá	c) porque não pode viajar no dia 15
4.	a) não há nenhum voo	b) custa mais	c) o avião está lotado
5.	a) faz várias escalas	b) custa muito	c) sai muito tarde
6.	a) com um cheque	c) com cartão de crédito	c) em dinheiro

12-39 Não quero fazer nada. You don't feel like doing anything today. Answer the questions you hear using double negatives. Pause the recording at the beep to answer at your own pace.

MODELO: Você vai telefonar para alguém?
Não, não vou telefonar para ninguém.

1. …
2. …
3. …
4. …
5. …
6. …
7. …

12-40 Não estou de acordo. Using double negatives, contradict the statements you hear about Jorge. Pause the recording at the beep to answer at your own pace.

MODELO: Jorge sempre convida seus amigos.
Não, Jorge não convida nunca os seus amigos.

1. ...
2. ...
3. ...
4. ...
5. ...
6. ...

Indicative and subjunctive in adjective clauses (Textbook pp. 456–459)

12-41 Uma viagem. A travel agent is trying to sell you a travel package for a week in a Portuguese-speaking country. Read the incomplete sentences below before listening to his sales pitch and then complete them based on the information you hear. You may want to listen to the passage more than once.

1. O cliente quer fazer __________ viagem interessante.
2. O país que o agente de viagem recomenda é o __________.
3. O agente recomenda que você __________ à Bahia.
4. O agente espera que você __________ capoeira.
5. O agente recomenda também que você __________ a ilha de Itaparica.
6. Segundo o agente de viagens, a comida é __________ e única no Brasil.

12-42 Como é Alice? Tell what Alice is like using the information you will hear. Begin each sentence with **Alice é uma pessoa que...**

MODELO: viaja muito
Alice é uma pessoa que viaja muito.

1. ...
2. ...
3. ...
4. ...
5. ...
6. ...

12-43 O carro do professor. One of your professors is looking for a new car. Use the information you hear to describe the kind of car he is looking for. Begin each sentence with **Ele procura um carro que...** Pause the recording at the beep to answer at your own pace.

MODELO: ser barato
Ele procura um carro que seja barato.

1. ...
2. ...
3. ...
4. ...
5. ...

The subjunctive in adverbial clauses (Textbook pp. 460–462)

12-44 Antes da viagem. Listen to the conversation between Caio e Raquel, and then complete the sentences below based on what you heard.

1. Caio não vai chegar a tempo, a menos que ele __________ agora mesmo.
2. Caio quer levar a informação necessária para que não __________ problemas no *check-in*.
3. Pode ser difícil fazer *check-in* sem que Caio __________ o número de confirmação.
4. Raquel diz ao Caio para lhe telefonar caso o funcionário da companhia aérea __________ problemas.

12-45 Contra o perigo nas estradas. You will hear incomplete sentences regarding a new campaign against dangerous driving. Complete the sentences according to the information below. Pause the recording at the beep to answer at you own pace.

MODELO: You hear: As estradas vão continuar sendo perigosas...
You see: a menos que / nós / educar os motoristas
You say: *As estradas vão continuar sendo perigosas, a menos que nós eduquemos os motoristas.*

1. para que / os motoristas / compreender os perigos
2. desde que / ser bem organizada
3. mesmo que / haver pouco trânsito
4. sem que / todos / colocar o cinto de segurança
5. mesmo que / o carro / não ter problemas visíveis
6. por mais que / você / se sentir seguro

The past subjunctive (Textbook pp. 463–465)

12-46 No Rio Grande do Sul. First read the statements below. Then listen to this description of a trip to Rio Grande do Sul. Finally, indicate whether each statement is true or false by selecting **Sim** or **Não**.

1. Estas pessoas estiveram no Rio Grande do Sul na semana passada.	SIM	NÃO
2. Os amigos gaúchos lhes recomendaram que fossem primeiro a Porto Alegre.	SIM	NÃO
3. Eles queriam ficar mais tempo em Porto Alegre.	SIM	NÃO
4. O agente de viagem lhes recomendou uma visita à Serra Gaúcha.	SIM	NÃO
5. Os primeiros vinicultores na Serra Gaúcha foram os imigrantes italianos no século dezenove.	SIM	NÃO

Nome: ______________________________ Data: ____________________

12-47 Mudanças. You are telling a Brazilian friend about a recent trip to Rio de Janeiro. It rained on two of the days you spent there and your tour guide recommended some changes in sightseeing and other plans. Answer your friend's questions about the guide's recommendations. Pause the recording at the beep to answer at your own pace.

MODELO: You hear: O guia recomendou que vocês fossem à praia de São Conrado?
You see: o Museu de Arte Moderna
You say: *Não, ele recomendou que nós fôssemos ao Museu de Arte Moderna.*

1. num restaurante fechado
2. o Convento de São Francisco
3. o Barra Shopping
4. um show no Canecão
5. sentar num barzinho em Ipanema
6. um shopping

12-48 O que ela pediu? Tell what your friend asked you to do by changing the statements you hear to the past. Pause the recording at the beep to answer at you own pace.

MODELO: Minha amiga me pede que saia cedo.
Minha amiga me pediu que saísse cedo.

1. …
2. …
3. …
4. …
5. …

ENCONTROS (Textbook pp. 468–472)

12-49 Férias no mar. Listen to this conversation between a travel agent and a client, and to the incomplete statements that follow. Select the best completion for each statement.

1. a) um barco b) um balcão de companhia aérea c) uma agência de viagens
2. a) uma viagem de barco b) uma viagem de negócios c) um cancelamento
3. a) viajar de trem b) estar na praia c) ir de avião
4. a) gastar muito b) tirar férias agora c) ir a Miami
5. a) estudantes b) casais c) crianças

12-50 Férias em Natal. Elvira and Manuel are planning a one-week vacation in Natal and are asking their friend, Artur, for some advice. Listen to their conversation and then to the questions that follow and answer the questions in complete sentences based on what you heard.

1. ____.
2. ____.
3. ____.
4. ____.
5. ____.
6. ____.
7. ____.

12-51 Na alfândega. Listen to this conversation between a Brazilian customs official and an airline passenger at the airport. Then listen to the statements that follow and indicate whether each is true or false by selecting **Sim** or **Não**.

1. SIM NÃO
2. SIM NÃO
3. SIM NÃO
4. SIM NÃO
5. SIM NÃO

VÍDEO

Vocabulário útil

acampar	*to go camping*	**o edredon**	*comforter, quilt*
o albergue	*hostel*	**estabelecido/a**	*established*
atrair	*to attract*	**o lado**	*side*
a aventura	*adventure*	**místico/a**	*mystical*
certinho/a	*just right*	**a mordomia**	*luxury*
desconhecido/a	*unknown*	**a programação**	*planning, schedule*
o destino	*destination*	**resolver**	*to decide*
economizar	*to save*	**o risco**	*risk*

Nome: ______________________________ Data: ____________________

12-52 As viagens. Chupeta e Manuela falam sobre as viagens deles. Escute o que eles estão dizendo e selecione, nas listas abaixo, os lugares que visitaram.

1. Chupeta:

São Pedro da Aldeia

Nova Iorque

o Sul

Bahia

Espírito Santo

Salvador

região dos lagos no Rio de Janeiro

Rio Grande do Sul

Búzios

Bariloche

2. Manuela:

São Pedro da Aldeia

Nova Iorque

o Sul

Bahia

Espírito Santo

Salvador

região dos lagos no Rio de Janeiro

Rio Grande do Sul

Búzios

Bariloche

12-53 A próxima viagem. Adriana quer ir ao Peru. Escute a fala dela e complete o parágrafo abaixo.

O meu (1) __________ desejo agora é (2) __________ o Peru, que é o país do meu namorado. Mas não por ser o país dele, porque eu desde adolescente, eu sempre (3) ______________ conhecer o Peru, pela (4) __________, pelo (5) __________ do país, isso sempre me (6) __________ muito. Então, é o meu próximo (7) __________.

12-54 Os planos. Manuela e Chupeta falam sobre como planejam as viagens. Responda às perguntas baseando-se nas falas deles.

1. Quem prefere excursões com programação estabelecida quando vai a lugares desconhecidos e por quê?

____

____

2. Chupeta faz muitos planos quando viaja?

____

____

3. Quem gosta de uma programacão mais livre em lugares conhecidos e por quê?

____

____

4. Quais são algumas das programações que o Chupeta faz quando viaja?

____

____

5. Em relação à programação, com quem você concorda mais? Manuela ou Chupeta? Explique.

____

____

____

12-55 Onde ficar. Caio, Juliana, Chupeta e Adriana falam sobre onde gostam de ficar quando viajam. Relacione a pessoa com o comentário abaixo.

1. Fora do Brasil fica em hotel.	Caio	Juliana	Chupeta	Adriana
2. Nunca acampou.	Caio	Juliana	Chupeta	Adriana
3. Não gosta de correr riscos.	Caio	Juliana	Chupeta	Adriana
4. Dentro do Brasil fica com amigos.	Caio	Juliana	Chupeta	Adriana
5. Entra no espírito de acampar.	Caio	Juliana	Chupeta	Adriana
6. Já acampou em Ilha Grande.	Caio	Juliana	Chupeta	Adriana
7. Gosta de conforto.	Caio	Juliana	Chupeta	Adriana
8. Fica em albergues.	Caio	Juliana	Chupeta	Adriana
9. Gosta de ter sua caminha com um edredom.	Caio	Juliana	Chupeta	Adriana
10. Gosta de uma mordomia.	Caio	Juliana	Chupeta	Adriana
11. Economiza dinheiro ficando com amigos.	Caio	Juliana	Chupeta	Adriana
12. Acha mais fácil fazer amigos em um camping.	Caio	Juliana	Chupeta	Adriana

Nome: ______________________ Data: ______________

Lição 13 ◆ O meio ambiente

Prática

À PRIMEIRA VISTA (Textbook pp. 480–483)

13-1 Associações. Associe a palavra ou expressão similares.

1. recursos hídricos ______
2. conservar o meio ambiente ______
3. meio ambiente ______
4. efeito estufa ______
5. desmatamento ______
6. reflorestamento ______
7. escassez ______

a. consequência da poluição
b. falta
c. plantar árvores novamente
d. preservar a natureza
e. natureza
f. água
g. cortar árvores da floresta

13-2 Reciclagem. Selecione a palavra ou frase que não pertence ao grupo.

1. poluição
   a) contaminação do ar
   b) substâncias tóxicas nos rios
   c) resíduos das fábricas
   d) plantar árvores
2. reciclagem
   a) reusar materiais plásticos
   b) eleição do presidente
   c) escrever na frente e no verso do papel
   d) separar vidros de metais
3. meio ambiente
   a) ecossistema
   b) salário
   c) água doce
   d) recursos naturais
4. Floresta Amazônica
   a) cidades
   b) o pulmão do planeta
   c) maior biodiversidade do mundo
   d) plantas importantes para a medicina
5. política de meio ambiente
   a) trabalho das ONGs
   b) ação dos governos
   c) contribuição de cada pessoa
   d) nadar no mar
6. degradação da natureza
   a) aerossol / aerosol
   b) computadores
   c) queimadas
   d) banhos demorados
7. preocupações ambientais
   a) buraco na camada de ozônio
   b) rios poluídos
   c) ar poluído
   d) doenças contagiosas

Nome: ______________________________ Data: ____________________

8. conservação do meio ambiente
   a) ecoturismo
   b) usar mais meios de transportes coletivos
   c) transformar florestas em parques nacionais
   d) usar meios de transportes individuais

13-3 O mundo de amanhã: um sonho impossível? Escolha a melhor palavra ou expressão da lista para completar as frases abaixo.

energia elétrica e solar	biodegradáveis	transportes coletivos
reciclar	poluição	lixo urbano

1. Dentro de alguns anos, os automóveis funcionarão com ______________________.
2. Muitas cidades americanas usarão mais ______________________ e o uso excessivo de carros individuais será multado.
3. Todas as pessoas vão respeitar mais o meio ambiente e aprenderão a ______________________.
4. As empresas públicas e privadas vão reciclar o ______________________.
5. A ______________________ dos rios e mares não provocará a extinção dos peixes, porque vamos cuidar do meio ambiente.
6. Todos os detergentes de cozinha serão ______________________.

13-4 O mundo de hoje. Viver em um mundo onde tudo acontece de maneira rápida tem muitas vantagens, mas também tem suas desvantagens. Escreva sua opinião sobre os assuntos que seguem.

1. As pessoas na Europa e na América Latina usam mais frequentemente os meios de transportes coletivos. Quais são as vantagens?

   ____

   ____

2. Com o rápido aumento da população há o desmatamento das florestas. Quais são as consequências?

   ____

   ____

3. O que você pode fazer para diminuir a poluição do ar e da água?

   ____

   ____

4. Qual é a desvantagem de usar computadores para imprimir trabalhos?

   ____

   ____

5. O que se pode fazer para evitar a extinção de algumas espécies de animais?

   ____

   ____

ESTRUTURAS

Síntese gramatical

1. **The future tense**

	NADAR	CORRER	PARTIR
eu	nadar**ei**	correr**ei**	partir**ei**
você, o sr./a sra., ele/ela	nadar**á**	correr**á**	partir**á**
nós	nadar**emos**	corr**emos**	partir**emos**
vocês, os srs./as sras., eles/elas	nadar**ão**	correr**ão**	partir**ão**

VERBOS IRREGULARES

DIZER dir**ei**, dir**á**, dir**emos**, dir**ão**

FAZER far**ei**, far**á**, far**emos**, far**ão**

TRAZER trar**ei**, trar**á**, trar**emos**, trar**ão**

2. **The future subjunctive**

	NADAR	CORRER	PARTIR
eu	nadar	correr	partir
você, o sr./a sra., ele/ela	nadar	correr	partir
nós	nadar**mos**	correr**mos**	partir**mos**
vocês, os srs./as sras., eles/elas	nadar**em**	correr**em**	partir**em**

VERBOS IRREGULARES

ESTAR: estiver, estiver, estivermos, estiverem

FAZER: fizer, fizer, fizermos, fizerem

IR/SER: for, for, formos, forem

TER: tiver, tiver, tivermos, tiverem etc.

Quando as autoridades **reciclarem** o lixo urbano as cidades serão mais limpas.
Vamos ter menos problemas ambientais **se pararmos** de desmatar as florestas.
Sempre que você **reusar** materiais de plástico e de vidro você poluirá menos.

3. **The conditional**

	NADAR	CORRER	PARTIR
eu	nadar**ia**	correr**ia**	partir**ia**
você, o sr./a sra., ele/ela	nadar**ia**	correr**ia**	assistir**ia**
nós	nadar**íamos**	correr**íamos**	partir**íamos**
vocês, os srs./as sras., eles/elas	nadar**iam**	correr**iam**	partir**iam**

VERBOS IRREGULARES

DIZER dir**ia**, dir**ia**, dir**íamos**, dir**iam**

FAZER far**ia**, far**ia**, far**íamos**, far**iam**

TRAZER trar**ia**, trar**ia**, trar**íamos**, trar**iam**

Nome: ____ Data: ______________________

4. **Reciprocal verbs and pronouns**

SUBJECT PRONOUN	RECIPROCAL PRONOUN	
você, ele/ela	se	*each other/one another*
nós	nos	*each other/one another*
vocês, eles/elas	se	*each other/one another*

Os países que **se** respeitam mantêm boas relações políticas.

Nós **nos** comunicamos por e-mail.

Não **nos** vemos há muito tempo.

Pais e filhos devem entender-**se** bem.

The future tense (Textbook pp. 484–486)

13-5 O que nós faremos? Meu companheiro de quarto e eu dividimos as tarefas da casa. Veja o que ele fará esta semana, o que eu farei e o que nós dois faremos. Use formas apropriadas dos verbos entre parênteses.

1. Eu __________ (reciclar) os produtos orgânicos, colocando-os no jardim.
2. Meu colega __________ (coletar) todas as garrafas e latas.
3. Nós __________ (usar) as folhas de papel dos dois lados para imprimir trabalhos.
4. Nós __________ (tomar) banhos mais rápidos.
5. Nós __________ (comprar) detergentes biodegradáveis.
6. Eu __________ (fazer) a minha parte.

13-6 Uma cartinha da vovó. Sua amiga Kátia recebe uma carta da avó dela. A avó está preocupada porque Kátia está estudando em São Paulo, uma cidade grande e com alto nível de poluição. Complete a carta usando o tempo futuro dos verbos indicados abaixo.

Querida Kátia,

Muitas vezes me pergunto como você (1. estar) __________ dentro de alguns anos. Tudo (2. depender) __________, em grande parte, de você mesma. Sei que você (3. estudar) __________ na USP nos próximos anos. A USP é uma excelente universidade e você (4. fazer) __________ um bom curso, que é de Ecologia Aplicada. O curso de Mestrado é muito bom e você (5. assistir) __________ aulas com professores famosos. O que me preocupa é que São Paulo é uma cidade muito poluída. Como as pessoas se (6. sentir) __________ nessa cidade que é tão grande? __________ (7. haver) cada vez mais poluição, mais pessoas e mais perigo. Eu conheço bem você e sei que você (8. ter) __________ muito juízo aí em São Paulo. Sei que você (9. fazer) __________ tudo para melhorar São Paulo e todas as cidades do Brasil, especialmente com o seu diploma de Mestre em Ecologia. Você (10. conseguir) __________ um bom emprego e (11. ser) __________ feliz!

Te cuida, minha querida neta.

Um beijo da vó Catarina

13-7 No ano 2050. Leia as frases abaixo e complete o verbo adequado no futuro do indicativo.

1. No ano 2050, nós __________ (poluir) muito menos o meio ambiente.
2. No ano 2050, eles __________ (usar) mais carros flex.
3. No ano 2050, nós __________ (saber) usar melhor nossos recursos hídricos.
4. No ano 2050, a população mundial __________ (viver) mais.
5. No ano 2050, muitos adolescentes brasileiros pensam que __________ (salvar) o meio ambiente.

Nome: ____ Data: ________________________

The future subjunctive (Textbook pp. 486–489)

13-8 Sonhos. Kelly, uma jovem estudante americana, está falando sobre seus planos para o futuro. Complete as afirmações de Kelly com as formas apropriadas dos verbos entre parênteses.

Já estou quase terminando meus estudos. Quando eu (1) __________ (terminar), quero viajar por um ano ou dois pelo Brasil. Ainda não sei exatamente para qual estado, mas quando eu (2) __________ (ir), quero visitar o Norte do Brasil. Mas não irei sozinha. Assim que meu namorado brasileiro (3) __________ (acabar) o curso de Mestrado aqui nos Estados Unidos, ele voltará ao Brasil. Ou melhor, depois que nós dois (4) __________ (terminar) a faculdade, nós vamos nos casar e iremos para o Brasil juntos. Enquanto eu (5) __________ (estar) na Amazônia, trabalharei em uma ONG para procurar alternativas para os povos da Amazônia e meu namorado trabalhará na área de saúde tropical. Sempre que nós (6) __________ (ter) oportunidade, vamos viajar para conhecer melhor a Região Norte. Quando eu (7) __________ (poder) realizar meus sonhos e serei muito feliz!

13-9 Condições. Selecione o verbo conjugado que melhor preencha as sentenças abaixo.

1. Quando nós __________ um emprego pago, a vida será mais simples.

   conseguirmos
   conseguiremos

2. Logo que vocês __________ responsabilidades, entenderão melhor a realidade.

   assumirão
   assumirem

3. Depois que Felipe __________ seu diploma, ele começará a trabalhar.

   receberá
   receber

4. Enquanto nós __________ trabalhando numa ONG, estaremos mais próximos às comunidades.

   estivermos
   estaremos

5. Assim que vocês __________ os estudos, poderão tirar férias.

   terminarão
   terminarem

13-10 Temas controvertidos. Pense em uma consequência que cada um dos problemas seguintes poderá trazer para a humanidade. Use o futuro do subjuntivo nas frases.

1. Enquanto as emissões de dióxido de carbono __________ (continuar) aumentando será muito difícil controlar o efeito estufa.
2. Assim que as autoridades __________ (tomar) providências, o aquecimento da Terra ficará mais lento.
3. Quando o desmatamento das florestas __________ (acabar) haverá menos riscos de desastres climáticos.
4. Se nós __________ (diminuir) a quantidade de carne que comemos, os bilhões de habitantes no planeta poderão se alimentar melhor.
5. Se não __________ (cuidar) dos nossos rios, haverá escassez de recursos hídricos.
6. Enquanto as autoridades não __________ (reagir) continuaremos comendo alimentos geneticamente transformados.

The conditional (Textbook pp. 491–492)

13-11 O que você faria? Escolha a ação apropriada para cada situação.

1. Você está sozinho/a em sua casa, ouve um barulho e vê que alguém está tentando abrir uma janela. ______	Faria uma reserva numa pousada.
2. Amanhã é o dia em que sua universidade comemora o Dia da Terra. ______	Avisaria o Departamento de Urbanismo da cidade.
3. Você quer fazer turismo ecológico na Ilha do Mel. ______	Daria uma carona (*ride*) para ele polícia.
4. Seu vizinho quer cortar uma árvore de 300 anos do quintal da casa dele. ______	Telefonaria para a polícia.
5. Seu vizinho trabalha na mesma rua onde você trabalha. __________	Assistiria as palestras sobre ecologia.

13-12 O comitê. Você faz parte do comitê ambiental da sua universidade. O que os estudantes poderiam fazer para contribuir para a preservação do ambiente?

1. Os estudantes __________ reciclar latas e garrafas de refrigerante.

   poderiam

   poderão

2. Os estudantes __________ os papéis.

   reciclarão

   reciclariam

3. Nós __________ as luzes do corredor durante a noite.

   apagaremos

   apagaríamos

4. Os estudantes __________ os computadores velhos.

   doariam
   doarão

5. Nós __________ menos o elevador.

   usaríamos
   usaremos

6. Os estudantes __________ reciclar o lixo orgânico que sobra das festas.

   poderiam
   poderão

7. Nós __________ o uso do ar condicionado.

   limitaremos

   limitaríamos

13-13 O grande prêmio da loteria. Imagine que você ganhou cem milhões de dólares na loteria. Você decide guardar metade do dinheiro e usar a outra metade para ajudar a proteger o ambiente. Como você gastaria o dinheiro destinado ao meio ambiente? Escreva uma lista de coisas que você faria nas seguintes áreas.

MODELO: efeito estufa
Eu daria dinheiro para estudos científicos sobre as emissões de dióxido de carbono.

- os países em desenvolvimento

  1. ______________________________
  2. ______________________________

- os mares e os rios

  3. ______________________________
  4. ______________________________

- os animais em extinção

  5. ______________________________
  6. ______________________________

13-14 Quais seriam as nossas obrigações? Maria Luíza está doente e não pode ir à aula durante uma semana. Como bons amigos, vocês lhe disseram que fariam várias coisas para ela. Complete as promessas com formas apropriadas dos verbos abaixo.

fazer jogar reciclar dar visitar tomar

Nós dissemos a Maria Luíza que…

1. …nós __________ notas para ela durante as aulas.
2. …nós a __________ todos os dias.
3. …Pedro e Silvana __________ comida para ela na terça-feira.
4. …eu __________ fora o lixo e __________ os jornais.
5. …todos os amigos __________ apoio a ela.

Reciprocal verbs and pronouns (Textbook pp. 494–495)

13-15 Relações pessoais. Descreva como você e seus amigos se relacionam uns com os outros. Escolha um verbo da lista que melhor complete cada afirmação.

beijar-se ver-se insultar-se telefonar-se visitar-se entender-se

1. Você e Tiago falam por telefone todos os dias. Vocês __________ diariamente.
2. Lélia e Felipe são namorados. Eles __________ muito.
3. Diogo e Marcelo são irmãos. Eles brigam muito. Eles __________ frequentemente.
4. As mulheres brasileiras sempre __________ mesmo quando não são da mesma família.
5. Cibele e Michelle são colegas de quarto. Elas __________ muito bem.
6. Eu estudo com Michelle. Nós __________ todas as terças e quintas na biblioteca.

13-16 História de amor. Você está pensando em seu/sua namorado/a. Descreva cinco ações que aconteceram entre você e ele/ela ou que caracterizam esta relação. Use os verbos abaixo e/ou outros.

conhecer-se beijar-se abraçar-se querer-se bem comunicar-se
telefonar-se zangar-se respeitar-se ver-se encontrar-se

MODELO: *José e eu nos conhecemos em Miami.*

1. ____________________
2. ____________________
3. ____________________
4. ____________________
5. ____________________

Nome: ______________________________ Data: ____________________

ENCONTROS

Para ler (Textbook pp. 497–498)

13-17 Turismo rural na Ilha do Marajó. Você está visitando a Amazônia e recebeu informações de como os habitantes da Ilha do Marajó estão resolvendo o problema econômico da região. Leia o seguinte artigo de um jornal de Belém. Depois, indique se as afirmações abaixo são verdadeiras ou falsas.

AIlha de Marajó pertence ao estado do Pará e fica a 4 horas de barco de Belém. Embora a Ilha ainda tenha enormes fazendas com criação de búfalo, a população tem enfrentado muitos problemas econômicos nos últimos anos. AIlha fica no delta do Rio Amazonas e é cercada pelo Rio Amazonas, Rio Pará e o Oceano Atlântico. AIlha de Marajó tem muitas praias de areias brancas e limpas, muitos rios e uma fauna e flora muito ricas. É a maior ilha fluvial do mundo, com mais de 50 km quadrados, maior do que muitos países europeus.

Uma das formas de solucionar o problema econômico da região foi transformar as grandes fazendas de criação de búfalo em hotéis-fazendas ou pousadas e investir no turismo rural. Com o turismo rural, o turista entra em contacto com a natureza, de forma simples e natural. As fazendas não são sofisticadas e os hóspedes passam o tempo como as pessoas que lá vivem. As pousadas oferecem as refeições e os passeios. Os passeios são feitos pelos trabalhadores das fazendas. Há passeios a cavalo e de búfalo, canoagem, caiaque, pesca e passeios de manhã pela mata para observar os pássaros. Há passeios à noite para observar animais noturnos como cobras e jacarés.

O turismo rural é uma maneira de preservar o meio ambiente como ele está, sem maiores danos. Enquanto atividade econômica na Ilha de Marajó, o turismo rural substituiu, em parte, a criação de búfalos porque o trabalho tradicionalmente feito pelo caboclo amazônico praticamente não existe mais.

1. As pessoas que gostam de atividades ao ar livre não têm nada para fazer na Ilha de Marajó. V F
2. A população local encontra trabalho nos hotéis-fazenda. V F
3. Para as pessoas que gostam de animais há passeios a cavalo e de búfalo. V F
4. As pessoas que têm medo de animais selvagens não devem fazer as observações noturnas de cobras e jacarés. V F
5. As pessoas que gostam da vida simples no campo provavelmente gostarão da Ilha de Marajó. V F
6. As pessoas que gostam de muito conforto quando fazem turismo tendem a não gostar da Ilha de Marajó. V F

Para escrever (Textbook pp. 498–499)

13-18 Você quer ser o prefeito da cidade. Imagine que você esteja concorrendo nas eleições para prefeito/a da sua cidade natal. Primeiro, faça uma lista das suas prioridades nas áreas de turismo ecológico e desenvolvimento sustentável. Em seguida, escreva um breve discurso explicando seu programa eleitoral nessas áreas. O discurso deve explicar também como você espera que os cidadãos e as cidadãs da sua cidade ajudem você a atingir seus objetivos.

Prioridades:

1. ______________________________

2. ______________________________

3. ______________________________

4. Senhoras e senhores:

____

____

____

____

____

____

____

____

____

____

____

____

____

____

Nome: ______________________________ Data: ____________________

HORIZONTES (Textbook pp. 500–502)

13-19 Guiné-Bissau e São Tomé e Príncipe. Indique se as afirmações seguintes são verdadeiras ou falsas, selecionando V ou F nos espaços abaixo, de acordo com a informação de Horizontes.

1. A Guiné-Bissau tornou-se independente em 1970. V F
2. A Guiné Portuguesa teve um papel muito importante no tráfico de escravos. V F
3. O Partido Africano para a Independência da Guiné e Cabo Verde conquistou a independência da Guiné-Bissau de forma pacífica. V F
4. Atualmente, a Guiné-Bissau tem um sistema político de partido único. V F
5. Flora Gomes escreveu muitos romances em crioulo da Guiné-Bissau. V F
6. Os habitantes da Guiné-Bissau falam vários idiomas. V F
7. A Guiné-Bissau é o maior produtor de castanha de caju do mundo. V F
8. As ilhas de São Tomé e Príncipe fazem parte da Guiné-Bissau. V F
9. Atualmente, o cacau é o produto mais importante de São Tomé e Príncipe. V F
10. Os sul-africanos gostam de fazer turismo em São Tomé e Príncipe. V F
11. Francisco José Tenreiro foi um importante dramaturgo são-tomense do século XIX. V F
12. A hibridez de elementos artísticos europeus e africanos é uma característica do tchiloli. V F

LABORATÓRIO

À PRIMEIRA VISTA (Textbook pp. 480–483)

13-20 Em defesa do planeta. First, read the statements below. Then listen to the conversation between Luís, who wants to join Greenpeace, and a representative of this organization in Brazil. Finally, indicate whether the statements below are true or false by selecting **Sim** or **Não**.

1. Luís conhece bem os objetivos do Greenpeace. SIM NÃO
2. O Greenpeace depende da Nações Unidas. SIM NÃO
3. O Greenpeace defende o uso da energia nuclear. SIM NÃO
4. A organização quer proteger a Amazônia. SIM NÃO
5. Luís pede para colaborar como voluntário. SIM NÃO

13-21 Nosso planeta. Read the statements below before listening to this conversation. Then indicate whether the statements that follow are part of Gisela's or Rafael's ideas.

1. Os estudantes deveriam fazer alguma coisa para melhorar o meio ambiente.	GISELA	RAFAEL
2. A Associação de Estudantes vai colaborar com o projeto de reciclagem.	GISELA	RAFAEL
3. É necessário conseguir meios de transporte para levar o lixo.	GISELA	RAFAEL
4. Vai ter muita coisa reciclável no restaurante.	GISELA	RAFAEL
5. Os cartazes vão ser colocados no restaurante.	GISELA	RAFAEL

13-22 As mudanças climáticas. Listen to this conversation between Mário and Felipe. Then answer the questions that follow by selecting the best response from the three choices given for each.

1. a) poluição do ar	b) as mudanças climáticas	c) a previsão do tempo
2. a) na Itália	b) na China	c) no Japão
3. a) mudanças na história	b) fim das secas	c) extinção dos animais
4. a) as mudanças são mínimas	b) as mudanças são normais	c) as mudanças são grandes
5. a) a atividade humana	b) o crescimento do Sol	c) a composição do gelo

13-23 Uma entrevista. Listen to this conversation between an American student in Brazil and her biology teacher. Then, listen to the incomplete statements that follow and complete the sentences according to what you have heard. Listen to the recording as many times as you need.

1. ______________________________
2. ______________________________
3. ______________________________
4. ______________________________
5. ______________________________
6. ______________________________

13-24 Vocabulário da ecologia. Select the words or expressions related to environment that are mentioned in the conversation between Nancy and Prof. Murilo.

natureza	televisão	reciclar materiais	proteção
computadores	economizar água	áreas verdes	conferências
ecossistema	poluição dos mares	poluição das fábricas	escolas
estrelas	equilíbrio	carros à gasolina	queimadas
conscientização	frágil	instrumentos musicais	Amazônia
estruturas			

The future tense (Textbook pp. 484–486)

13-25 Morretes. You and your friends are in Curitiba, Paraná, visiting some parks. Listen as your tour guide explains tomorrow's activities, when the group will take the train to Morretes, then indicate whether each statement that follows is true or false by selecting **Sim** or **Não**. Knowledge of the following vocabulary will help you understand the tour guide's explanations:

o gesso (*clay*), **o barreado** (*traditional dish made with beef*), **a banana passa** (*dried banana*), **as balas de gengibre** (*ginger candy*), **o palmito** (*palm tree*).

1. SIM NÃO
2. SIM NÃO
3. SIM NÃO
4. SIM NÃO
5. SIM NÃO
6. SIM NÃO
7. SIM NÃO

13-26 Algumas mudanças. You will hear some statements describing plans for future changes in the recycling program of your university. Restate each plan using the simple future tense.

MODELO: Vamos reusar os papéis para imprimir a primeira versão dos nossos trabalhos.
Reusaremos os papéis para imprimir a primeira versão dos nossos trabalhos.

1. …
2. …
3. …
4. …
5. …
6. …

The future subjunctive (Textbook pp. 486–489)

13-27 O futuro? You will hear several statements referring to things that have not yet happened. Identify the verbal forms in each sentence, future indicative or future subjunctive. If one of these verbal forms is not being used in a sentence, mark the appropriate blank with an "X." Ignore any other verbal forms you may hear.

MODELO: Luís e Catarina viajarão de navio assim que terminarem o semestre escolar.
Indicativo: *viajarão* Subjuntivo:*terminarem*

1.

a) Indicativo: ______________________

b) Subjuntivo: ______________________

2.

a) Indicativo: ______________________

b) Subjuntivo: ______________________

3.

a) Indicativo 1: ______________________

b) Indicativo2: ______________________

c) Subjuntivo: ______________________

4.

a) Indicativo: ______________________

b) Subjuntivo: ______________________

5.

a) Indicativo: ______________________

b) Subjuntivo: ______________________

6.

a) Indicativo: ______________________

b) Subjuntivo: ______________________

7.

a) Indicativo: ______________________

b) Subjuntivo: ______________________

8.

a) Indicativo: ______________________

b) Subjuntivo: ______________________

9.

a) Indicativo: ______________

b) Subjuntivo: ______________

10.

a) Indicativo 1: ______________

b) Indicativo 2: ______________

c) Subjuntivo: ______________

11.

a) Indicativo 1: ______________

b) Indicativo 2: ______________

c) Subjuntivo: ______________

12.

a) Indicativo: ______________

b) Subjuntivo: ______________

13-28 Quando eles vão fazer? Tell what Augusto and Suzete Vieira plan to do as soon as certain things happen.

MODELO: You see: Augusto e Suzete vão a Portugal…
You hear: ter dinheiro
You say: *Augusto e Suzete vão a Portugal quando tiverem dinheiro.*

1. Augusto e Suzete vão viajar…
2. Eles vão comprar uma televisão nova…
3. Eles precisarão de roupa nova…
4. Suzete pedirá um aumento de salário…
5. Ela vai ligar para o Augusto…
6. Eles vão ficar felizes…
7. Augusto descansará mais…

13-29 Se tiverem tempo... Say what the following people will do when, if, as soon as, or while they have the time, according to the model.

MODELO: You see: nós / logo que
You hear: visitar os tios
You say: Vamos visitar os tios logo que tivermos tempo.

1. os estudantes / se
2. nós / quando
3. Ricardo / assim que
4. eu / enquanto
5. vocês / logo que

The conditional (Textbook pp. 491–492)

13-30 As ideias de Cecília e Paulo. Listen to Cecília and Paulo as they discuss what they would do if they had a lot of money. Then indicate whether the statements below are part of Cecília's or Paulo's plans, or both of them, or neither.

1. Compraria um carro esporte caríssimo.	CECÍLIA	PAULO	AMBOS	NENHUM
2. Teria uma casa grande.	CECÍLIA	PAULO	AMBOS	NENHUM
3. Moraria em um apartamento de frente para o mar.	CECÍLIA	PAULO	AMBOS	NENHUM
4. Viajaria a muitos lugares.	CECÍLIA	PAULO	AMBOS	NENHUM
5. Ajudaria financeiramente as ONGs que atuam no Brasil.	CECÍLIA	PAULO	AMBOS	NENHUM
6. Trabalharia no Greenpeace.	CECÍLIA	PAULO	AMBOS	NENHUM
7. Daria presentes para sua família.	CECÍLIA	PAULO	AMBOS	NENHUM
8. Investiria na bolsa.	CECÍLIA	PAULO	AMBOS	NENHUM

13-31 Carlos faria isso. Carlos is always very busy, but you know he would do more things if he had the time. Say that he would do the following things, according to the model.

MODELO: trabalhar como voluntário limpando as praias
Trabalharia como voluntário limpando as praias.

1. ...
2. ...
3. ...
4. ...
5. ...
6. ...

Nome: ______________________________ Data: ____________________

13-32 Como seria nossa vida? First, read the sentence fragments below. Then listen to the following incomplete statements and select the letter corresponding to the most logical completion among the options given below.

1. a. poderíamos chegar mais rapidamente a todos os lugares.
   b. comeríamos melhor.
   c. usaríamos mais os computadores.
2. a. dormiríamos muito mal.
   b. teríamos mais tempo livre.
   c. nos cansaríamos mais.
3. a. teríamos mais tráfego nas ruas.
   b. haveria mais poluição.
   c. respiraríamos um ar mais puro.
4. a. todos seríamos mais felizes.
   b. nos comunicaríamos por telepatia.
   c. viajaríamos ao espaço.

Reciprocal verbs and pronouns (Textbook pp. 494–495)

13-33 Um encontro entre dois amigos de infância. You will hear six statements describing Júlio's activities yesterday. After listening to each statement, determine whether or not the actions described in the statement are reciprocal. Select **Sim** if the actions are reciprocal and **Não** if they are not.

1. SIM NÃO
2. SIM NÃO
3. SIM NÃO
4. SIM NÃO
5. SIM NÃO
6. SIM NÃO
7. SIM NÃO

13-34 Um casal de namorados. Listen as Glória talks about Eduardo, how they met, and their relationship. Then complete the following sentences based on what you heard. Don't worry if you do not understand every word.

- Eduardo e Glória __________(1) faz três anos durante um feriado religioso.
- Durante aquelas férias eles __________(2) todos os dias.
- Quando eles voltaram para suas universidades eles __________(3) por e-mail e também __________ (4) quase todos os dias.
- Quando Eduardo e Glória __________(5) outra vez no dia da formatura de Glória, eles __________ (6) e __________(7).
- Foi também nesse dia que os pais da Glória e o Eduardo __________(8) e eles logo __________ (9) muito bem.
- Algum tempo depois Glória e Eduardo __________(10).

ENCONTROS (Textbook pp. 496–499)

13-35 Fernando de Noronha, um paraíso ecológico. Read the statements below before listening to a description of Fernando de Noronha and to a conversation between Sarah and Francisco who are planning a trip to the island. Then, select **Sim** or **Não** according to the information you have heard.

1. Sarah e Francisco não podem acampar em Fernando de Noronha.	SIM	NÃO
2. Eles podem ir à ilha de barco.	SIM	NÃO
3. Eles vão pegar um ônibus para o hotel.	SIM	NÃO
4. Sarah não tem dinheiro para a taxa de preservação ambiental.	SIM	NÃO
5. O IBAMA estuda e protege as tartarugas (*turtles*).	SIM	NÃO
6. Sarah e Francisco não estão bem informados sobre a ilha.	SIM	NÃO
7. A ilha só recebe aproximadamente 500 turistas por dia.	SIM	NÃO
8. Sarah e Francisco vão se hospedar em um hotel de luxo.	SIM	NÃO

13-36 Chico Mendes e a luta pela preservação da Amazônia. You will hear a passage on Chico Mendes, the Brazilian activist whose efforts to protect the rain forest cost him his life. Before listening, review the vocabulary that will help you understand what you hear. After listening, select the option that corresponds to the best completion for each of the statements according to the information you heard.

o seringueiro	*rubber tapper*
o/a grileiro/a	*squatter*
desapropriar	*to expropriate*
o castanheiro	*gatherer of Brazil nuts*
o/a posseiro/a	*land title holder*
o/a fazendeiro/a	*rancher*
o/a caboclo/a	*Westernized Brazilian Indian or half-breed*

1. Chico Mendes nasceu ____________________.
   - no estado do Acre
   - no estado do Amazonas
   - no estado do Pará
2. A luta de Chico Mendes era ____________________.
   - para proteger os povos da Amazônia
   - para proteger as árvores e os animais da Amazônia
   - para proteger a floresta amazônica, os povos e as terras
3. Chico Mendes defendia ____________________.
   - o uso da terra como os antepassados a usavam
   - novos investimentos na região
   - o desmatamento das florestas
4. Chico Mendes protestava ____________________.
   - abraçando as árvores
   - usando armas de fogo
   - plantando mais árvores

Nome: ______________________________ Data: ____________________

5. Chico Mendes era ____________________.
   violento
   fazendeiro
   pacífico
6. Chico Mendes recebeu ____________________.
   um prêmio de uma organização não governamental (ONG)
   um prêmio da Organização das Nações Unidas (ONU)
   um prêmio do Banco Interamericano de Desenvolvimento (BID)
7. Com seus protestos ____________________.
   O BID enviou muito dinheiro para a Amazônia
   O BID suspendeu financiamentos para a construção da estrada na Amazônia
   A ONU enviou dinheiro para a Amazônia
8. Com sua morte, os fazendeiros pensavam que ____________________.
   protegeriam o meio ambiente
   acabariam com as aspirações de seus seguidores
   teriam muitos problemas
9. A morte de Chico Mendes ____________________.
   teve pouca repercussão
   teve repercussão internacional
   teve repercussão apenas no Brasil
10. Depois da morte de Chico Mendes ____________________.
   todos os projetos anteriores à sua morte continuaram
   não houve mais ONGs na Amazônia
   o mundo ainda se inspira nele para lutar pela preservação da Amazônia

VÍDEO (Textbook p. 490)

Vocabulário útil

apegado/a a	*close to*	**fazer vela**	*to sail*
botânico/a	*botanic*	**a política**	*policy*
a campanha	*campaign*	**o pôr do sol**	*sunset*
cercado/a	*surrounded*	**remar**	*to row*
a coleta	*collection*	**solucionar**	*to solve*
a dica	*hint, pointer*	**a tomada de consciência**	*becoming aware*
a embalagem	*container*	**a trilha**	*trail*
fazer falta	*to be missed/needed*	**a vizinhança**	*neighborhood*

13-37 Os espaços verdes. Mariana, Manuela e Caio falam sobre os parques e a natureza. Indique se as afirmações são verdadeiras ou falsas.

1. Caio faz ecoturismo. V F
2. Mariana acha que tem muitos parques na vizinhança. V F
3. Manuela nunca visita parques fora do Rio de Janeiro. V F
4. Caio se relaciona bem com a natureza. V F
5. Mariana acha que as pessoas preferem ir aos parques às praias. V F
6. Manuela identifica dois parques na cidade do Rio de Janeiro. V F

13-38 A reciclagem. Adriana e Manuela falam sobre a coleta seletiva de lixo. Preencha as lacunas nos parágrafos abaixo.

Adriana:

Aqui na praia de Icaraí existe um (1) __________ à coleta seletiva de lixo, né. Então você tem várias latas de lixo pra cada tipo de lixo, né. Mas eu não vejo nas casas as pessoas (2) __________ com isso. Então não há uma (3) __________ pra coleta seletiva de lixo, mas as latas estão lá, né. Eu acho que as pessoas (4) __________ e colocam lá na praia, mas nas casas, não.

Manuela:

Bom, na minha (5) __________ existe, sim, coletiva seletiva de lixo, tá. Lá no meu (6) __________ existe uma parte que é de coleta seletiva. E aqui na faculdade, na PUC Rio, também existe uma coleta seletiva de lixo, sim, e eu acho (7) __________. Acho que se pelo menos a gente não consegue (8) __________ o problema, a gente pelo menos minimiza o problema dessa forma.

13-39 A preservação do meio ambiente. Rogério, Juliana e Manuela falam sobre como melhorar a preservação do meio ambiente. Coloque o nome da pessoa que dá a ideia para cada campanha.

1. Título da campanha: Tomada de Consciência: __________
   Ideias: É uma coisa que a gente vai aprendendo desde pequeno. Separar embalagens, não poluir, etc., mas tudo isso tem que ser trabalhado através de uma tomada de consciência.
2. Título da campanha: Campanha na televisão:__________
   Ideias: Pessoas famosas que têm um carisma na sociedade podem dar dicas e fazer sugestões para ensinar as pessoas a preservar o meio ambiente.
3. Título da campanha: Educação das crianças: __________
   Ideias: A educação é o início de tudo e é preciso começar com as crianças.

Nome: ______________________________ Data: ____________________

Lição 14 ◆ A sociedade

PRÁTICA

À PRIMEIRA VISTA (Textbook pp. 506–510)

14-1 Vocabulário. Ligue as expressões às palavras.

1. a idade ______ número de pessoas
2. o/a chefe de família ______ pessoa do sexo feminino
3. a população ______ número de anos
4. indicadores ______ a casa
5. o domicílio ______ dados estatísticos
6. a mulher ______ pessoa responsável pela família

14-2 Assuntos sociais. Selecione a palavra que não pertence ao grupo.

1. A estatística
   os dados / a média / a maioria / a alfândega
2. O divórcio
   a família / os problemas econômicos/ o casamento / a cidade
3. A política
   o elevador/as eleições / o governo / o presidente
4. O analfabetismo
   a escola / a cirurgia / a educação / os livros
5. As desigualdades sociais
   a pobreza / a poluição do ar / a distribuição de rendimento / o salário mínimo
6. A família
   os pais / os parentes idosos/ o presidente do país/ os filhos menores

14-3 O uso da Internet. Selecione **Sim** ou **Não**, de acordo com as informações no texto "As desigualdades sociais e regionais refletidas na Internet" (página 509 do seu livro).

1. A população pobre tem acesso aos computadores. SIM NÃO
2. Os bancos brasileiros têm um avanço tecnológico notável. SIM NÃO
3. A maioria da população brasileira não tem acesso ao mundo digital. SIM NÃO
4. Uma pequena parte da população brasileira usa um sofisticado sistema de comunicação digital. SIM NÃO
5. O Banco do Brasil, as ONGs e o governo estão criando estações digitais para a população rica. SIM NÃO

14-4 Contra o sexismo na linguagem. Os estudantes brasileiros são contra o sexismo na linguagem. Eles enviaram a seguinte proposta para o Instituto Patrícia Galvão, sediado no Rio de Janeiro. Leia a proposta e indique se as afirmações abaixo são verdadeiras ou falsas.

Reflexões sobre formas linguísticas sexistas que devem ser evitadas[1] e exemplos de propostas alternativas

Sobre o masculino usado como genérico

Tradicionalmente, as palavras *homem* e *homens* têm sido usadas com um sentido universal, ocultando[2] ou desprezando[3] a presença e contribuição das mulheres.

Propomos a substituição de *homem* e *homens* por *pessoa* ou *pessoas, ser humano* ou *seres humanos*, sem dar preferência a masculino ou feminino.

Não	Sim
O homem	Os homens e as mulheres A humanidade
Os direitos do homem	Os direitos humanos Os direitos das pessoas
O corpo do homem	O corpo humano
A inteligência do homem	A inteligência humana
O trabalho do homem	O trabalho humano
O homem da rua	O povo da rua A população da rua
A medida do homem	A medida humana/da humanidade/do ser humano

1. *avoid*
2. *concealing*
3. *disdaining*

1. As palavras "homem" e "homens" têm sido usadas no sentido universal, ocultando a contribuição das mulheres. VERDADEIRO FALSO
2. Os estudantes acreditam que não há nenhum problema em usar a palavra "homem" para se referir a "homens" e "mulheres". VERDADEIRO FALSO
3. Os estudantes propõem a substituição de "homem" e "homens" por "indivíduos" sem dar preferência a masculino e feminino. VERDADEIRO FALSO
4. Os estudantes propõem substituir a palavra "do homem" na frase "a inteligência do homem" por "a inteligência humana". VERDADEIRO FALSO
5. A expressão equivalente para "o homem da rua" seria "a população da rua". VERDADEIRO FALSO
6. A expressão equivalente para "o trabalho do homem" seria "o trabalho humano". VERDADEIRO FALSO

Nome: ______________________________ Data: ____________________

14-5 Os papéis das mulheres na minha família. Escreva um parágrafo contrastando as responsabilidades profissionais e domésticas de uma mulher mais velha da sua família (uma das avós, a mãe ou uma tia) com uma mulher mais jovem (uma irmã, uma prima ou você).

____

____

____

____

____

____

____

____

____

____

____

____

____

____

ESTRUTURAS

Síntese gramatical

1. **The past participle**

REGULARES			IRREGULARES		
falar	**falado**	abrir	**aberto**	fazer	**feito**
comer	**comido**	cobrir	**coberto**	pôr	**posto**
assistir	**assistido**	dizer	**dito**	ver	**visto**
		escrever	**escrito**	vir	**vindo**

2. **The passive voice**

   ser + past participle (+ **por**)

   O computador é novo: nunca **foi usado** (**por** ninguém).

   Os dados estatísticos **foram analisados** (**pelos** sociológos).

3. **The present perfect**

eu	tenho	fal**ado**
você, o sr./a sra., ele/ela	tem	com**ido**
nós	temos	assist**ido**
vocês, os srs./as sras., eles/elas	têm	

4. **The past perfect**

eu	tinha/havia	fal**ado**
você, o sr./a sra., ele/ela	tinha/havia	com**ido**
nós	tínhamos/havíamos	assist**ido**
vocês, os srs./as sras., eles/elas	tinham/haviam	

The past participle (Textbook pp. 511–513)

14-6 As mudanças na sociedade. Complete o parágrafo com as palavras da lista.

abertas mudada excluídas participado decididas interessados

A sociedade está (1) ______________. Os pais estão (2) ______________ em dialogar mais com os filhos. As mulheres estão mais (3) ______________ a participar da vida do país e as portas estão (4) ______________ para todos. As mulheres, (5) ______________ de uma participação ativa na sociedade no passado, hoje estão muito diferentes, tendo (6) ______________ em muitas áreas.

14-7 A Festa. Descreva o que acontecia numa festa na semana passada. Use o imperfeito e as formas corretas dos particípios indicados abaixo.

MODELO:
- estar/ desligar
  ◊ Durante a festa, a televisão *estava desligada.*
- estar/ ligar
  ◊ No começo da festa, a televisão *estava ligada.*

1. estar/ interessar
   Os convidados ______________ em política.
2. estar/ apagar
   Durante a festa, as luzes ______________.
3. estar/ acender
   Na festa que tivemos na semana passada, as luzes ______________.
4. estar/vestir
   Os homens ______________ de jeans.
5. estar/vestir
   As mulheres ______________ de minissaia.
6. estar/ preocupar
   Durante a festa, os vizinhos ______________ com drogas.
7. estar/preocupar
   Durante a festa, a vizinha ______________ com o barulho.
8. estar/ abrir
   Na festa, as portas ______________ para todos.
9. estar/ fechar
   Mas no final da festa, as portas ______________.

Nome: ____ Data: __________________________

14-8 Sim, está feito. Sua família acabou de alugar um condomínio por duas semanas. Antes da viagem, sua mãe faz algumas perguntas. Responda às perguntas dela e reafirme que tudo está sob controle.

MODELO: Você informou o endereço do apartamento aos seus amigos?
Sim, eles estão informados.

1. Ana, você apagou a luz do seu quarto?
____.
2. Luís, você trocou as toalhas do banheiro?
____.
3. Carlos, você arrumou seu quarto?
____.
4. Vocês puseram as malas no bagageiro?
____.
5. Marcela, você fez a lista de compras?
____.

The passive voice (Textbook p. 513)

14-9 Quem fez o quê? Reescreva as frases seguintes usando a voz passiva.

MODELO: Os filhos arrumaram a cama.
A cama *foi arrumada* pelos filhos.

1. Os adolescentes assistiram ao filme de terror.
O filme de terror ______________ pelos adolescentes.
2. Corri a maratona.
A maratona ______________ por mim.
3. Elegemos muitas senadoras em 2006.
Muitas senadoras ______________ por nós em 2006.
4. As mulheres ganharam vários presentes.
Vários presentes ______________ pelas mulheres.
5. O policial ajudou aquela senhora.
Aquela senhora ______________ pelo policial.
6. As pessoas mudaram muitos hábitos do passado nos últimos anos.
Muitos hábitos do passado ______________ pelas pessoas nos últimos anos.

14-10 Informações importantes. Usando a voz passiva e formas apropriadas dos verbos da lista, dê informações sobre as pessoas, lugares e obras.

MODELO: Luiz Inácio Lula da Silva ______________ presidente do Brasil em 2002 e em 2006
Luiz Inácio Lula da Silva *foi eleito* presidente do Brasil em 2002 e em 2006.

1. Brasília ______________ (inaugurar) em 1960.
2. O romance *Grande Sertão: Veredas* ______________ (publicar) em 1956.
3. A Universidade de São Paulo ______________ (fundar) em 1934.
4. Os primeiros discos de Chico Buarque ______________ (gravar) nos anos 60.
5. Benedita da Silva ______________ (eleger) vice-governadora do estado do Rio de Janeiro em 1999.
6. As *Bachianas brasileiras* de Villa-Lobos ______________ (compor) nos anos 30 e 40.

The present perfect (Textbook pp. 516–518)

14-11 Os brasileiros e os esportes. Complete as seguintes afirmações sobre as contribuições que os brasileiros têm dado para o mundo dos esportes. Use o presente perfeito dos verbos entre parênteses.

1. O Brasil ______________ (participar) de muitas Copas do Mundo de futebol.
2. Vários jogadores de futebol ______________ (fazer) muito sucesso nos clubes europeus.
3. Rubens Barrichello e Antônio Massa ______________ (pilotar) na Fórmula 1.
4. O time de basquete masculino ______________ (obter) muitas vitórias.
5. Infelizmente, os atletas brasileiros não ______________ (conseguir) muitas medalhas de ouro nas Olimpíadas.
6. E nós, o que ______________ (fazer)?

Nome: ______________________________ Data: ____________________

14-12 Mudanças na sociedade. Você quer saber como a sociedade brasileira tem mudado nos últimos anos. Você tem curiosidade sobre vários itens e os mostra para o Tiago, seu amigo brasileiro. Escreva o que Tiago falou para você.

MODELO: as mulheres / trabalhar em cargos importantes
As mulheres têm trabalhado em cargos importantes.

1. os homens / ajudar as mulheres na cozinha

______________________________.

2. mais crianças desfavorecidas / ir à escola

______________________________.

3. os idosos / participar das eleições

______________________________.

4. o desemprego / aumentar

______________________________.

5. a criminalidade / diminuir

______________________________.

6. os jovens / beber mais bebidas alcoólicas

______________________________.

7. eu / trabalhar como voluntário

______________________________.

14-13 Minha família e eu. Responda às seguintes perguntas pessoais sobre você e sua família.

1. O que você tem feito ultimamente?

____

2. Para onde seus pais têm viajado?

____

3. Você tem lido o jornal local ultimamente?

____

4. Você tem dialogado com seus pais?

____

5. Seu irmão (sua irmã, seu/sua primo/a) tem saído com você?

____

6. Você tem gasto muito dinheiro nas últimas semanas?

____

The past perfect (Textbook pp. 520–522)

14-14 Tarde demais. Escreva o que já tinha acontecido antes das seguintes atividades do Daniel no Brasil.

MODELO: Quando Daniel viajou para o Brasil, ele já ______________ com colegas brasileiros. (estudar)
Quando Daniel viajou para o Brasil, ele já *tinha estudado* com colegas brasileiros.

1. No Brasil, Daniel foi ao supermercado no sábado às 11:00 da noite, mas a loja já ______________ (fechar)
2. Ele já ______________ (assistir) muitos jogos de futebol pela TV antes de ir ao Maracanã.
3. Ele só ______________ (ver) o Ronaldinho pela TV.
4. Antes de irem ao jogo, Daniel e os colegas ______________ (ir) à praia.
5. Daniel e eu já ______________ (ver) o show do Gilberto Gil anos atrás, mas Daniel adorou ver o Gil no palco de novo.
6. Antes de Daniel ir embora, eu ______________ (dizer) para ele que ele se divertiria muito no Brasil.

14-15 O que vocês tinham feito? Na semana passada, o professor do Daniel pediu que os colegas da aula de Português fizessem uma pesquisa sobre o papel da mulher na sociedade brasileira durante os últimos trinta anos. Escreva o que você, Daniel e seus colegas fizeram para obter a informação antes de ir para a aula ontem.

MODELO: Pedro /ter/ fazer
Pedro tinha feito entrevistas em vários escritórios.
ou
Pedro /haver/ fazer
Pedro havia feito entrevistas em vários escritórios.

1. Daniel /haver/ procurar
   Daniel ______________ informações na internet.
2. Alice e Daniel / ter / ler
   Alice e Daniel ______________ vários artigos sobre mulheres executivas.
3. Daniel / ter/ falar
   Daniel ______________ com a gerente do banco.
4. você / haver/ assistir
   Você ______________ uma entrevista na televisão.
5. nós /ter/ consultar
   Nós ______________ livros na biblioteca.
6. Pedro e eu / haver/ receber
   Pedro e eu ______________ informações do IBGE.

Nome: _______________________________ Data: ____________________

14-16 O que as mulheres tinham feito? No mesmo curso do professor do Daniel, que pediu aos colegas da aula de Português que fizessem uma pesquisa sobre o papel da mulher na sociedade brasileira durante os últimos trinta anos, vocês aprenderam também como as mulheres já tinham contribuído para a sociedade e cultura brasileiras entre os anos 1910 e 1950.

MODELO: Algumas mulheres / ter / lutar
Algumas mulheres *tinham lutado* por seus direitos.

1. algumas mulheres /ter/ escrever
   Algumas mulheres ______________ livros.
2. Anita Malfatti /ter/ pintar
   Anita Malfatti ______________ quadros famosos.
3. outras mulheres / ter/ ser
   Outras mulheres ______________ políticas.
4. a maioria /ter/ trabalhar
   A maioria ______________ como professora.
5. a militante comunista Olga Benário /ter/ viver
   A militante comunista Olga Benário ______________ na Alemanha e na União Soviética antes de viver no Brasil.

ENCONTROS

Para ler (Textbook pp. 525–527)

14-17 Você concorda ou discorda? Escreva frases que defendam ou ataquem as seguintes afirmações. Justifique sua reação.

1. Todas as quintas-feiras as mulheres devem ter o direito de entrar de graça nas discotecas.
   ____
   ____
2. O homem deve sempre abrir a porta para as mulheres.
   ____
   ____
3. A mulher deve mudar de sobrenome quando casa.
   ____
   ____
4. Em muitos países o serviço militar é obrigatório para os homens e não para as mulheres.
   ____
   ____

14-18 Eles e elas fazem as mesmas coisas? Leia o artigo abaixo que trata das mudanças nos papéis dos homens e das mulheres que têm ocorrido na sociedade brasileira. Depois, indique se as afirmações abaixo são verdadeiras ou falsas.

ESPECIAL

Vida a dois

Tarefas divididas

No Brasil, o papel das mulheres não tem mudado muito nas áreas rurais e nas pequenas cidades. Mas nos grandes centros urbanos, como São Paulo, Rio de Janeiro, Belo Horizonte e outras cidades, já faz algumas décadas que as mulheres abandonaram o tradicional papel de dona de casa, mãe, esposa e empregada doméstica, para ingressar em áreas que, por séculos, têm sido quase que exclusivas dos homens. Ir à universidade, preparar-se academicamente, competir no campo profissional são algumas áreas em que as mulheres têm atuado e competido com os homens. Por outro lado, os homens também têm demonstrado uma tendência favorável às mudanças.

Segundo alguns analistas no campo das relações entre casais, hoje em dia, os homens cada vez mais se interessam que o casamento ou relacionamento funcione e se mantenha por toda a vida. No aspecto sentimental, o homem quase não se expressava antigamente; geralmente ele optava por reservar seus sentimentos e preocupações e não compartilhá-los com sua companheira. Sem dúvida, o homem hoje procura canais e modos para expressar seus sentimentos, frustrações, alegrias e problemas. Por ser uma experiência relativamente desconhecida para a mulher, esta se surpreende e se confunde quando o homem se expressa, e sobretudo quando chora, tentando manifestar suas emoções mais íntimas.

Da mesma forma, no que diz respeito ao lar, os homens querem participar mais ativamente de mais aspectos da vida familiar, como a educação dos filhos, e de assuntos domésticos, como a limpeza da casa e da roupa, a preparação da comida, etc.

O ponto positivo de tudo isto é que agora, mais do que antes, o homem parece ter compreendido que sua contribuição em casa não é exclusivamente econômica. Provavelmente até sem querer, a mulher foi a principal responsável por esta mudança de papéis na sociedade.

1. Até poucos anos atrás, as mulheres tinham como papéis principais ser dona de casa, mãe, esposa ou empregada doméstica V F
2. O papel da mulher no Brasil não tem mudado muito nas áreas urbanas. V F
3. Ir à universidade, preparar-se academicamente, competir no campo profissional são algumas áreas em que as mulheres têm atuado e competido com os homens. V F
4. Os homens, hoje em dia, não se interessam mais que o casamento ou relacionamento funcione e se mantenha para toda a vida. V F
5. Antigamente o homem não se expressava, mas hoje em dia deseja compartilhar seus sentimentos com a companheira. V F
6. Há uma certa dificuldade das mulheres entenderem quando os homens manifestam seus sentimentos mais íntimos. V F
7. Hoje em dia, os homens ainda não aceitam participar de maneira mais ativa dos aspectos da vida familiar, como a educação dos filhos e as tarefas domésticas. V F
8. O homem ainda acha que sua contribuição em casa é exclusivamente econômica. V F

Nome: ______________________________ Data: ____________________

14-19 A vida das mulheres. O que as mulheres americanas têm feito nos últimos tempos, dentro e fora do lar? E os homens? Escreva dois breves parágrafos sobre o assunto. Pense nos seguintes pontos:

1. Os papéis das mulheres e dos homens em casa. *As mulheres têm trabalhado sozinhas na limpeza da casa e na cozinha? Quem tem cuidado dos filhos? Os homens têm assumido responsabilidades domésticas? Quem tem pago as contas da casa? Como os casais têm dividido as despesas?*

2. Os papéis das mulheres e dos homens no trabalho. *O que as mulheres têm feito para merecer mais respeito no trabalho? As mulheres e os homens têm tido as mesmas oportunidades para cargos de chefia nas empresas? As mulheres têm recebido o mesmo salário que os homens?*

____

____

____

____

____

____

____

____

____

____

____

Para escrever (Textbook p. 527)

14-20 Uma mulher bem sucedida. Seu professor de Comunicação 101 deu um trabalho para os estudantes: eles devem entrevistar uma mulher brasileira bem sucedida em qualquer ramo profissional. Você leu a biografia de Zilda Arnes e concluiu que ela foi excepcional. Para homenagear essa mulher que foi extraordinária e que morreu em 2010, vítima de um terrível terremoto que devastou o Haiti naquele ano, você decidiu 'entrevistá-la'. Use o artigo abaixo como base para completar uma entrevista sua imaginária com Zilda Arnes.

> Quem vê Zilda Arnes Newmann pode pensar que ela é apenas em uma simpática avó que fica cuidando dos netinhos em casa. Porém, Zilda Arnes é uma das maiores autoridades em saúde infantil do mundo e foi indicada pelo governo brasileiro para receber o Prêmio Nobel da Paz em 2001.
>
> Zilda Arnes nasceu no estado de Santa Catarina em 1934 e é irmã do ex-arcebispo de São Paulo, Dom Paulo Evaristo Arnes. Mãe de cinco filhos, ela é médica pediatra e sanitarista, fundadora e diretora da Pastoral da Criança, órgão de saúde pública infantil. Este programa é um dos maiores do mundo, dedicado à saúde infantil e à nutrição. A Pastoral da Criança, que tem mais de 145.000 voluntários, reduziu a mortalidade infantil em mais da metade em mais de 31.000 comunidades urbanas e rurais do Brasil. A Pastoral serve de modelo para vários países das Américas e da África.
>
> Com muitos prêmios nacionais e internacionais, uma das mais importantes homenagens a Zilda Arnes é, sem dúvida, a sua nomeação pela *Pan American Health Organization* como "Heroína da Saúde Pública das Américas". Ao mundo, ela transmite a mensagem de que o trabalho voluntário engrandece o ser humano e que todas as crianças têm direito à vida. Ela dedicou sua vida ao trabalho na área da saúde infantil para realizar seus sonhos como médica, mulher e cidadã: Zilda Arnes é a avó de todas as crianças do Brasil!

MODELO: Você: Onde a senhora nasceu?
Zilda Arnes: Nasci em _Santa Catarina_.

VOCÊ: Em que ano a senhora nasceu?

ZILDA ARNES: Eu nasci em ______________ (1).

VOCÊ: Como é sua família?

ZILDA ARNES: Eu sou mãe de ______________ (2) filhos, sou médica ______________ (3) e sanitarista, sou também ______________ (4) e diretora da ______________ (5), órgão de saúde pública infantil. Meu irmão é o ex-arcebispo de ______________ (6), Dom Paulo Evaristo Arnes.

VOCÊ: A senhora poderia falar um pouco mais da Pastoral da Criança?

ZILDA ARNES: Este programa é um dos ______________ (7) do mundo, dedicado à ______________ (8) e à ______________ (9). O órgão tem mais de ______________ (10) voluntários, e ______________ (11) a mortalidade infantil em mais da metade em mais de ______________ (12) comunidades urbanas e rurais do Brasil. A Pastoral serve de modelo para vários países das ______________ (13) e África.

VOCÊ: A senhora tem sido muito homenageada pelo seu trabalho. Qual homenagem a senhora destacaria?

ZILDA ARNES: Uma das mais importantes foi sem dúvida a minha nomeação pela ______________ (14) como "______________" (15).

VOCÊ: Gostaria muito de agradecer pela maravilhosa entrevista. A senhora transmite ao mundo a mensagem de que o trabalho ______________ (16) engrandece o ______________ (17) e que todas as crianças têm o direito à vida. Sem dúvida, a senhora é considerada a ______________ (18) de todas as crianças do Brasil!

Observação: Zilda Arnes, ou Zilda Arns Neumann, faleceu no dia 13 de janeiro de 2010, vítima do terrível terremoto que devastou o Haiti naquele ano. A médica estava participando de uma missão humanitária naquele país. Como ela, estima-se que entre 50,000 a 100,000 pessoas perderam a vida em consequência daquele que foi um dos piores terremotos da história. O espírito luminoso da avó de todas as crianças com certeza continuará inspirando novas gerações.

Nome: ______________________________ Data: ____________________

14-21 Uma biografia. Para sua aula de Psicologia, o professor quer que você escreva a biografia de uma pessoa bem-sucedida (conhecida ou não) que tenha influenciado você e servido como um modelo para sua vida. Escreva a biografia desta pessoa em três parágrafos.

Parágrafo 1: Escreva a informação básica da pessoa: nome, lugar e data de nascimento, profissão, lugar onde trabalha e porque esta pessoa é importante para você.

Parágrafo 2: Atividade atual: o que a pessoa tem feito ultimamente?

Parágrafo 3: Os planos desta pessoa a curto e a longo prazo (*short/long term plans*).

HORIZONTES (Textbook pp. 529–530)

14-22 Timor-Leste e Macau. Indique se as afirmações seguintes são verdadeiras (V) ou falsas (F), de acordo com a informação em Horizontes nas páginas 529–530 do seu livro.

1.	Timor-Leste tem uma população de mais de cinco milhões de habitantes.	V	F
2.	Antigamente, Timor-Leste se chamava Timor Português.	V	F
3.	A independência de Timor-Leste foi proclamada em 25 de abril de 1974.	V	F
4.	A Indonésia teve um papel positivo no estabelecimento do estado timorense.	V	F
5.	As Nações Unidas ajudaram a restaurar a independência de Timor-Leste.	V	F
6.	Tétum e português são as únicas línguas faladas em Timor-Leste.	V	F
7.	A maioria da população de Timor-Leste professa o islamismo.	V	F
8.	Os timorenses são altamente alfabetizados.	V	F
9.	O país tem reservas importantes de petróleo e gás.	V	F
10.	O cultivo de café tem sido a base mais bem sucedida da economia timorense.	V	F
11.	Fundada no século XVI, Macau foi a primeira colônia europeia no Extremo Oriente.	V	F
12.	Macau tem uma vasta extensão territorial perto de Hong Kong.	V	F
13.	Macau passou à soberania da República Popular da Chima no século XXI.	V	F
14.	Em 2007, Macau ultrapassou Las Vegas na indústria do jogo.	V	F
15.	Os macaenses não gostam dos jornais de língua portuguesa.	V	F
16.	Em Macau existem algumas estações de rádio e televisão em língua portuguesa.	V	F

LABORATÓRIO

À PRIMEIRA VISTA (Textbook pp. 506–510)

14-23 Pontos de vista diferentes. Listen to the different points of view that Helena and her grandmother express in their conversation. Finally, select "Avó" and "Helena" according to the word or phrase indicating their differences of attitude and opinion.

1.	As mulheres convidam os rapazes para sair.	AVÓ	HELENA
2.	As mulheres podem estudar ou não, casar ou não.	AVÓ	HELENA
3.	Os homens preferem mulheres tradicionais.	AVÓ	HELENA
4.	Muitos homens aceitam atitudes mais modernas e preferem uma namorada ou esposa profissional.	AVÓ	HELENA
5.	As mulheres cuidam dos filhos e da casa.	AVÓ	HELENA
6.	Marido e mulher assumem juntos as tarefas da casa e a educação dos filhos.	AVÓ	HELENA

Nome: ______________________________ Data: ____________________

14-24 A mulher na sociedade brasileira. You will hear a brief description of changing roles of women in Brazil, followed by several statements. Indicate whether each statement is true or false by selecting **Sim** or **Não**.

1. SIM NÃO
2. SIM NÃO
3. SIM NÃO
4. SIM NÃO
5. SIM NÃO

14-25 A universidade virtual. Listen to this description of some services provided by some universities in Brazil. Then choose the best answer according to the information you heard.

1. Antes eram oferecidos como cursos de ensino à distância o __________.
   a. ensino fundamental e ensino médio; cursos pela televisão e pelo rádio.
   b. ensino universitário; educação virtual através das redes *online*.
2. Atualmente, são oferecidos como cursos de ensino à distância o __________.
   a. ensino fundamental e ensino médio; cursos pela televisão e pelo rádio.
   b. ensino universitário; educação virtual através das redes *online*.
3. Duas universidades referidas no texto que oferecem cursos à distância são __________.
   a. Universidade Federal do Paraná e a Universidade do Sul de Santa Catarina, a Unisul.
   b. Universidade Federal do Mato Grosso e a Universidade Federal do Pará.
4. O curso de mestrado oferecido pela UFPR não é __________
   a. pago, é gratuito.
   b. gratuito, é pago.
5. O texto menciona que no programa de mestrado da UFPR, os estudantes usam os computadores para __________.
   a. assistir aulas, debater com os professores, assistir vídeo-conferências.
   b. fazer as tarefas, consultar páginas web na internet e conversar com os amigos.
6. A Unisul começou no ano de __________.
   a. 1999 e conta com mais de 10.000 alunos.
   b. 1987 e já tem mais de 11.000 estudantes.
7. Na Unisul, os estudantes e professores se comunicam através dos __________.
   a. computadores portáteis dos estudantes.
   b. Ambientes Virtuais de Aprendizagem.
8. Os principais aspectos positivos da educação virtual são __________.
   a. menor nível de exigência de estudo e flexibilidade de conteúdo.
   b. acesso mais flexível, custos reduzidos e autonomia.

14-26 O perfil dos estudantes da universidade virtual. Listen to the description of students who undertake distance learning in Brazil. Then select the best answer according to the information you heard.

1. Razão para estudar na universidade virtual:
   necessidade de orientação acadêmica para avançar profissionalmente.
   muito tempo livre para estudar.
2. A profissão da maioria dos estudantes:
   professores
   trabalhadores rurais.
3. O papel das empresas:
   exigem que seus funcionários se especializem ou atualizem.
   não se preocupam com a especialização e atualização de seus funcionários.
4. O significado de "ESAB":
   Escola Superior Aberta do Brasil.
   Escola Superior de Aprendizado do Brasil.
5. Porcentagem de estudantes do sexo masculino e feminino entre 22-30 anos:
   34%
   47%
6. Porcentagem de estudantes do sexo masculino acima de 36 anos:
   34%
   47%
7. Porcentagem de estudantes do sexo feminino acima de 36 anos:
   47%
   45%

ESTRUTURAS

The past participle (Textbook pp. 511–513)

14-27 O que José viu? Listen to José's description of what he saw when he got home yesterday and associate the number of each description with the appropriate illustration.

1. 
2. 
3. 
4. 

Description 1

Description 2

Description 3

Description 4

Nome: ______________________________ Data: ____________________

14-28 A peça de teatro. You are double-checking what other students are telling you about the preparations for a Brazilian play your school is putting on. After each report, confirm the information you heard using **estar** and the past participle.

MODELO: Escolheram a roupa dos atores.
Então a roupa já está escolhida?

1. …
2. …
3. …
4. …
5. …

The passive voice (Textbook p. 513)

14-29 Mulheres na sociedade brasileira. Listen to the following statements about women in Brazilian society and rewrite them using the passive voice.

MODELO: O povo brasileiro sempre elege várias senadoras.
Várias senadoras são sempre eleitas pelo povo brasileiro.

1. O museu da Língua Portuguesa ______________________________.
2. As mulheres ______________________________.
3. O trabalho de Zilda Arnes ______________________________.
4. Os direitos das mulheres ______________________________.

14-30 Depois do furacão. Listen to these descriptions of the effects of a hurricane (**o furacão**) and restate them using the passive voice.

MODELO: O furacão destruiu as casas.
As casas foram destruídas pelo furacão.

1. …
2. …
3. …
4. …
5. …

The present perfect (Textbook pp. 516–518)

14-31 Não tenho tido notícias do Henrique. Listen to the following conversation between André and Carla. As they talk, determine whether either of them uses the present perfect or not in their portions of the conversations. Select **Sim** if they do and **Não** if they don't.

1. André: SIM NÃO
2. Carla: SIM NÃO
3. André: SIM NÃO
4. Carla: SIM NÃO
5. André: SIM NÃO
6. Carla: SIM NÃO

14-32 As atividades de Sílvia. Listen as a friend tells you what Sílvia has done during the last two weeks. Following his description, the speaker will name several activities. Tell whether Sílvia has or hasn't done each activity based on what you heard. You may need to listen to the passage more than once. If necessary, take some notes.

MODELO: ficar em casa

Ela tem ficado em casa.

1. …
2. …
3. …
4. …
5. …
6. …
7. …
8. …

14-33 Voluntários na universidade. Your friend and you are participating in a volunteer program for your education class. Your supervisor wants to know what type of volunteer work the two of you have done lately. Tell the supervisor what you have done using the present perfect in your answers.

MODELO: atender o telefone

Temos atendido o telefone.

1. …
2. …
3. …
4. …
5. …
6. …
7. …

The past perfect (Textbook pp. 520–522)

14-34 Paulo Coelho e Raul Seixas. Listen to this account of the friendship between two well-known Brazilians. Then indicate whether each of the statements following the description is true or false by selecting **Sim** or **Não**.

1. SIM NÃO
2. SIM NÃO
3. SIM NÃO
4. SIM NÃO
5. SIM NÃO

Nome: ______________________________________ Data: ______________________

14-35 Antes de estudar na universidade. Tell whether or not you had done each of the following activities by the time you started studying at the university.

MODELO: dirigir um carro

Quando comecei a estudar na universidade eu já tinha dirigido um carro.

ou

Quando comecei a estudar na universidade eu ainda não tinha dirigido um carro.

1. ...
2. ...
3. ...
4. ...
5. ...
6. ...

ENCONTROS (Textbook pp. 523–525)

14-36 Marina Silva. Read the statements below and then listen to the biography of Marina Silva. Finally, indicate whether the statements below are true or false by selecting **Sim** or **Não**.

1. Marina Silva aprendeu a ler quando era adolescente.	SIM	NÃO
2. A família de Marina é do Acre.	SIM	NÃO
3. Marina foi eleita deputada depois de ser senadora.	SIM	NÃO
4. Marina foi vice-ministra do Meio Ambiente.	SIM	NÃO
5. Marina foi eleita senadora antes de completar 40 anos.	SIM	NÃO
6. Marina publicou um livro sobre o meio ambiente.	SIM	NÃO

14-37 Mudanças na população brasileira. Listen to the information on the Brazilian population changes in the last decades and complete each statement according to what you hear.

A população __________ (1) idosa do Brasil aumentou.

Famílias com __________ (2) eram comuns no início do século XX.

Nos últimos vinte anos, o número médio de pessoas por família foi reduzido __________ (3).

Há um __________ (4) de meninas do que meninos estudando.

Em 1999, a proporção de mulheres com o ensino médio concluído era de __________ (5) pontos percentuais acima da população masculina.

Como as mulheres têm interesse em ingressar no __________ (6), aumenta a taxa de escolarização das mulheres.

O número de pessoas à procura de trabalho também subiu e manteve-se __________ (7) na população feminina do que na masculina.

A remuneração média de trabalho das mulheres ainda é __________ (8) à dos homens.

O salário médio das mulheres em 1995 representava __________% (9) do salário recebido pelos homens e, em 1999, era de __________% (10).

Como se pode concluir, muitas mudanças têm ocorrido na sociedade brasileira, mas as mulheres ainda têm uma longa batalha pela frente, com respeito à __________ (11).

VÍDEO

Vocabulário útil

o compromisso	*commitment*	**inserido/a**	*involved*
a conscientização	*consciousness raising*	**a instituição**	*institution*
o costume	*custom*	**lento/a**	*slow*
curtir	*to enjoy*	**lidar com**	*to deal with*
deixar	*to allow*	**a manutenção**	*maintenance*
desgastado/a	*eroded, damaged*	**o marido**	*husband*
doar	*to donate*	**o movimento**	*movement*
o/a empresário/a	*businessman/woman*	**o passo**	*step*
o estado	*state*	**privilegiar**	*to privilege*
a estrutura	*structure*	**surgir**	*to appear, to emerge*
a formação	*education*	**o valor**	*value*

14-38 As mudanças de costumes. Rogério, Manuela e Juliana falam sobre as mudanças que têm ocorrido na sociedade brasileira. Identifique os principais pontos nas opiniões de cada um deles selecionando as opções abaixo. Observe quais são as expressões usadas no início da sentença que são úteis para descrever a opinião de cada um dos entrevistados:

1. De acordo com Rogério:
   a. os costumes da sociedade brasileira têm mudado nos últimos anos, mas de maneira muito lenta.
   b. a relação pais e filhos tem ficado um pouquinho desgastada, talvez pela tecnologia, pelo capitalismo.
   c. a correria do dia a dia não deixa curtir, não deixa que as pessoas façam um trabalho voluntário, por exemplo.
   d. no Brasil tem três instituições que privilegiam a manutenção desses valores que são dos séculos 18 e 19 e até medievais.
   e. no Brasil as pessoas acabam sendo formatadas através de três instituições, a família, a escola e a igreja, que têm dificuldades de lidar com essas diferenças e novas categorias que vão surgindo na sociedade brasileira.

2. Na opinião de Manuela
   a. os costumes da sociedade brasileira têm mudado nos últimos anos, mas de maneira muito lenta.
   b. o formato da família brasileira está mudando, mas ela não consegue analisar se isso vai ser bom ou ruim.
   c. a relação pais e filhos tem ficado um pouquinho desgastada, talvez pela tecnologia, pelo capitalismo.
   d. a correria do dia a dia não deixa curtir, não deixa que as pessoas façam um trabalho voluntário, por exemplo.
   e. o papel da mulher na família está mudando: a mulher está tendo que ser pai e mãe porque há muita mãe solteira no Brasil

3. Juliana acha que
   a. os costumes da sociedade brasileira têm mudado nos últimos anos, mas de maneira muito lenta.
   b. o formato da família brasileira está mudando, mas ela não consegue analisar se isso vai ser bom ou ruim.
   c. a relação pais e filhos tem ficado um pouquinho desgastada, talvez pela tecnologia, pelo capitalismo.
   d. a correria do dia a dia não deixa curtir, não deixa que as pessoas façam um trabalho voluntário, por exemplo.
   e. o papel da mulher na família está mudando: a mulher está tendo que ser pai e mãe porque há muita mãe solteira no Brasil

Nome: ______________________________ Data: ____________________

14-39 A democracia no Brasil. Caio e Carlos falam sobre o sistema democrático e sobre os movimentos sociais no Brasil. Ouça os comentários deles e responda às perguntas abaixo.

1. Acha que a democracia poderia caminhar com passos mais largos.

   CAIO CARLOS

2. Para ele, enquanto o povão não estiver inserido em uma série de questões e decisões que complicam o país, não conseguirão uma democracia completa.

   CAIO CARLOS

3. Acha que o brasileiro ainda está aprendendo a se relacionar com a questão política.

   CAIO CARLOS

4. Os brasileiros estão ainda aprendendo a votar e quando votam mal, pagam o preço.

   CAIO CARLOS

5. O MST (Movimento dos Trabalhadores Rurais sem Terra) seria um dos maiores e melhores movimentos de formação política e educacional de massa do mundo.

   CAIO CARLOS

Nome: ______________________ Data: ______________

Lição 15 ◆ A ciência e a tecnologia

Prática

À PRIMEIRA VISTA (Textbook pp. 534–539)

15-1 Associações. Em que aula os assuntos abaixo provavelmente seriam discutidos?

1. Informática ________
2. Educação ________
3. Biologia ________
4. Engenharia ________
5. Comunicação ________

a. transportes de alta velocidade
b. computadores
c. programação da TV a cabo
d. clonagem de animais
e. ensino à distância

15-2 O mundo de hoje. Responda às perguntas sobre sua experiência com as seguintes tecnologias e dê sua opinião a respeito das vantagens e desvantagens delas.

1. Você tem telefone celular? ______________________________

2. Na sua casa, vocês usam TV a cabo com mais de 100 canais? ______________________________

3. Quantas televisões há na sua casa? ______________________________

4. Você usa o banco 24 horas (*ATM*)? ______________________________

5. Quantas pessoas têm tocador de mp3 na sua família? ______________________________

____

____

6. Quantos megapixels a sua máquina fotográfica digital tem? ______________________________

____

____

15-3 O mundo de amanhã. Escolha a palavra da lista que complete cada frase. Use cada palavra somente uma vez.

a Internet   robôs domésticos   satélites   ensino à distância   portas eletrônicas

1. Dentro de alguns anos, não vamos mais usar portas convencionais, usaremos apenas ____.
2. Todas as casas estarão conectadas com ______________________________.
3. O tráfego aéreo será totalmente controlado por ______________________________.
4. As pessoas não terão que se preocupar com a limpeza da casa, porque este trabalho será feito por ____.
5. O ______________________ substituirá totalmente a sala de aula e o contacto com o professor.

15-4 Assuntos para discussão. Marque **V** ou **F** (**Verdadeiro** ou **Falso**) de acordo com a opinião das seguintes pessoas.

REBECA: Eu acho que hoje em dia as pessoas não fazem mais nada. Os robôs fazem tudo.

CAROLINA: Mas os avanços tecnológicos têm suas vantagens. Por exemplo, o uso de microcomputadores individuais está completamente generalizado.

REBECA: É, mas com isso as pessoas não se falam mais, tudo é virtual.

CAROLINA: Você exagera! Pense nos benefícios da tecnologia. Por exemplo, a manipulação genética poderá trazer a cura de muitas doenças.

REBECA: Bom, talvez. Na verdade, há uma coisa que eu adoro na tecnologia. São os telefones com vídeo. Adoro falar com minhas amigas vendo a maquiagem delas.

1. Rebeca é a favor do uso generalizado de robôs. V F
2. Carolina é contra a disseminação do uso microcomputadores individuais. V F
3. Carolina acredita que há vantagens na manipulação genética. V F
4. Rebeca não vê utilidade no uso de telefones com vídeo. V F

Nome: ______________________________ Data: ____________________

ESTRUTURAS

Síntese gramatical

1. **Uses of the impersonal infinitive**

   Integrar novas tecnologias na educação é importante.

   É bom **usar** a Internet para acompanhar as notícias.

   Ao chegar no laboratório, Marília ligou o computador imediatamente.

2. **The personal infinitive**

	NADAR	CORRER	PARTIR	ESTAR
eu	nadar	correr	partir	estar
você, o sr./a sra., ele/ela	nadar	correr	partir	estar
nós	nadar**mos**	correr**mos**	partir**mos**	estar**mos**
vocês, os srs./as sras., eles/elas	nadar**em**	correr**em**	partir**em**	estar**em**

PERSONAL INFINITIVE	SUBJUNCTIVE
É importante **usarmos** o computador em nossas aulas.	É importante que **usemos** o computador em nossas aulas.
Telefonei para os técnicos **virem** aqui.	Telefonei para que os técnicos **viessem** aqui.
Os estudantes não vão fazer nada até o professor **chegar**.	Os estudantes não vão fazer nada até que o professor **chegue**.

3. **Present and future if-clause sentences**

   O professor **fica/vai ficar/ficará** furioso se vocês não **desligarem** os celulares na aula.

   Se todas as salas de aula **tivessem** computadores, os estudantes **aprenderiam** mais rapidamente.

4. **Diminutives and augmentatives**

   DIMINUTIVES: INHO/A

livro → livrinho	menina → menininha	pouco → pouquinho	meu bem → meu benzinho
flor → florzinha	cartão → cartãozinho	café → cafezinho	Luiz → Luizinho

   AUGMENTATIVES: ÃO/ONA

valente → valentão/valentona	livro → livrão	mesa → mesona	pé → pezão
nariz → narigão	barulho → barulhão	homem → homenzarrão	

Uses of the impersonal infinitive (Textbook pp. 540–541)

15-5 Sua opinião. Selecione um dos itens abaixo listados que melhor complemente a sentença.

1. ________ ter muitos alimentos modificados geneticamente, pois se acredita que não são cancerígenos.

   É possível   É impossível   É recomendável   É bom   É perigoso   É normal

2. ________ obter boas notas sem estudar, pois nosso colégio é muito exigente.

   É possível   É impossível   É recomendável   É bom   É perigoso   É normal

3. ________ saber usar novas tecnologias para obter um bom emprego.

   É possível   É impossível   É recomendável   É bom   É perigoso   É normal

4. ________ assistir videoconferências através do ensino à distância.

   É possível   É impossível   É recomendável   É bom   É perigoso   É normal

5. ________ ler todos os jornais eletrônicos todos os dias.

   É possível   É impossível   É recomendável   É bom   É perigoso   É normal

15-6 Você sabia que...? Complete as frases logicamente com um infinitivo impessoal usando um dos verbos sugeridos.

salvar	correr	chegar	visitar	praticar	pagar
assistir	usar	dormir	trabalhar	almoçar	

1. ________ um arquivo (*file*) no computador evita muitos problemas.
2. ________ o telefone celular na sala de aula é sinal de desrespeito.
3. ________ as contas pela Internet facilita a vida das pessoas.
4. ________ TV sem controle remoto é coisa do passado.

Nome: ______________________________ Data: ____________________

15-7 Condições. Complete cada frase com a palavra ou expressão mais apropriada. Não repita nenhuma palavra.

para ao sem antes de depois de

1. ________ ver que o computador congelou (*froze*), Carlinhos ficou preocupado.
2. ________ almoçar, Alice vai comprar um MP3 porque de manhã terá muito trabalho.
3. ________ comprar o MP3, ela vai analisar os preços de muitas lojas.
4. ________ viajar para muitos países é preciso tempo e dinheiro.
5. ________ querer, apaguei um arquivo importante no computador.

The personal infinitive (Textbook pp. 542–544)

15-8 O que vai acontecer? Preencha os espaços com o infinitivo pessoal dos verbos entre parênteses.

1. O professor falou para nós ________ (ir) à sala de bate-papo.
2. A NASA quer ver os astronautas ________ (poder) ir a Marte.
3. Nunca imaginei os MP3 ________ (ser) tão populares entre os estudantes universitários.
4. O futuro tecnológico mostra que será possível a nós todos ________ (viajar) para outros planetas.
5. Fomos a uma loja de computação para um técnico ________ (analisar) a memória do meu computador.

15-9 A professora de Informática disse para nós... Escreva o que a professora disse para vocês fazerem (ou não fazerem) no curso dela.

MODELO: Ela disse para *estudarmos* para o próximo teste. (Estudar – afirmativo)

1. Ela disse para ____________________ telefones celulares. (Usar – negativo)
2. Ela disse para ____________________ na Internet. (Conectar - negativo)
3. Ela disse para ____________________ videoconferência. (Fazer - afirmativo)
4. Ela disse para ____________________ mensagens eletrônicas. (Enviar – afirmativo)
5. Ela disse para ____________________ às perguntas do teste. (Responder – afirmativo)
6. Ela disse para ____________________ os blogs da última semana. (Olhar – afirmativo)
7. Ela disse para ____________________ o livro de computação. (Ler – afirmativo)

15-10 Imaginemos. Preencha os espaços com formas de infinitivo pessoal dos verbos entre parênteses e depois complete cada frase de maneira lógica.

1. Para todos os meus amigos se __________ (encontrar), vou organizar uma grande festa no próximo fim de semana.
2. Para nós __________ (ser) mais felizes, é preciso muito pouco.
3. Para os doentes de Alzheimer um dia __________ (poder) se curar, ainda é preciso fazer muita pesquisa.
4. Até as populações de todo o mundo __________ (conseguir) acesso aos computadores, ainda levará muito tempo.
5. Eu queria um carro novo para Júlia e eu __________ (sair) juntos/as e nos divertir.

Present and future *if*-clause sentences (Textbook pp. 546–547)

15-11 Se... Associe as orações da coluna da esquerda com as da coluna direita.

1. Se nós passarmos muito tempo trabalhando com computadores ______
2. Se os meus amigos não tivessem celulares ______
3. Se os pais puderem definir as características genéticas dos filhos ______
4. Se os pais de filhos pequenos não controlassem o uso do computador ______
5. Se eles não comprarem um carro novo ______

a. os pais escolherão o que preferirem.
b. não vão poder viajar.
c. nós não vamos ter tempo ao ar livre.
d. falaria muito menos com eles.
e. as crianças teriam acesso a sites perigosos.

15-12 O que aconteceria se...? Complete as frases logicamente.

1. Se eu não usasse a Internet ____.

   eu teria mais tempo livre

   eu terei mais tempo livre
2. Se as pessoas não tivessem carro nos Estados Unidos, ______________________________.

   não poderão trabalhar

   não poderiam trabalhar
3. Se os aviões a jato (*jets*) não existissem, ______________________________________.

   as viagens seriam mais longas

   as viagens serão mais longas

4. Se nós não comprássemos comida congelada, ______________________________.

   teremos mais trabalho na cozinha

   teríamos mais trabalho na cozinha

5. Se a Microsoft não existisse, ______________________________.

   não haverá o Windows

   não haveria o Windows

6. Se meus amigos não tivessem computadores, ______________________________.

   a nossa comunicação seria mais difícil

   a nossa comunicação será mais difícil

15-13 O que vai acontecer? Complete as frases logicamente.

1. Se meu computador não funcionar, ______________________________.

   não poderei fazer a tarefa

   não poderia fazer a tarefa

2. Se meu amigo não telefonar, ______________________________.

   ficaria sem saber a resposta

   ficarei sem saber a resposta

3. Se os cientistas tiverem mais recursos para pesquisas, ______________________________.

   descobririam a cura para o Mal de Parkinson

   descobrirão a cura para o Mal de Parkinson

4. Se nós aprendermos a manipular os genes, ______________________________.

   poderemos evitar as doenças genéticas

   poderíamos evitar as doenças genéticas

5. Se os aviões voarem mais rapidamente, ______________________________.

   perderíamos menos tempo viajando

   perderemos menos tempo viajando

6. Se eu tiver muito dinheiro no futuro, ______________________________.

   doarei tudo para a pesquisa científica

   doaria tudo para a pesquisa científica

Diminutives and augmentatives (Textbook pp. 549–552)

15-14 Qual é o tamanho? Decida quais palavras da lista são diminutivos e quais aumentativos.

1. livrinho	Aumentativo	Diminutivo
2. Miguelão	Aumentativo	Diminutivo
3. luzinha	Aumentativo	Diminutivo
4. Paulinho	Aumentativo	Diminutivo
5. hotelzão	Aumentativo	Diminutivo
6. homenzinho	Aumentativo	Diminutivo
7. computadorzão	Aumentativo	Diminutivo
8. jantarzão	Aumentativo	Diminutivo
9. dinheirão	Aumentativo	Diminutivo
10. aviãozinho	Aumentativo	Diminutivo

15-15 O que significa? Complete as frases com os diminutivos das palavras entre parênteses.

1. Preciso acordar bem __________ (cedo) para ir ao laboratório.
2. Que __________ (menina) linda é esta criança!
3. A Leninha sabe falar duas ou três __________ (palavras).
4. Li um __________ (livro) de 650 páginas.
5. Mas que __________ (filme) ruim!
6. Meu __________ (bem), eu te amo tanto!
7. Rafaela fez umas __________ (compras); ela é uma consumista incrível!

15-16 Qual é o aumentativo? Escolha a palavra mais adequada da lista abaixo para completar cada frase.

homenzarrão	carrões	dinheirão	narigão	carrão
mesona	valentona	filmão	casarão	computadorzão

1. Elvis Presley tinha muitos __________.
2. Pinóquio tinha um narizinho que se tornou um __________.
3. Eles construíram aquele __________ para duas pessoas morarem lá!
4. Com o __________ que gastaram, poderiam ter construído três casas.
5. Rita disse que assistiu um __________ ontem.
6. Aquele jogador de basquete é um homem bem alto e forte, é um __________.

Nome: ______________________________ Data: ____________________

ENCONTROS

Para ler (Textbook pp. 554–556)

15-17 Um parque tecnológico. O desenvolvimento econômico e tecnológico são prioridades no Brasil. Leia o seguinte artigo sobre um parque tecnológico em São José dos Campos e siga as indicações abaixo.

O Parque Tecnológico da Universidade do Vale da Paraíba (Univap) tem a missão de atuar efetivamente na interação universidade-empresa. A área tem aproximadamente 19.000 m2 com 6.000 m2 de área verde, às margens do Rio Paraíba. O Parque Tecnológico da Univap tem infra-estrutura para empresas e instituições que se dedicam às tecnologias do futuro, com o objetivo de desenvolver a ciência e a tecnologia para o benefício da região e do Brasil. O Parque pode ser utilizado por pequenas, médias e grandes empresas que desenvolvam projetos ou usem extensivamente tecnologias dirigidas para as seguintes áreas:

Tecnologia da informação

Eletrônica e telecomunicações

Tecnologia de materiais

Tecnologia aeroespacial

Energia e meio ambiente

Biotecnologia

Bioinformática

Desenvolvimento de software

Outras tecnologias

O Parque possui escritórios, laboratórios, auditórios, salas de reuniões, biblioteca setorial e uma infraestrutura completa de serviços de telecomunicações, Internet/Intranet de alta velocidade, sala de videoconferência, correio eletrônico, TV via satélite, etc. Além disso, há também os serviços de apoio, como bancos, correios, lanchonetes, copiadoras, etc.

O Parque Tecnológico da Univap está localizado no Vale do Paraíba, um grande polo industrial, abrigando as principais empresas e centros de base tecnológicos instalados no Brasil. A cidade de São José dos Campos tem empresas como a Panasonic, Lg Phillips, Kodak, General Motors, Petrobrás, Ericsson e outras. A cidade é o maior centro de pesquisas de alta tecnologia do Brasil, é polo automobilístico e metalúrgico e tem o maior complexo aeroespacial da América Latina, a Embraer.

São José dos Campos, com cerca de 600 mil habitantes, fica a 84 km de São Paulo e 330 km do Rio de Janeiro e possui muitas áreas verdes e excelentes escolas e universidades.

Indique:

1. O Parque Tecnológico da Univap tem uma excelente infraestrutura. V F
2. Empresas pequenas não podem utilizar o Parque Tecnológico da Univap. V F
3. É possível desenvolver biotecnologia no Parque Tecnológico da Univap. V F
4. A Embraer não atua em São José dos Campos. V F
5. São José dos Campos não tem boas escolas e universidades. V F

15-18 Você quer ser o governador do seu estado. Imagine que você é candidato a governador do seu estado. Faça uma lista dos três principais investimentos na área das tecnologias e das ciências que serão desenvolvidos no seu mandato, se você for eleito. Escreva um breve discurso, colocando suas ideias para um programa específico que você quer levar para seu estado.

____

____

____

____

____

____

____

____

____

____

Nome: ______________________________ Data: ____________________

Para escrever (Textbook pp. 556–557)

15-19 Preparação: as redes computadorizadas. Vivemos na era da informação. Leia este artigo sobre a possibilidade de ser atacado pelo "terrorismo" cibernético. Depois, siga as indicações abaixo.

Ameaça iminente de terrorismo cibernético

Não há dúvida de que a vida em nosso planeta tem melhorado consideravelmente com o avanço tecnológico dos últimos anos. Indiscutivelmente, as tarefas e rotinas diárias ficaram mais fáceis, os meios de transporte por terra, água e mar são mais rápidos e seguros, as comunicações através de correio eletrônico nos oferecem uma grande quantidade de informação em nossa própria casa, e os avanços no cuidado da saúde têm prolongado a vida e a atividade dos seres humanos de maneira extraordinária.

Desta forma, o ser humano depende cada vez mais da tecnologia, e em particular da informática. Esta realidade indiscutível se aplica com maior força às nações mais industrializadas do mundo, onde tanto as vantagens como as desvantagens das tecnologias de informação são observadas todos os dias. As desvantagens preocupam enormemente as autoridades das grandes potências, que temem desastres de consequências imprevísiveis. Imagine os efeitos de um ataque cibernético na estrutura tecnológica do seu país. O que aconteceria se um gênio da informática se infiltrasse nas redes de comunicação do seu país e as paralizasse? O governo do seu país estaria preparado para enfrentar o terrorismo cibernético? Ataques deste tipo não só afetariam a infraestrutura das comunicações, mas também a segurança do país. Esta preocupação tem motivado os Estados Unidos a criar comissões de especialistas que ajudem a prevenir e, na pior das hipóteses, fazer frente aos ataques terroristas perpetrados através da cibernética.

Os avanços tecnológicos, sem dúvida, criaram tanto este novo tipo de guerra quanto as estratégias que usaremos para enfrentá-la. Segundo os especialistas, o terrorismo cibernético é um perigo cada vez mais real e imediato para os Estados Unidos.

Alguns centros de pesquisa já descreveram o resultado de ataques potenciais sobre estruturas privadas e públicas: os serviços de emergência serão paralizados; os canais de TV serão usados para ameaças ao público e ao governo; o trajeto dos trens e aviões será modificado para provocar acidentes; as contas bancárias serão falsificadas e enormes danos ocorrerão no sistema elétrico. Os especialistas afirmam com bastante segurança que a próxima guerra não será feita com balas e armas de fogo, mas com a informação. O pior é que a guerra cibernética está ao alcance de todos. Os soldados desta guerra cibernética são anônimos e só precisam de um telefone celular, um modem e um computador.

Já existe pelo menos um antecedente: há alguns anos, a Bolsa de Valores de Nova Iorque recebeu uma advertência de um pirata cibernético alemão, que afirmava aos encarregados da segurança de Wall Street que ele havia conseguido controlar os sistemas informatizados de manutenção climatizada das salas onde estão os super computadores. Felizmente, nada aconteceu naquele dia. Mas será que a próxima ameaça será igualmente inconsequente?

Depois de ler o artigo, você—um cidadão comum—fica extremamente preocupado com os efeitos que um ataque cibernético poderia ter em seu país e, particularmente, em sua comunidade. Escreva uma carta para o jornal local explicando suas preocupações (pontos 1 e 2 abaixo) e sugerindo algumas estratégias (3).

1. Os riscos para um cidadão comum no trabalho, na escola, em casa, nas ruas e estradas, etc.
2. Os problemas que algumas instituições teriam (por exemplo, os hospitais, a polícia, as escolas, os supermercados, etc.).
3. Algumas recomendações realistas para o governo federal e local para prevenir um desastre como o descrito no artigo.

Nome: ______________________________ Data: ____________________

HORIZONTES (Textbook pp. 558–559)

15-20 Comunidades de língua portuguesa nos Estados Unidos. Assinale as respostas corretas, de acordo com o texto em **Horizontes** (páginas 558–559 do seu livro).

1. A mais antiga comunidade de língua portuguesa nos Estados Unidos é a comunidade
   a) brasileira
   b) portuguesa
   c) angolana
   d) moçambicana
2. Contribuíram para a fundação da cidade de Nova Iorque
   a) brasileiros
   b) portugueses
   c) angolanos
   d) caboverdianos
3. João Rodrigues Cabrilho era
   a) brasileiro
   b) timorense
   c) caboverdiano
   d) português
4. Cabrilho chegou a
   a) Massachusetts
   b) Califórnia
   c) Nova Iorque
   d) Miami
5. Grande número de portugueses chegaram aos Estados Unidos no século
   a) XXI
   b) XIX
   c) XVIII
   d) XVII
6. Hoje, muitos luso-americanos estão concentrados no estado
   a) da Flórida
   b) de Illinois
   c) do Texas
   d) de Massachusetts
7. Os caboverdianos se estabeleceram principalmente
   a) na Flórida e em Nova Jersey
   b) em Massachusetts e Rhode Island
   c) em Massachusetts e Nova Iorque
   d) em Rhode Island e Nova Jersey
8. De acordo com o censo demográfico americano do ano 2000, há nos Estados Unidos
   a) noventa mil caboverdianos
   b) mais de oitenta mil caboverdianos
   c) cerca de cem mil brasileiros
   d) mais de cento e oitenta mil brasileiros
9. Estima-se que nos Estados Unidos há
   a) mais de um milhão de brasileiros
   b) dois milhões de brasileiros
   c) menos de um milhão de brasileiros
   d) mais de dois milhões de brasileiros
10. Os brasileiros estão concentrados principalmente
    a) na Flórida e em Rhode Island
    b) na Flórida e na Carolina do Sul
    c) na Flórida, em Massachusetts e em Nova Jérsei
    d) na Flórida e na Califórnia
11. Os brasileiros começaram a imigrar em massa para os Estados Unidos nos
    a) anos oitenta
    b) anos noventa
    c) anos setenta
    d) anos sessenta
12. Uma das artes que o brasileiro trouxe aos Estados Unidos é
    a) o berimbau
    b) a capoeira
    c) o teatro
    d) o atabaque

LABORATÓRIO

À PRIMEIRA VISTA (Textbook pp. 534–539)

15-21 Adivinhações. Listen to these definitions and identify the word that is being defined by writing the appropriate number in the space provided.

1. telefone celular ___________
2. correio eletrônico ___________
3. microcomputadores ___________
4. educação `a distância ___________
5. satélite ___________
6. blog ___________
7. caixa automático ___________
8. máquina fotográfica digital ___________

15-22 As biotecnologias. Read the questions and alternatives in your workbook first. Then, listen to the statements about the following people and check the best answer to each question.

1. Onde estão estas pessoas?
   a) no laboratório de línguas b) no laboratório de computação c) no laboratório de biologia
2. Que tipo de experimentos elas fazem?
   a) experimentos com pessoas b) experimentos linguísticos c) experimentos agrícolas
3. O que estes cientistas querem descobrir?
   a) a cura para a AIDS b) a cura para a doença de Alzheimer c) novos alimentos
4. Com que eles trabalham?
   a) com células estaminais b) com genes c) com embriões
5. O que eles desejam produzir?
   a) plantas resistentes a doenças b) vacinas contra as doenças c) espécies resistentes à seca

ESTRUTURAS

Uses of the impersonal infinitive (Textbook pp. 540–541)

15-23 Lídia esqueceu a senha secreta. Tell what happened to Lídia using **ao** + *the infinitive.*

MODELO: Lídia chegou no banco e foi para o caixa automático.
Ao chegar no banco, Lídia foi para o caixa automático.

1. …
2. …
3. …
4. …

Nome: ______________________________ Data: ____________________

15-24. Presente ou futuro? Listen to the statements and decide if the actions are already happening or if they will happen one day.

1.	PRESENTE	FUTURO
2.	PRESENTE	FUTURO
3.	PRESENTE	FUTURO
4.	PRESENTE	FUTURO
5.	PRESENTE	FUTURO
6.	PRESENTE	FUTURO
7.	PRESENTE	FUTURO

15-25 Opcões. Select the option corresponding to the most appropriate answer to each question you hear. Review the answers before listening to the recording.

1. a) Terem conforto em casa.
   b) Trabalharem 12 horas por dia.
   c) Não usarem a Internet.
2. a) Dizem para não irmos à aula.
   b) Dizem para ouvirmos música.
   c) Dizem para estudarmos.
3. a) Depende de não caminharmos.
   b) Depende de usarmos o computador o dia inteiro.
   c) Depende de equilibrarmos trabalho, alimentação, ginástica e diversão.
4. a) É provável conhecermos os habitantes de Marte.
   b) É provável descobrirmos a cura para a AIDS.
   c) É provável acabarmos com a educação virtual.
5. a) Para não usarem Internet sem fio (*wireless*) no campus.
   b) Para não abrirem uma conta eletrônica na universidade.
   c) Para imprimirem menos e reciclarem papel.

15-26 Presentes para todos. Elisa and Roberto are going to buy Christmas gifts for their children and for their nieces and nephews. All of them want only electronics! Listen to the information on gift recipients and choose the most appropriate item in each case. Review the gift options listed below before listening to the recording.

1. a) telefone	b) televisão	c) computador
2. a) MP3	b) DVD	c) gravador
3. a) calculadora	b) rádio	c) máquina fotográfica digital
4. a) microfone	b) telefone celular	c) impressora
5. a) vídeos franceses	b) documentários em italiano	c) dicionário eletrônico de inglês

Present and future *if*-clause sentences (Textbook pp. 546–547)

15-27 Inovações e e-lixo. Read the sentences below. Then listen to the passage and complete the sentences according to what you have heard using the expressions below.

ter acesso à Internet	será controlado
não seria tão rápida e constante	vamos gastar muito dinheiro
a exportação deste lixo fosse controlada	causaria dano
ler e-mails	

1. Se eu tiver um microcomputador, poderei __________ em qualquer lugar.
2. Se as pessoas quiserem, podem __________ nos aeroportos.
3. Se nós não tivermos cuidado, __________ com novos equipamentos.
4. Se o mercado de consumo não absorvesse as tecnologias de ponta, a inovação __________.
5. Se o e-lixo não fosse queimado, não __________ à camada de ozônio.
6. Se a ONU continuar suas iniciativas, o e-lixo __________.
7. Os países mais pobres não receberiam o e-lixo se __________.

Diminutives and augmentatives (Textbook pp. 549–552)

15-28 Qual é o tamanho? You will listen to a series of statements. Select the appropriate option according to what you hear.

1. DIMINUTIVO AUMENTATIVO
2. DIMINUTIVO AUMENTATIVO
3. DIMINUTIVO AUMENTATIVO
4. DIMINUTIVO AUMENTATIVO

15-29 Que exagero! You have a tendency to exaggerate when you describe your actions or possessions. Answer each question you hear restating the respective key word first in the augmentative form and then in the diminutive form according to the model. Pause the recording at the beep to answer at your own pace.

MODELO: You read: filme
You hear: Você assistiu um filme ontem?
You say: Assisti um filmão; não foi um filminho.

1. carro
2. discos
3. mesas
4. dor

Nome: ______________________________ Data: ____________________

ENCONTROS (Textbook pp. 553–557)

15-30 A realidade virtual. Listen to this conversation between members of two generations. You may read the related statements before listening to the recording. Finally, complete the statements based on what you have heard.

1. A avó não entende o que é __________.
2. O neto dela dá um exemplo usando a __________ da avó quando ela era criança.
3. Henrique diz que o capacete que é usado para ver e ouvir é parecido com o capacete que os __________ usam.
4. Para tocar os objetos, a pessoa precisa usar uma __________.
5. A avó prefere ler um bom livro ou __________ um bom filme.
6. Em algumas universidades, os estudantes de Medicina usam __________ nas aulas práticas.

VÍDEO (Textbook p. 545)

Vocabulário útil

abrangente	*comprehensive*	**loucamente**	*crazily*
analfabeto/a	*illiterate*	**mexer com**	*to affect, to mess with*
a célula-tronco	*stem cell*	**o poder**	*authority*
a coordenação	*coordination*	**a postura**	*position*
a cura	*cure*	**a qualidade**	*quality*
o desenho animado	*cartoon*	**o usuário**	*user*
dilatar	*to expand*		

15-31 O computador. As seguintes pessoas vão descrever para que elas usam o computador. Relacione a pessoa com a frase correta.

1. D. Sônia

usa nos fins de semana
quem usa é o filho
olha sites de compra
tem um "office-marido" que usa por ela
faz pesquisas para o colégio
não tem muito tempo para usar o computador
usa para e-mail
não tem computador em casa
sempre lê o jornal na Internet

2. Chupeta
   usa nos fins de semana
   quem usa é o filho
   olha sites de compra
   tem um "office-marido" que usa por ela
   faz pesquisas para o colégio
   não tem muito tempo para usar o computador
   usa para e-mail
   não tem computador em casa
   sempre lê o jornal na Internet

3. Mariana
   usa nos fins de semana
   quem usa é o filho
   olha sites de compra
   tem um "office-marido" que usa por ela
   faz pesquisas para o colégio
   não tem muito tempo para usar o computador
   usa para e-mail
   não tem computador em casa
   sempre lê o jornal na Internet

15-32. Acesso à Internet. Ouça os comentários do Rogério e responda às perguntas abaixo.

1. Qual é a opinião do Rogério em relação ao acesso à Internet no Brasil? Resuma o comentário dele.

   ____

   ____

   ____

   ____

   ____

   ____

   ____

   ____

Nome: ______________________________ Data: ____________________

2. O que você acha do acesso à Internet no seu país?

____

____

____

____

15-33 As biotecnologias. Ouça os comentários da Dona Sônia e da Manuela e preencha as lacunas no parágrafo abaixo de acordo com a fala da Manuela.

No que se refere a essas biotecnologias, esses avanços tanto da (1) __________ como da (2) __________, eu acho que eles serão muito bons pra sociedade. Eu acho que vai dar uma (3) __________ de vida, uma expectativa de vida, uma (4) __________ muito grande para as pessoas que têm problemas, que têm sofrido com algumas circunstâncias da vida. E eu acho que essas biotecnologias podem ajudá-las a sair dessa situação de crise, de problema. Eu acho só que tem que ter muita (5) __________, né, nestes casos. Tem que ter uma (6) __________ muito firme e muito (7) __________ do que se está fazendo, do que se está produzindo, com quem se está lidando. Porque lidar com seres humanos, com seres vivos, é uma coisa delicada.

15-34 Os vídeo games e a violência. Juliana e Chupeta falam sobre a violência e os vídeo games. Os dois são da mesma opinião ou não? Quais exemplos cada um deles dá quando discute a ideia dos vídeo games? Responda usando frases completas. Depois dê sua própria opinião sobre esta questão.

1. Juliana e Chupeta:

____

____

____

____

____

____

____

____

2. Você:

____

____

____

____

____

____

Nome: ______________________ Data: ______________

Expansão gramatical

Síntese gramatical

1. **The present perfect subjunctive**

eu	tenha	falado
você, o sr./a sra., ele/ela	tenha	comido
nós	tenhamos	dormido
vocês, os srs./as sras., eles/elas	tenham	escrito

2. **The conditional perfect**

eu	teria	falado
você, o sr./a sra., ele/ela	teria	comido
nós	teríamos	dormido
vocês, os srs./as sras., eles/elas	teriam	escrito

3. **The pluperfect subjunctive**

eu	tivesse	falado
você, o sr./a sra., ele/ela	tivesse	comido
nós	tivéssemos	dormido
vocês, os srs./as sras., eles/elas	tivessem	escrito

4. ***If*-clause sentences with the perfect tenses**

CONDITION (*IF*-CLAUSE)	RESULT
PLUPERFECT SUBJUNCTIVE	CONDITIONAL PERFECT (PAST RESULT)
Se tivesse dormido mais horas	não teria acordado tão cansada.
	CONDITIONAL (PRESENT RESULT)
	não estaria tão cansada agora.

5. **The future perfect**

eu	terei	falado
você, o sr./a sra., ele/ela	terá	comido
nós	teremos	dormido
vocês, os srs./as sras., eles/elas	terão	escrito

6. **The future perfect subjunctive**

eu	tiver	falado
você, o sr./a sra., ele/ela	tiver	comido
nós	tivermos	dormido
vocês, os srs./as sras., eles/elas	tiverem	escrito

The present perfect subjunctive

EG-1 Identificação. Escolha a opção mais apropriada para completar cada frase.

1. Espero que você [tenha conseguido/tenha envelhecido] mais informações sobre o desmatamento na Amazônia.
2. Tomara que as organizações ecológicas [tenham promovido/tenham recebido] ações para controlar as queimadas.
3. Não creio que este problema [tenha emagrecido/tenha aumentado].
4. É possível que nós não [tenhamos falado/tenhamos estudado] o suficiente para o exame.
5. Espero que os arquitetos [tenham terminado/tenham descoberto] o projeto da ponte.

EG-2 Reações. Reaja às notícias que um amigo conta para você, usando as expressões abaixo.

MODELO: Comi vinte hambúrgueres em uma hora.
Duvido que você tenha comido vinte hambúrgueres em uma hora.

1. Juca e Dalila compraram um carro elétrico.
   Que bom que eles ____________________.
2. Clarice não conseguiu a bolsa de pesquisa que tinha pedido.
   É pena que ela ____________________.
3. Decidi me candidatar para a Faculdade de Medicina.
   É fantástico que você ____________________.
4. Você e eu fomos escolhidos para representar nossa universidade no congresso de jovens líderes.
   Não acredito que nós ____________________.
5. Renata e Sílvia foram eliminadas do campeonato de tênis.
   Sinto muito que elas ____________________.
6. Henrique participou de um protesto contra o uso de alimentos geneticamente modificados.
   Duvido que ele ____________________.

Nome: ______________________________ Data: ____________________

EG-3 Uma visita a Minas Gerais. Você está escrevendo para uma amiga que passou duas semanas em Minas Gerais. O que você espera que ela tenha feito? Comece as frases com *Espero que você...* Siga o modelo.

MODELO: tutu de feijão
Espero que você tenha comido tutu de feijão.

1. visitar / Ouro Preto

____

2. ver / as esculturas de Aleijadinho em Congonhas

____

3. gostar de / Belo Horizonte

____

4. fazer /turismo ecológico

____

5. comprar /cerâmicas do Jequitinhonha

____

The conditional perfect and the pluperfect subjunctive

EG-4 Associações. O que as seguintes pessoas teriam feito nestas situações?

1. Se eles tivessem visto fogo em um edifício ______
2. Se o carro deles tivesse quebrado ______
3. Se tivessem precisado de informações para um projeto ______
4. Se eles tivessem tido febre e dor de cabeça ______
5. Se eles tivessem querido comprar camisas ______

a. teriam ido para a cama.
b. teriam ligado para os bombeiros (*fire department*).
c. teriam ido a uma loja.
d. teriam pesquisado na Internet.
e. teriam procurado um mecânico.

EG-5 Problemas na cidade. No ano passado, uma cidade que você conhece enfrentou problemas sérios de crime e poluição do meio ambiente. Escreva frases explicando o que você teria feito para resolver os respectivos problemas.

1. poluição do ar

____

2. assaltos à mão armada

____

3. engarrafamentos (*traffic jams*)

____

4. roubo de carros

____

EG-6 Lamento! Responda com frases afirmativas ou negativas. Comece cada resposta com **Lamento que...**

MODELO: Wander e eu vimos uma nave extraterrestre e nossa vida mudou radicalmente.
Lamento que nós tivéssemos visto uma nave extraterrestre.

1. Os rapazes beberam muita cerveja e sofreram um acidente.
____

2. Lúcia não estudou para o exame final e tirou uma nota baixa.
____

3. Jaime usou drogas no ano passado e teve problemas com a polícia.
____

4. Você comeu carne estragada (*spoiled*) e ficou muito doente.
____

5. Eu não joguei na loteria, mas meus tios jogaram e ganharam muito dinheiro.
____

If-clause sentences with the perfect tenses

EG-7 No Rio de Janeiro. Seus amigos visitaram o Rio de Janeiro, mas não prepararam a viagem com cuidado e não conseguiram aproveitar bem todas as atrações da cidade. Explique o que eles teriam feito se tivessem organizado melhor a visita. Use uma vírgula *(comma)* entre as orações *(clauses)*.

MODELO: ter mais tempo/visitar Petrópolis
Se eles tivessem tido mais tempo, teriam visitado Petrópolis.

1. pesquisar na Internet/saber o que fazer
____

2. perguntar a amigos brasileiros/encontrar um hotel bom e barato
____

3. fazer uma excursão organizada/ver mais lugares interessantes
____

4. ir ao Jardim Botânico/ter uma experiência inesquecível
____

5. comprar ingressos/assistir um show no Canecão
____

EG-8 Possibilidades. Complete as seguintes frases, usando uma das expressões mais lógicas seguindo o modelo.

ter um pouco da inteligência dele / não poder votar / ser um astronauta / ter notas mais altas / falar português fluentemente

MODELO: Se eu tivesse economizado dinheiro, *teria podido comprar o carro.*

1. Se eu tivesse estudado mais, ____.

2. Se meus pais tivessem morado no Brasil, ____.

Nome: ______________________________ Data: ____________________

3. Se eu tivesse conhecido Einstein, ______________________________.

4. Se eu tivesse vivido no século XV, ______________________________.

5. Se eu tivesse viajado pelo espaço, ______________________________.

The future perfect and the future perfect subjunctive

EG-9 Até quando? Quando você terá feito as seguintes coisas? Responda de acordo com o modelo.

MODELO: acabar a tarefa de Português
Terei acabado a tarefa de Português até o meio-dia.

1. comprar um carro novo / antes do final do ano

____

2. terminar o curso universitário / em maio

____

3. visitar São Paulo / antes da Copa do Mundo no Brasil

____

4. comer feijoada / depois que a Fernanda chegar

____

5. assistir um filme no cinema / esta noite

____

EG-10 Antes do fim do século. O que terá acontecido no nosso planeta antes de 2100? Quais serão os resultados desses acontecimentos? Escreva cinco frases sobre os aspectos abaixo.

MODELO: o entretenimento
Os cinemas terão desaparecido e as pessoas assistirão a filmes somente em casa.

1. a política

____

2. a economia

____

3. o meio ambiente

____

4. os esportes

____

5. as ciências

____

EG-11 O que acontecerá? Complete as frases indicando as consequências destes acontecimentos e ações. Use a expressão mais lógica para completar cada frase. Siga o modelo.

MODELO: Quando as olimpíadas tiverem acabado, *o Rio de Janeiro terá novos estádios.*

(eu) construir uma mansão / (elas) falar bem o português / (nós) não comprar um novo / (eu) já não estudar / (a esposa dele) ficar feliz

1. Quando o semestre tiver acabado, ________________.
2. Assim que eu tiver ganho bastante dinheiro, ________________.
3. Depois que Rita e Susan tiverem viajado ao Brasil, ________________.
4. Se o Seu Carlos tiver conseguido um emprego, ________________.
5. Enquanto não tivermos vendido o carro, ________________.

EG-12 Uma viagem bem planejada. Sua família gosta de fazer planos de viagem bem detalhados. Escreva as previsões que vocês estão fazendo antes da próxima viagem.

MODELO: se/nós/chegar no aeroporto
Se tivermos chegado ao aeroporto antes das duas, vamos ter que esperar muito.

1. logo que/o avião/decolar

____

2. assim que/nós/chegar ao hotel

____

3. quando/a mamãe e o papai/descansar

____

4. se/eu/conseguir ingressos

____

5. depois que/nós/explorar a cidade

____

Laboratório

The present perfect subjunctive

EG-13 As instruções da Dona Cláudia. D. Cláudia Martins, a physical fitness instructor, couldn't be in class today, but left instructions for her students. Write what she expects her students to have done before their next meeting. Begin your answers with *Ela espera que...*

MODELO: O Seu Pereira/caminhar dois quilômetros
Ela espera que o Seu Pereira tenha caminhado dois quilômetros.

1. Anita/correr meia hora

____

2. Felipe e Roberto/fazer os exercícios

____

3. a Dona Laura/nadar vinte minutos

____

4. Edneuza/levantar e abaixar os braços trinta vezes

____

5. os alunos/seguir suas instruções

____

EG-14 Tomara que tenham preparado tudo. You are having an important meeting in your office and you hope that everything has been done according to your instructions. Use ***Tomara que...*** in your statements.

MODELO: comprar as bebidas
Tomara que tenham comprado as bebidas.

1. procurar uma mesa grande: ______________________________
2. trazer um bom número de copos: ______________________________
3. arranjar cadeiras confortáveis: ______________________________
4. organizar a agenda: ______________________________
5. arrumar a sala: ______________________________

If-clauses with the conditional perfect and the pluperfect subjunctive

EG-15 O campo e a cidade. Listen to this brief description and to the statements that follow. Indicate whether each statement is true or false by selecting **SIM or NÃO.**

	SIM	NÃO
1.	SIM	NÃO
2.	SIM	NÃO
3.	SIM	NÃO
4.	SIM	NÃO
5.	SIM	NÃO
6.	SIM	NÃO

EG-16 O que teria acontecido? Listen to what Geraldo did not do and look at the consequences. Say what would have happened if he had done each action.

MODELO: You hear: Geraldo não saiu.
You see: Ele não foi ao cinema.
You say: *Se Geraldo tivesse saído, ele teria ido ao cinema.*

1. Ele não encontrou Luísa.
2. Ele não falou com ela.
3. Luísa não o convidou para um concerto.
4. Ele não ouviu seu cantor preferido.
5. Ele não viu os amigos dele no concerto.

EG-17 O que você teria feito? Listen to the following questions and say what you would have done if you could start your life over.

MODELO: You see: Se eu pudesse recomeçar minha vida?
You hear: Você teria estudado a mesma matéria ou outra?
You say: *Se eu pudesse recomeçar minha vida, também teria estudado Psicologia/não teria estudado Psicologia, teria estudado Antropologia.*

1. ...
2. ...
3. ...
4. ...

The future perfect and the future perfect subjunctive

EG-18 Um projeto importante. First, read the statements below. Then listen to the conversation between Luís and Sandra, who are working on a new advertising campaign for a corporate client, and indicate whether each statement is true or false by selecting **SIM** or **NÃO**.

1. A equipe precisa acabar o projeto até sexta-feira. SIM NÃO
2. Luís acha que não terá recebido os desenhos a tempo. SIM NÃO
3. Sandra diz que o diretor vai precisar de uma semana para fazer a revisão. SIM NÃO
4. Luís conferirá a documentação das imagens se Ricardo tiver completado a pesquisa necessária. SIM NÃO
5. Sandra vai dormir logo que o projeto tiver sido enviado. SIM NÃO

EG-19 Uma aventura no futuro. You are writing an avant-garde film script and you are telling a friend about a sequence featuring your protagonist. Formulate the words below into sentences, according to the model.

MODELO: quando / ela / acordar / receber um telefonema
Quando ela tiver acordado, vai receber um telefonema.

1. assim que / ela / acabar a conversa / sair de casa
____
2. quando / ela / sair de casa / começar a caminhar rapidamente
____
3. depois que / ela / caminhar durante dois minutos / entrar em uma loja
____
4. quando / ela / entrar na loja / a câmara / continuar filmando a rua deserta
____
5. depois que / ela / ficar cinco minutos na loja / nós / ouvir um grito terrível
____
6. se / eu / conseguir financiamento para o filme / convidar você para o papel principal
____

Nome: ______________________________ Data: ____________________

Appendix 1 ◆ Practice for Speakers of Spanish

Lição preliminar

ESTRUTURAS

Numbers from 0 to 99

There are some differences between Portuguese and Spanish in the use of words meaning *a/an* or *one* and *two*.

- In Portuguese, *a/an/one* is rendered as either **um** (masculine) or **uma** (feminine), whereas in Spanish there are three possibilities: **uno, un** (both masculine), and **una** (feminine).
- The Portuguese **um** is used as both an indefinite article and a pronoun, while Spanish makes a distinction between **un** (indefinite article) and **uno** (pronoun).

  Mário é **um** estudante muito inteligente.

  Mario es **un** estudiante muy inteligente.

  Mário is a very intelligent student.

  Ele é **um** dos estudantes mais inteligentes da universidade.

  Él es **uno** de los estudiantes más inteligentes de la universidad.

  He is one of the most intelligent students at the university.

  Entre **um** e outro existe muita diferença.

  Entre **uno** y otro existe mucha diferencia.

  There is a big difference between one and the other.

- As with the Spanish **una**, use the Portuguese **uma** both as an article to accompany feminine nouns and as a pronoun to substitute for them.

  Maria é **uma** estudante muito inteligente, tal como Susana.

  María es **una** estudiante muy inteligente, tal como Susana.

  Maria is a very intelligent student, just like Susana.

  Uma e outra tiram notas muito boas.

  La **una** y la otra sacan notas muy buenas.

  One and the other get very good grades.

Continued

◆ Unlike Spanish, Portuguese has two words signifying *two*: **dois** (masculine) and **duas** (feminine).

dois livros — *two books*
dos libros
duas cadeiras — *two chairs*
dos sillas

PS-1 O curso de Português. Mariana and Lucas are talking about a class Mariana is taking this semester. Fill in the blanks in their conversation with numbers in Portuguese. The numbers are given in parentheses after each blank.

MARIANA: Vou fazer (a) _______ (1) curso de Português com (b) _______ (1) dos melhores professores da universidade.

LUCAS: Como ele se chama?

MARIANA: Não sei. Mas ele é (c) _______ (1) homem simpático e inteligente. E o curso de Português é (d) _______ (1) dos mais famosos do departamento.

LUCAS: Há quantas horas de aula por dia?

MARIANA: (e) _______ (2) horas por dia, (f) _______ (4) vezes por semana.

LUCAS: É muito!

MARIANA: Mas, o curso é interessante.

LUCAS: Tudo bem, então. Ai, já são (g) _______ (10) horas da manhã! Vou para a biblioteca. Preciso ler (h) _____________ (32) obras de autores de língua portuguesa.

MARIANA: É muito!

LUCAS: Mas, as obras são interessantes.

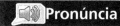

Pronúncia

As vogais abertas "e" e "o"

Brazilian Portuguese has some vowel sounds that do not exist in Spanish, such as the open vowels **e** and **o**. In Portuguese, the distinction between an open vowel and a closed one can affect the meaning of a word. For example, it is responsible for the difference between the words **avô** (*grandfather*) and **avó** (*grandmother*). **Repita as seguintes palavras.**

avô avó

Now listen to and repeat other words that change meaning depending on whether the vowel is open or closed. **Repita as seguintes palavras.**

ele (*he*) — ele (*the letter "l"*)
pê (*the letter "p"*) — pé (*foot*)
almoço (*lunch*) — almoço (*I eat lunch*)
gosto (*taste*) — gosto (*I like*)

Nome: ____ Data: __________________________

PS-2 Vogais abertas e fechadas (*e*). Among the words you will hear, some have an open **e** and others have a closed **e**. Repeat them and indicate whether they belong to the "open e" group or to the "closed e" group. **Repita as seguintes palavras.**

1. **OPEN E** **CLOSED E**
2. **OPEN E** **CLOSED E**
3. **OPEN E** **CLOSED E**
4. **OPEN E** **CLOSED E**
5. **OPEN E** **CLOSED E**
6. **OPEN E** **CLOSED E**
7. **OPEN E** **CLOSED E**
8. **OPEN E** **CLOSED E**
9. **OPEN E** **CLOSED E**
10. **OPEN E** **CLOSED E**

PS-3 Vogais abertas e fechadas (*o*). Among the words you will hear, some have an open **o** and others have a closed **o**. Repeat them and indicate whether they belong to the "open o" group or to the "closed o" group. **Repita as seguintes palavras.**

1. **OPEN O** **CLOSED O**
2. **OPEN O** **CLOSED O**
3. **OPEN O** **CLOSED O**
4. **OPEN O** **CLOSED O**
5. **OPEN O** **CLOSED O**
6. **OPEN O** **CLOSED O**
7. **OPEN O** **CLOSED O**
8. **OPEN O** **CLOSED O**
9. **OPEN O** **CLOSED O**

Lição 1

ESTRUTURAS

The verb *gostar de*

- The Portuguese verb **gostar** (*to like*) is not used in the same way as the Spanish verb **gustar**. In Portuguese, the verb **gostar** is always accompanied by the preposition **de**. In Spanish, the verb **gustar** is used in a way similar to the English expression *to be pleasing (to someone)*.

Eu **gosto de** café. A mí **me gusta** el café.	*I like coffee.*
Eu **gosto das** aulas de Português. A mí **me gustan** las clases de portugués.	*I like Portuguese classes.*
Eles **gostam de** comida portuguesa. A ellos **les gusta** la comida portuguesa.	*They like Portuguese food.*
Nós **gostamos das** aulas de Antropologia. A nosotros **nos gustan** las clases de antropología.	*We like anthropology classes.*

PS-4 Os colegas da Zília. Zília is a new student in a large class and she is trying to understand what her classmates like and dislike. At the end of the month she writes a list with her observations. Complete Zília's observations with appropriate forms of **gostar de**.

1. Marília ______________ aulas de Física e de Informática.
2. Todos os estudantes ______________ professora de Inglês.
3. Eliane e Maira ______________ aula de Matemática.
4. Eu não ______________ professor de Psicologia.
5. Nós todos ______________ festas.
6. O João ______________ aula de História.
7. O Eduardo ______________ aulas de História e de Química.
8. Eu ______________ livro de Sociologia.
9. A Lúcia não ______________ pizza.
10. Felipe, Kátia e Tomás não ______________ professor de Química.
11. Felipe, Kátia e Tomás ______________ aulas de Literatura.

Nome: ______________________________ Data: ____________________

Articles

- In Portuguese there are eight articles, whereas in Spanish there are nine.

	PORTUGUESE	SPANISH
definite	o, a, os, as	el, los, la, las
indefinite	um, uma, uns, umas	un, una, unos, unas
neuter		lo

- Both **el** and **lo** in Spanish correspond to **o** in Portuguese.

O estudante trabalha na biblioteca.
El estudiante trabaja en la biblioteca. — *The student works at the library.*

O bom é trabalhar.
Lo bueno es trabajar. — *Working is a good thing.*

O lápis e **o** livro estão na mesa. — *The pencil and the book are on the table.*
El lápiz y **el** libro están en la mesa.

O mais difícil é encontrar tempo para descansar. — *The most difficult thing is finding*
Lo más difícil es encontrar tiempo para descansar. — *time to rest.*

PS-5 Os planos. João and Lucas are talking about their plans for the first week of the semester. Complete their conversation with **o, a, os, as, um, uma, uns,** or **umas**.

JOÃO: Quantas aulas temos na segunda?

LUCAS: (1) ________ de Física e (2) ________ de Biologia.

JOÃO: Temos que comprar alguma coisa?

LUCAS: Não, nós temos (3) ________ livros de que precisamos.

JOÃO: E na terça, precisamos fazer (4) ________ perguntas ao professor de Antropologia. (5) ________ difícil vai ser encontrar tempo para preparar (6) ________ perguntas.

LUCAS: Na quarta, vou almoçar no restaurante da universidade, mas à noite vou a (7) ________ restaurante na cidade.

JOÃO: Na quinta, vou à livraria comprar (8) ________ livros do curso de Antropologia.

LUCAS: E na sexta estamos livres. (9) ________ melhor da semana vai ser descansar.

 Pronúncia

Os ditongos nasais

The Portuguese diphthong **-ão** (written **-am** when unstressed) corresponds to the Spanish verb endings **-an, -án,** and **-on**. It also corresponds to Spanish noun endings **-ón** and **-ión**. Listen to and repeat the following Portuguese words. As you practice, compare the Portuguese words with their Spanish cognates. **Repita as seguintes palavras.**

PORTUGUESE	SPANISH
compr**am**	compr**an**
comprar**ão**	comprar**án**
comprar**am**	comprar**on**
s**ão**	s**on**
coraç**ão**	coraz**ón**
liç**ão**	lecc**ión**

The Portuguese diphthong **-õe** is often heard in the plural ending **-ões**. It corresponds to Spanish word endings **-ones** and **-iones**. Listen to and repeat the following Portuguese words. As you practice, compare the Portuguese words with their Spanish cognates. **Repita as seguintes palavras.**

PORTUGUESE	SPANISH
lim**ões**	lim**ones**
coraç**ões**	coraz**ones**
opini**ões**	opini**ones**
tradiç**ões**	tradic**iones**
situaç**ões**	situac**iones**
liç**ões**	lecc**iones**

 **PS-6 Os ditongos.** Listen to the recording and select the word that you hear.

1. a. almoçam b. almoçarão
2. a. corações b. coração
3. a. dançam b. dançarão
4. a. opiniões b. opinião
5. a. descansam b. descansarão
6. a. lições b. lição

Nome: ______________________________ Data: ____________________

Lição 2

ESTRUTURAS

Ser e estar

The use of verbs **ser** and **estar** is very similar in Spanish and in Portuguese. See the following examples of identical usage in both languages.

- **Ser** is used with adjectives to describe lasting qualities of a person, a place, or a thing.

  Ela **é** inteligente e simpática.
  Ella **es** inteligente y simpática. *She is intelligent and nice.*

- **Ser** is used to express nationality and **ser + de** is used to express origin.

  Rosa e Vanda **são** peruanas.
  Rosa y Vanda **son** peruanas. *Rosa and Vanda are Peruvian.*
  Elas **são** de Lima.
  Ellas **son** de Lima. *They are from Lima.*

- **Ser** is also used to express possession.

  Estes livros **são** meus.
  Estos **son** mis libros. *These are my books.*

- **Ser** is used to express the time of an event.

  O exame **é** às três.
  El examen **es** a las tres. *The exam is at three o'clock.*

- **Estar** + *adjective* comments on something. It expresses a change from the norm, a condition, and/or how one feels about the person or object being discussed.

  O Roberto **está** magro.
  Roberto **está** flaco. *Roberto is thin. (He has lost weight.)*

- Some adjectives have one meaning with **ser** and another with **estar**.

  A sopa de legumes **é** boa.
  La sopa de legumbres **es** buena. *The vegetable soup is good (it's wholesome).*
  A sopa de legumes **está** boa.
  La sopa de legumbres **está** buena. *The vegetable soup is good (it's particularly tasty today).*

There is, however, one important divergence between the Portuguese and Spanish uses of **ser** and **estar.** While Spanish speakers use **estar** to express geographical location and location of structures viewed as permanent, Portuguese speakers use **ser** in all such cases.

Onde **é** a biblioteca?
Donde **está** la biblioteca? *Where is the library?*
Massachusetts **é** nos Estados Unidos.
Massachusetts **está** en los Estados Unidos. *Massachusetts is in the United States.*
O hotel **é** perto daqui.
El hotel **está** cerca de aquí. *The hotel is close to here.*

PS-7 Muitas perguntas. Mary is a new student at a large university. She meets Laurie, a sophomore, and asks her many questions. Complete their conversation with appropriate forms of **ser** and **estar**.

MARY: Quando (1) _______ as aulas de Português?

LAURIE: Às segundas, quartas e sextas.

MARY: Quem (2) _______ o professor?

LAURIE: (3) _______ uma professora. O nome dela é Janaína. Ela (4) _______ excelente!

MARY: Onde (5) _______ o Departamento de Português?

LAURIE: (6) _______ perto da biblioteca.

MARY: A professora (7) _______ no departamento agora?

LAURIE: Acho que ela (8) _______ , sim, mas todos os professores (9) _______ em uma reunião.

MARY: E o laboratório de línguas, onde (10) _______?

LAURIE: (11) _______ na biblioteca.

MARY: Uma última pergunta: e onde (12) _______ os livros de Português?

LAURIE: Os livros (13) _______ na livraria.

MARY: Puxa! Muito obrigada por todas essas informações.

LAURIE: De nada.

Pronúncia

Os sons do "b" e do "v"

For speakers in most parts of the Spanish-speaking world, there is no distinction between the *b* and the *v* sounds, that is, between what is called in Spanish *b grande* (b) and *b chica* (v). This distinction does exist in Brazilian Portuguese. Listen to and repeat the following Portuguese cognates of some common Spanish words. **Repita as seguintes palavras.**

livro (*libro*)	palavra (*palabra*)	dever (*deber*)	vamos (*vamos*)	vaca (*vaca*)
baile (*baile*)	básico (*básico*)	rebelde (*rebelde*)	bairro (*barrio*)	bebida (*bebida*)

PS-8 Os sons do "b" e do "v". Listen to the recording and select the word that you hear.

1.	bacia	vazia
2.	bacilo	vacilo
3.	bago	vago
4.	bate	vate [*prophet*]
5.	bebido	vivido
6.	bela	vela
7.	bem	vem
8.	bento	vento
9.	boa	voa
10.	bobó	vovó

Nome: ______________________ Data: ______________

Lição 3

ESTRUTURAS

The verb *ir*

- Even though the use of the verb **ir** in Portuguese is very similar to the use of **ir** in Spanish, there are some important differences.
- Spanish speakers always add an **a** between the verb **ir** and the infinitive when expressing future actions. This never happens in Portuguese.

  Vou descansar.
  Voy a descansar. *I am going to rest.*
  Eles **vão** comer.
  Ellos **van a** comer. *They are going to eat.*

- To express *to go* in the future, Spanish speakers conjugate the verb **ir** in the present and add the infinitive of **ir**. This never happens in Portuguese. Portuguese speakers use the verb **ir** alone, conjugated in the present; future meaning is inferred from the context.

  Na próxima semana **vou** ao Brasil.
  La próxima semana **voy a ir** a Brasil. *Next week I'm going to Brazil.*
  Amanhã eles **vão** à biblioteca.
  Mañana **van a ir** a la biblioteca. *Tomorrow they are going to the library.*

- Portuguese speakers do not use the reflexive form **irse** like Spanish speakers do. In Portuguese, the closest form to the Spanish **irse** is **ir-se embora**, which is, however, more commonly used in its nonreflexive form, **ir embora**.

  Vou embora.
  Me voy. *I'm going (away).*
  Eles **vão embora** para o Chile no ano que vem.
  Se van a Chile el próximo año. *They're going away to Chile next year.*

PS-9 As férias. Mário and Luís are planning their spring break. Complete their conversation with appropriate forms of the verb **ir** or the expression **ir embora**.

MÁRIO: Quando (1) _______ ser as próximas férias?
LUÍS: No fim de março.
MÁRIO: Você (2) _______ fazer algo especial?
LUÍS: Não sei exatamente. Mas, quero (3) _______ daqui!
MÁRIO: Lucas e eu (4) _______ ao Brasil. Por que não (5) _______ os três juntos: Lucas, você e eu?
LUÍS: Ótima ideia! Mas, eu (6) _______ precisar de mais dinheiro.
MÁRIO: Como você (7) _______ conseguir mais dinheiro em tão pouco tempo?
LUÍS: Acho que (8) _______ pedir a meus pais.
MÁRIO: Lucas e eu também (9) _______ pedir a nossos pais.
LUÍS: (10) _______ começar a fazer nossos planos?
MÁRIO: (11) _______ sim. (12) _______ jantar juntos essa noite?
LUÍS: (13) _______ sim.

Pronúncia

Os sons do "r" e do "j"

As you have learned in **Lição 2**, the Brazilian Portuguese **r** at the beginning and at the end of words is pronounced, in most regions of Brazil, like the English *h* in *hot*. The pronunciation of the r at the end of words and syllables varies, depending on where the speaker is from. The double **rr** is also pronounced like the English *h* as in *hot*. These Brazilian Portuguese sounds correspond to the Spanish sound *j* in *jamón* as pronounced in many Spanish-speaking countries. On the other hand, as you have learned in the **Pronúncia** section of this lesson, the Brazilian Portuguese **j** , in any position, is pronounced like the English *s* in *measure* or *leisure*.

PS-10 Os sons do "r" e do "j". Listen to the recording and repeat and the words that you hear. **Repita as seguintes palavras.**

1. ...
2. ...
3. ...
4. ...
5. ...
6. ...
7. ...

Nome: ______________________________ Data: ____________________

Lição 4

ESTRUTURAS

Present tense of stem-changing verbs

As you have learned in **Lição 4** of your textbook, Portuguese has a quite large number of stem-changing verbs. There are two patterns of irregularity that have counterparts in Spanish.

- Portuguese closed **o** and closed **e** change to open "**o**" and open "**e**" in stressed syllables of present-tense verb forms. In cognate Spanish verbs, this pattern corresponds to the change of **o** to **ue** and **e** to **ie**.

PORTUGUESE		SPANISH	
PODER		**PODER**	
eu	p**o**sso	yo	p**ue**do
tu	p**o**des	tú	p**ue**des
você o senhor/a senhora ele/ela	p**o**de	él/ella/usted	p**ue**de
nós	podemos	nosotros/as	podemos
vocês os senhores/as senhoras eles/elas	p**o**dem	ellos/ellas/ustedes	p**ue**den
ALMOÇAR		**ALMORZAR**	
eu	alm**o**ço	yo	alm**ue**rzo
tu	alm**o**ças	tú	alm**ue**rzas
você o senhor/a senhora ele/ela	alm**o**ça	él/ella/usted	alm**ue**rza
nós	almoçamos	nosotros/as	almorzamos
vocês os senhores/as senhoras eles/elas	alm**o**çam	ellos/ellas/ustedes	alm**ue**rzan
QUERER		**QUERER**	
eu	qu**e**ro	yo	qu**ie**ro
tu	qu**e**res	tú	qu**ie**res
você o senhor/a senhora ele/ela	qu**e**r	él/ella/usted	qu**ie**re
nós	queremos	nosotros/as	queremos
vocês os senhores/as senhoras eles/elas	qu**e**rem	ellos/ellas/ustedes	qu**ie**ren

Continued

COMEÇAR		COMENZAR	
eu	começo	yo	comienzo
tu	começas	tú	comienzas
você o senhor/a senhora ele/ela	começa	él/ella/usted	comienza
nós	começamos	nosotros/as	comenzamos
vocês os senhores/as senhoras eles/elas	começam	ellos/ellas/ustedes	comienzan

◆ In **-ir** verbs, these correspondences are present only in the **tu, você,** and **vocês** form:

PORTUGUESE		SPANISH	
DORMIR		**DORMIR**	
eu	durmo	yo	duermo
tu	dormes	tú	duermes
você o senhor/a senhora ele/ela	dormes	él/ella/usted	duerme
nós	dormimos	nosotros/as	dormimos
vocês os senhores/as senhoras eles/elas	dormem	ellos/ellas/ustedes	duermen
PREFERIR		**PREFERIR**	
eu	prefiro	yo	prefiero
tu	preferes	tú	prefieres
você o senhor/a senhora ele/ela	prefere	él/ella/usted	prefiere
nós	preferimos	nosotros/as	preferimos
vocês os senhores/as senhoras eles/elas	preferem	ellos/ellas/ustedes	prefieren

Nome: ______________________ Data: ______________

PS-11 As famílias. João e Janaína are talking about their families. Complete their conversation with appropriate forms of the verbs in parentheses.

JOÃO: Minha família sempre (1) _______ (almoçar) em um restaurante brasileiro que fica em Somerville.

JANAÍNA: Conheço esse restaurante, mas (2) _______ (preferir) um que fica em Cambridge.

JOÃO: Você e sua família (3) _______ (poder) vir almoçar conosco na semana que vem?

JANAÍNA: Seria ótimo. A que horas vocês (4) _______ (preferir)?

JOÃO: Nós (5) _______ por volta do meio-dia. O restaurante (6) _______ (começar) a servir nesse horário. O que você acha?'

JANAÍNA: Acho perfeito, mas o problema é que temos uma filha adolescente. E como você sabe, quando (7) _______ (poder), os adolescentes (8) _______ (dormir) até tarde.

JOÃO: Então, a que horas ela (9) _______ (preferir) almoçar no domingo?

JANAÍNA: Nós todos (10) _______ (dormir) até umas nove e ela (11) _______ (dormir) até umas onze. Acho que à uma da tarde seria perfeito. Ela (12) _______ (dormir) até tarde, mas quando (13) _______ (começar) a se arrumar, é muito rápida. Eu acordo cedo, mas (14) _______ (começar) a me arrumar tarde.

JOÃO: Vou ligar para minha esposa e ver se ela (15) _______ (poder) na semana que vem. Minha família (16) _______ (querer) muito conhecer a sua.

JANAÍNA: Vou também confirmar com meu marido. Seria realmente uma ótima oportunidade, pois meu marido também (17) _______ (querer) conhecer vocês. Bem, até mais tarde.

JOÃO: Até mais tarde.

Pronúncia

Os sons do "s" e do "z"

There is a very common sound in Portuguese that does not exist in Spanish: the **z** sound, like the *z* in the English word *zero*. As you have learned in the **Pronúncia** section of this lesson, when the Portuguese letters **s** and **z** are between vowels they sound like the *s* or the *z* in the English words *disease* and *zebra*. The **z** at the beginning of a word or syllable is pronounced the same way.

PS-12 Os sons do "s" e do "z". Listen to the recording and select the word that you hear.

1. casa — caça
2. doce — doze
3. roça — rosa
4. asa — assa
5. Zeca — seca
6. acetona — azeitona
7. resumir — reassumir
8. ração — razão
9. lousa — louça
10. preza — pressa

Lição 5

ESTRUTURAS

Demonstrative adjectives and pronouns

- The masculine plural forms of demonstrative adjectives differ in Portuguese and in Spanish.

PORTUGUESE	SPANISH	
estes livros	**estos** libros	*these books*
esses quartos	**esos** cuartos	*those rooms*
aqueles homens	**aquellos** hombres	*those men (over there)*

- Both in Portuguese and in Spanish, masculine and feminine demonstrative adjectives are distinct from neuter demonstrative pronouns, which stand alone and do not vary in gender or number.

PORTUGUESE	SPANISH	
isto	**esto**	*this (thing)*
isso	**eso**	*that (thing)*
aquilo	**aquello**	*that (thing over there)*

- The following table compares all demonstratives in Portuguese and in Spanish.

	PORTUGUESE	SPANISH
masculine singular	este, esse, aquele	este, ese, aquel
masculine plural	estes, esses, aqueles	estos, esos, aquellos
feminine singular	esta, essa, aquela	esta, esa, aquella
feminine plural	estas, essas, aquelas	estas, esas, aquellas
neuter pronouns	isto, isso, aquilo	esto, eso, aquello

Nome: ____________________ Data: ____________________

PS-13 Perguntas e respostas. Answer the following questions according to the model.

MODELO: Você quer este travesseiro?
Não, *quero aquele.* or
Não, *quero esse.*

1. Você vai lavar este tapete?
   Não, ____________________.
2. Vocês vão dar estes cobertores?
   Não, ____________________.
3. Vocês vão passar este aspirador?
   Não, ____________________.
4. Você vai usar esta almofada?
   Não, ____________________.
5. Vocês vão secar esta louça?
   Não, ____________________.
6. Vocês vão arrumar esta sala?
   Não, ____________________.
7. Você vai limpar este banheiro?
   Não, ____________________.
8. Você vai jogar fora esta toalha?
   Não, ____________________.

Pronúncia

A letra "ç" (c cedilha)

As you have learned in the **Pronúncia** section of this lesson, the Portuguese letter "**ç** " (**c cedilha**) is used before the vowels **a, o,** and **u** to indicate a sound similar to the *ss* in the English word *assist*. The **ç** is never used at the beginning of a word. It often corresponds to the Spanish letter **z**.

PS-14 C cedilha. The Portuguese letter **ç** (*c cedilha*) often corresponds to the Spanish letter **z**. In each question below, you will see a Spanish word. Listen to the pronunciation of its Portugese cognate, then select the word that you hear.

1. **Spanish:** *almuerzo*
   Portuguese: a. almoço b. almaço
2. **Spanish:** *azúcar*
   Portuguese: a. açúcar b. açude
3. **Spanish:** *brazo*
   Portuguese: a. abraço b. braço
4. **Spanish:** *cabeza*
   Portuguese: a. começa b. cabeça
5. **Spanish:** *conozco*
   Portuguese: a. conheço b. amanheço
6. **Spanish:** *corazón*
   Portuguese: a. coração b. correção
7. **Spanish:** *esfuerzo*
   Portuguese: a. esforço b. pescoço
8. **Spanish:** *marzo*
   Portuguese: a. maço b. março
9. **Spanish:** *pedazo*
   Portuguese: a. palhaço b. pedaço
10. **Spanish:** *raza*
    Portuguese: a. raça b. roça

Nome: ______________________ Data: ______________

Lição 6

ESTRUTURAS

Direct object nouns and pronouns

- The forms of direct object pronouns are very similar in Portuguese and in Spanish.

PORTUGUESE	SPANISH	
me	**me**	*me*
te	**te**	*you* (sing., familiar)
o	**lo**	*you* (sing., formal), *him, it* (masc.)
a	**la**	*you* (sing., formal), *her, it* (fem.)
nos	**nos**	*us*
vos	**os**	*you* (formal and familiar, plural)
os	**los**	*them* (masculine)
as	**las**	*them* (feminine)

- Both in Spanish and in spoken Brazilian Portuguese, the direct object pronoun is placed before the conjugated verb. In formal written Brazilian Portuguese, the pronoun may follow the verb in affirmative sentences and in questions not introduced by a question word. The pronoun is attached to the verb with a hyphen.

PORTUGUESE	SPANISH	
Roberto **me levou** à praia. Roberto **levou-me** à praia.	Roberto **me llevó** a la playa.	*Robert took me to the beach.*
Você os **conhece** há muito tempo? Você **conhece-os** há muito tempo?	¿**Los conoces** hace mucho tiempo?	*Have you known them for a long time?*

- As in Spanish, in Portuguese the pronoun always precedes the verb in negative sentences, in questions introduced by a question word, after conjunctions such as **que** or **quem,** and after certain adverbs such as **ainda** (*todavía*), **tudo** (*todo*), and **também** (*también*), among others.

Não **te** compreendo.
No **te** comprendo. — *I don't understand you.*

Onde você **as** comprou?
¿Donde **las** compraste? — *Where did you buy them?*

Acho que **me** ouviram.
Creo que **me** oyeron. — *I think they heard me.*

Ainda **o** temos.
Todavía **lo** tenemos. — *We still have it.*

Continued

- In Brazilian Portuguese compound verb forms, composed of a conjugated verb and an infinitive or a participle, the direct object pronoun may be placed before both verbs, between them, or after both.
  Spanish puts direct object pronouns either before both verbs or after both verbs, but never between verbs.

  Nós **as tínhamos visto** ontem.
  Nosotros **las habíamos visto** ayer. — *We had seen them yesterday.*
  Você **está me vendo** agora?
  ¿Me **estás viendo** ahora? — *Are you seeing me now?*
  Chico **vai levar-nos** no carro dele.
  Chico **va a llevarnos** en su carro. — *Chico will take us in his car.*

- In Spanish, it is very common to begin a sentence with a direct object pronoun. In Brazilian Portuguese, this occurs commonly only in spoken discourse.

  Me viu na praia ontem.
  Me vio en la playa ayer. — *He/She saw me at the beach yesterday.*
  Te levou ao cinema?
  ¿**Te llevó** al cine? — *Did he/she take you to the movies?*

PS-15 Tantas roupas! You have inherited a box of very nice clothes from your great-grandparents and want to share them with a friend. Your friend is asking you which of these heirlooms you want to keep for yourself. Answer his or her questions according to the model.

MODELO: Você quer a saia de lã?
Eu a quero, sim. ou
Eu quero, sim. ou
Não quero, você pode levá-la.

1. Você quer o chapéu de seda?
____.
2. Você quer o casaco de pele?
____.
3. Você quer os sapatos de crocodilo?
____.
4. Você quer o colar de pérolas?
____.
5. Você quer as camisas de linho?
____.
6. Você quer a bolsa francesa?
____.
7. Você quer as gravatas italianas?
____.
8. Você quer os brincos de ouro?
____.
9. Você quer o cinto de couro?
____.

Nome: ______________________________ Data: ____________________

Pronúncia

O "f" português e o "h"espanhol

In many Portuguese/Spanish cognates, the silent letter **h** in Spanish corresponds to the letter **f** in Portuguese.

Eles estão **falando** sobre os **filhos**.
Ellos están **hablando** sobre los **hijos**. *They are talking about the children.*

PS-16 O *f* e o *h*. Listen to and repeat the following Portuguese words. As you practice, compare the Portuguese words with their Spanish cognates. **Repita as seguintes palavras.**

SPANISH	PORTUGUESE
1. almohada	almofada
2. hacer	fazer
3. hablar	falar
4. harina	farinha
5. hierro	ferro
6. higo	figo
7. hijo	filho
8. hilo	fio
9. hoja	folha
10. hambre	fome
11. horno	forno

Lição 7

Indirect object nouns and pronouns

- The forms of indirect object pronouns are very similar in Portuguese and in Spanish.

PORTUGUESE	SPANISH	
me	**me**	*to/for me*
te	**te**	*to/for you* (sing., familiar)
lhe	**le**	*to/for you* (sing., formal), *him, her, it*
nos	**nos**	*to/for us*
vos	**os**	*to/for you* (plural)
lhes	**les**	*to/for them*

- As in Spanish, the indirect object pronoun in spoken Brazilian Portuguese is usually placed before the conjugated verb, but it follows the verb (attached with a hyphen) when there is no subject expressed at the beginning of a sentence.

PORTUGUESE	SPANISH	
Daniel **me deu** um colar.	Daniel **me dio** un collar.	*Daniel gave me a necklace.*
Deram-me um colar.	**Me dieron** un collar.	*They gave me a necklace.*

- As in Spanish, in Portuguese the pronoun always precedes the verb in negative sentences, in questions introduced by a question word, after conjunctions such as **que** or **quem**, and after certain adverbs such as **ainda** (*todavía*), **tudo** (*todo*), and **também** (*también*), among others.

Não **te** disse nada.
No **te** dije nada. *I/he/she did not tell you anything.*
Quem **lhe** telefonou?
¿Quien **le** habló por teléfono? *Who called you/him/her?*
Ainda **nos** devem dinheiro.
Todavía **nos** deben dinero. *They still owe us money.*

- In Brazilian Portuguese compound verb forms, composed of a conjugated verb and an infinitive or a past participle, the indirect object pronoun tends to be placed between the verbs. Spanish places indirect object pronouns either before both verbs or after both verbs, but never between verbs.

PORTUGUESE	SPANISH	
Carlos **pode me mostrar** isso.	Carlos **puede mostrarme** eso.	
	Carlos **me puede mostrar** eso.	*Carlos can show me this.*
Vou lhe mandar os livros.	**Voy a mandarle** los libros.	*I'll send you/him/her the books.*
	Le voy a mandar los libros.	

- In Spanish, it is very common to begin a sentence with an indirect object pronoun. In Brazilian Portuguese, this occurs commonly only in spoken discourse.

Me disse a verdade.
Me dijo la verdad. *He/She told me the truth.*
Te enviei um cartão postal.
Te envié una tarjeta postal. *I sent you a postcard.*

Nome: ______________________________ Data: ____________________

PS-17 A reunião com o treinador. You and a friend are discussing what you are going to do in your next meeting with your soccer coach. Explain your plans according to the model.

MODELO: fazer perguntas sobre as datas dos jogos
Vamos lhe fazer perguntas sobre as datas dos jogos.

1. pedir para não jogar no próximo domingo

   ____

2. perguntar os resultados do último jogo

   ____

3. oferecer-nos para participar do próximo treinamento

   ____

4. mostrar as fotos do jogo do mês passado

   ____

5. dar um presente

   ____

6. explicar que não podemos treinar no verão

   ____

Pronúncia

As terminações -(ç)ão e -(c)ión

In many Portuguese/Spanish cognates, the Spanish ending **-(c)ión** corresponds to the Portuguese ending **-(ç)ão.**

Qual é a **condição** do **avião**?
¿Cuál es la **condición** del **avión**? *What is the condition of the plane?*

PS-18 As terminações. As you have learned, the Spanish ending *-(c)ión* often corresponds to the Portuguese ending *-(ç)ão*. In each question below, you will see a Spanish word. Listen to the pronunciation of its Portugese cognate, then select the word that you hear.

PORTUGUESE		SPANISH
1. **Spanish:**	*avión*	
Portuguese:	a. avião	b. apagão
2. **Spanish:**	*condición*	
Portuguese:	a. condição	b. condução
3. **Spanish:**	*descripción*	
Portuguese:	a. discrição	b. descrição
4. **Spanish:**	*decisión*	
Portuguese:	a. rescisão	b. decisão
5. **Spanish:**	*diversión*	
Portuguese:	a. diversão	b. diluição
6. **Spanish:**	*educación*	
Portuguese:	a. redução	b. educação
7. **Spanish:**	*lección*	
Portuguese:	a. ligação	b. lição
8. **Spanish:**	*natación*	
Portuguese:	a. natação	b. narração
9. **Spanish:**	*promoción*	
Portuguese:	a. promoção	b. proteção
10. **Spanish:**	*reunión*	
Portuguese:	a. redação	b. reunião
11. **Spanish:**	*selección*	
Portuguese:	a. seção	b. seleção

Nome: ______________________________ Data: ____________________

Lição 8

ESTRUTURAS

Comparisons of inequality

There are some important differences in the ways speakers of Portuguese and Spanish make comparisons of inequality.

- In Portuguese, expressions **mais...(do) que** or **menos... (do) que** are used to express comparisons of inequality with nouns, adjectives, and adverbs. Unlike in Spanish, in Portuguese either **do que** or **que** may be used to express *than*.

Ela era {**mais/menos**} alegre que ele.
Ella era {**más/menos**} alegre que él. — *She was a {more/less} happy person than he.*
Saía {**mais/menos**} do que ele.
Salía {**más/menos**} que él. — *She went out {more/less} than he did.*

- As in Spanish, Portuguese speakers use **de** instead of **(do) que** before numbers.

Há **mais de** dez mil pessoas no desfile.
Hay **más de** diez mil personas en el desfile. — *There are more than ten thousand people in the parade.*
No ano passado havia **menos de** cinco mil.
El año pasado había **menos de** cinco mil. — *Last year, there were fewer than five thousand.*

- Some Spanish adjectives have both regular and irregular comparative forms. In Brazilian Portuguese, the same adjectives have only irregular forms.

	PORTUGUESE		SPANISH	
bom	**melhor**	bueno	**más bueno/mejor**	*better*
ruim/mau	**pior**	malo	**más malo/peor**	*worse*
pequeno	**menor**	pequeño	**más pequeño/menor**	*smaller*
grande	**maior**	grande	**más grande/mayor**	*bigger*

- In Spanish, **mayor** and **menor** can refer to age. In Portuguese, these words refer only to size.

Minha casa é **maior** do que a casa de Maria.
Mi casa es **más grande** que la casa de María. — *My house is bigger than Maria's.*
Meu irmão **mais velho** se chama Carlos.
Mi hermano **mayor** se llama Carlos. — *My older brother's name is Carlos.*

PS-19 Depois da viagem. Imagine que você acaba de voltar de uma viagem ao Brasil. Conte suas impressões comparando o Brasil aos Estados Unidos.

MODELO: feriados religiosos (quantidade)
Há menos feriados religiosos nos Estados Unidos do que no Brasil.

1. população (tamanho)

____

2. estados (quantidade)

____

3. Nova York x Rio de Janeiro (tamanho)

____

4. igrejas barrocas (quantidade)

____

5. o estado do Amazonas x o estado de Massachusetts (tamanho)

____

6. o / a presidente do Brasil x o presidente dos Estados Unidos (idade)

____

Comparisons of equality

There is only one small difference between comparisons of equality in Portuguese and in Spanish. Unlike in Spanish, in Portuguese either **quanto** or **como** may be used to express *than*. The preferred form is **tão/tanto... quanto** in Brazilian Portuguese and **tão/tanto... como** in European Portuguese.

PORTUGUESE	SPANISH
tão... quanto/como	tan... como
tanto/a... quanto/como	tanto/a... como
tantos/as... quanto/como	tantos/as... como
tanto quanto/como	tanto como

PS-20 Mais impressões. Você continua refletindo sobre suas impressões da viagem ao Brasil e comparando o Brasil aos Estados Unidos. Escreva frases de acordo com o modelo.

MODELO: Estados Unidos x Brasil (interessante)
Os Estados unidos são tão interessantes quanto o Brasil.
Rio de Janeiro x Texas (gás natural)
Há tanto gás natural no Rio de Janeiro quanto no Texas.

1. Estados Unidos x Brasil (monumentos para visitar)

____

2. o povo brasileiro x o povo americano (simpático)

____

3. Nova York x Rio de Janeiro (bonita)

____

4. metrô de São Paulo x metrô de Nova York (sujeira)

____

5. política brasileira x política americana (problemas)

____

6. Estados Unidos x Brasil (coisas interessantes para fazer)

____

Nome: ______________________________ Data: ____________________

Lição 9

Se as impersonal subject

- In Spanish, there is a strong preference for impersonal constructions over the passive voice, and passive constructions with the past participle are not commonly used by Spanish speakers. In Brazilian Portuguese, both impersonal constructions and the passive voice (which you will practice in **Lição 14**) are common.

Portuguese:	**Fala-se** português em muitos países.	
	O português **é falado** em muitos países.	
Spanish:	**Se habla** portugués en muchos países.	*Portuguese is spoken in many countries.*
Portuguese:	**Vendem-se** bons livros nesta livraria.	
	Bons livros **são vendidos** nesta livraria.	
Spanish:	**Se venden** buenos libros en esta librería.	*Good books are sold in this bookstore.*
Portuguese:	**Perdeu-se** muito dinheiro aqui.	
	Muito dinheiro **foi perdido** aqui.	
Spanish:	**Se perdió** mucho dinero aquí.	*People lost a lot of money here.*

VAMOS PRATICAR

PS-21 Condições de trabalho. Você é o chefe de recursos humanos de uma empresa e está entrevistando um potencial empregado. Explique quais são as vantagens de se trabalhar na empresa.

MODELO: oferecer muitas férias
Oferecem-se muitas férias.

1. ganhar bem

   ______________________________.

2. ter bom seguro saúde

   ______________________________.

3. oferecer excelentes bônus

   ______________________________.

4. proporcionar muitas opções de lazer aos funcionários

   ______________________________.

5. pagar creches para os filhos dos funcionários

   ______________________________.

6. dar presentes aos funcionários

   ______________________________.

The preterit of regular and irregular verbs

- In Portuguese, regular verbs ending in **-er** and in **-ir** have different endings in the preterite, whereas in Spanish their endings are the same.

PORTUGUESE		SPANISH	
COMER	ABRIR	COMER	ABRIR
eu comi	abri	yo comí	abrí
você com**eu**	abr**iu**	usted com**ió**	abr**ió**
nós com**emos**	abr**imos**	nosotros com**imos**	abr**imos**
vocês com**eram**	abr**iram**	ustedes com**ieron**	abr**ieron**

- A few commonly used irregular verbs have quite different preterite forms in Portuguese and in Spanish.

	INFINITIVE	EU	VOCÊ	NÓS	VOCÊS
Portuguese	dizer	disse	disse	dissemos	disseram
Spanish	decir	dije	dijo	dijimos	dijeron
Portuguese	estar	estive	esteve	estivemos	estiveram
Spanish	estar	estuve	estuvo	estuvimos	estuvieron
Portuguese	fazer	fiz	fez	fizemos	fizeram
Spanish	hacer	hice	hizo	hicimos	hicieron
Portuguese	ir/ser	fui	foi	fomos	foram
Spanish	ir/ser	fui	fue	fuimos	fueron
Portuguese	poder	pude	pôde	pudemos	puderam
Spanish	poder	pude	pudo	pudimos	pudieron
Portuguese	pôr	pus	pôs	pusemos	puseram
Spanish	poner	puse	puso	pusimos	pusieron
Portuguese	querer	quis	quis	quisemos	quiseram
Spanish	querer	quise	quiso	quisimos	quisieron
Portuguese	saber	soube	soube	soubemos	souberam
Spanish	saber	supe	supo	supimos	supieron
Portuguese	trazer	trouxe	trouxe	trouxemos	trouxeram
Spanish	traer	traje	trajo	trajimos	trajeron
Portuguese	ter	tive	teve	tivemos	tiveram
Spanish	tener	tuve	tuvo	tuvimos	tuvieron
Portuguese	vir	vim	veio	viemos	vieram
Spanish	venir	vine	vino	vinimos	vinieron

Nome: ___________________________________ Data: ____________________

PS-22 Procurando emprego. Complete o diálogo entre Emília e Denise com formas apropriadas do pretérito dos verbos abaixo.

saber fazer trazer encontrar ter ser vir dizer ir querer

EMÍLIA: Então, você já (1) _______ algo?

DENISE: Ainda não, mas já (2) _______ muitas entrevistas e (3) _______ a várias agências de emprego.

EMÍLIA: Você (4) _______ sorte com as entrevistas?

DENISE: Os entrevistadores (5) _______ todos simpáticos e (6) _______ saber tudo sobre minha preparação acadêmica.

EMÍLIA: Você (7) _______ seu CV para eu dar uma olhada?

DENISE: Não, não, desculpe. O problema é que eu (8) _______ diretamente de uma aula.

EMÍLIA: Não se preocupe. Você pode trazê-lo amanhã. O importante é que queria lhe dizer que (9) _______ que estão procurando pessoas com o seu perfil em uma empresa não muito longe daqui. Olhe o anúncio aqui no jornal. Tenho amigos que trabalham lá e (10) _______ que a empresa é excelente.

DENISE: Ah que ótimo! Super obrigada. Vou escrever para eles.

Lição 10

ESTRUTURAS

False cognates: nouns

- More than 70% of the Portuguese vocabulary is entirely comprehensible to the speakers of Spanish. There are, however, some false cognates to watch out for.

PORTUGUESE	ENGLISH	SPANISH	ENGLISH
o apelido	*nickname*	**el apellido**	*last name*
a borracha	*rubber, eraser*	**borracho/a**	*drunk*
a cadeira	*chair*	**la cadera**	*hip*
a cena	*scene*	**la cena**	*supper*
embaraçado/a	*embarrassed*	**embarazada**	*pregnant*
esquisito/a	*strange, unusual*	**exquisito/a**	*exquisite*
o escritório	*office*	**el escritorio**	*desk*
a firma	*firm*	**la firma**	*signature*
largo/a	*wide*	**largo/a**	*long*
o ninho	*nest*	**el niño**	*child*
a oficina	*repair shop*	**la oficina**	*office*
o polvo	*octopus*	**el polvo**	*dust*
a salsa	*parsley*	**la salsa**	*sauce*
a salada	*salad*	**salado/a**	*salty*
o sobrenome	*family name*	**el sobrenombre**	*nickname*
o talher	*cutlery*	**el taller**	*workshop*
o vaso	*vase*	**el vaso**	*glass*

Nome: ______________________________ Data: ____________________

PS-23 No restaurante. Paulo e Marina vão jantar em um restaurante chinês. Complete a conversa deles com palavras apropriadas da tabela abaixo. Algumas palavras podem ser usadas mais de uma vez.

apelido – borracha – cadeira – cena – embaraçado/a – esquisito/a – escritório – firma largo – ninho – oficina – polvo – salsa – salada – sobrenome – talher – vaso

MARINA: Obrigada pelo convite para o jantar. O restaurante é tão elegante que me sinto até um pouco (1) ______________.

PAULO: Que é isso! Você está super elegante. Na verdade, bem mais elegante do que todos os que estão no restaurante.

MAÎTRE: Boa noite. O senhor tem mesa reservada?

PAULO: Temos, sim. Meu (2) ______________ é Oliveira.

MARINA: Perfeitamente. Por favor, sigam-me.

PAULO: Finalmente vamos ter tempo para conversar. Nossos (3) ______________ ficam um ao lado do outro, mas estamos sempre tão ocupados no trabalho que mal nos falamos.

MARINA: É mesmo. Trabalhamos em uma (4) ______________ que exige muito dos funcionários. Mas que lindas flores e esses (5) ______________ chineses são lindíssimos. Perfeitos para flores tão delicadas.

PAULO: Adoro arte chinesa. Esses desenhos de (6) ______________ de passarinhos são encantadores.

MARINA: A mesa está realmente bem decorada. A louça e os (7) ______________ são belíssimos.

PAULO: O único problema é que minha (8) ______________ é um pouco desconfortável.

MARINA: Ah! Então peça para o garçom trocá-la. A minha também está um pouco (9) ______________, desconfortável.

PAULO: Vou então pedir para o garçom trocar as duas. Mas, você já pensou no que vai querer jantar?

MARINA: Adoro frutos do mar. Gostaria de comer (10) ______________ e depois uma (11) ______________ de alface.

PAULO: Boa ideia. Vou pedir o mesmo.

The present subjunctive

The use of the present subjunctive in Brazilian Portuguese and in Spanish is very similar. However, there is a difference regarding the expressions **talvez** (*tal vez*) and **embora** (*aunque*). In Spanish, these expressions can be followed by either the indicative or the subjunctive, depending on the intention of the speaker. For Portuguese speakers, these expressions always trigger the use of subjunctive.

Portuguese:	Talvez ela **ache** que esta sobremesa é boa.	
Spanish:	Tal vez ella **crea** que este postre es bueno.	
	Tal vez ella **cree** que este postre es bueno.	*Maybe she'll think this dessert is good.*
Portuguese:	Embora **seja** caro, não é um bom restaurante.	
Spanish:	Aunque **es** caro, no es un buen restaurante.	*Although the restaurant is*
	Aunque **sea** caro, no es un buen restaurante.	*expensive, it isn't good.*

PS-24 O jantar. Paulo e Marina continuam conversando no restaurante chinês. Complete o diálogo com formas de indicativo ou de subjuntivo dos verbos entre parênteses.

PAULO: Espero que você (1) ______________ (estar) gostando da comida.

MARINA: Eu acho que a comida (2) ______________ (estar) ótima, embora a sopa (3) ______________ (estar) um pouco fria.

PAULO: Você quer que eu (4) ______________ (reclamar) com o garçom?

MARINA: Talvez (5) ______________ (ser) uma boa ideia, embora eu não (6) ______________ (achar) isso realmente um grande problema.

PAULO: De qualquer modo, acho que (7) ______________ (dever) reclamar. Vou chamar o garçom.

MARINA: Espere um pouco. Na verdade, não acho que você (8) ______________ (dever) reclamar com o garçom. Talvez (9) ______________ (ser) melhor falar com o *maître*.

PAULO: Você tem sempre razão.

MARINA: Não exagere. Embora eu (10) ______________ (procurar) tomar atitudes bem pensadas, às vezes sou um pouco precipitada.

PAULO: Você é muito modesta e inteligente, embora não (11) ______________ (admitir) que se fale isso publicamente.

MARINA: Mais um exagero seu. Só acho que todos nós (12) ______________ (precisar) pensar antes de agir. Infelizmente, não acho que isso (13) ______________ (acontecer) todo o tempo.

PAULO: Você tem razão. Isso acontece muito comigo. Às vezes falo coisas sem pensar, mas acho que sempre (14) ______________ (poder) mudar, não é mesmo?

MARINA: Com certeza.

Nome: ______________________ Data: ______________

Lição 11

False cognates: verbs

◆ In addition to the nouns you reviewed in **Lição 10**, there are also a few verbs that are false cognates in Portuguese and Spanish.

PORTUGUESE	ENGLISH	SPANISH	ENGLISH
acordar	*to awake*	**acordarse**	*to remember*
borrar	*to stain*	**borrar**	*to erase*
botar	*to place*	**botar**	*to throw out*
brincar	*to play*	**brincar**	*to jump*
colar	*to glue*	**colar**	*to filter*
contestar	*to refute*	**contestar**	*to answer*
fechar	*to close*	**fechar**	*to date*
firmar	*to stabilize*	**firmar**	*to sign*
latir	*to bark*	**latir**	*to palpitate*
pegar	*to get*	**pegar**	*to strike*
reparar	*to notice*	**reparar**	*to repair*
tirar	*to remove*	**tirar**	*to trash*
trair	*to betray*	**traer**	*to bring*

PS-25 À meia-noite. Complete o diálogo com formas apropriadas dos verbos da tabela abaixo.

acordar – borrar – botar – brincar – colar – contestar – fechar
firmar – latir – pegar – reparar – tirar – trair

MÃE: É melhor você ir dormir logo. Amanhã você precisa (1) ______________ cedo.

DANIELA: Espera um pouco, mamãe. Preciso imprimir outra cópia do meu ensaio porque pus a mão nele enquanto a tinta da impressora estava fresca e (2) ______________ tudo.

MÃE: Tudo bem. Mas, é melhor que você (3) ______________ a porta de seu quarto. A impressora está fazendo muito barulho. O cachorro está agitado e não para de (4) ______________.

DANIELA: É, eu (5) ______________ nisso. Esse cachorro é impossível. Vou (6) ______________ uma mordaça (*muzzle*) na boca dele e só vou (7) ______________ amanhã.

MÃE: Que é isso, Daniela? Acalme-se. O problema é que você começou a escrever seu ensaio muito tarde. Da próxima vez é melhor você trabalhar em vez de ficar (8) ______________ no computador.

Relative pronouns

The uses of relative pronouns in Portuguese and Spanish are very similar, with one important exception. Portuguese, unlike Spanish, does not have a plural form for the relative **quem**.

Tina é a médica com **quem** falei.
Tina es la médica con **quien** hablé. — *Tina is the doctor I spoke with.*
Tina e Lia são as médicas com **quem** falei.
Tina y Lía son las médicas con **quienes** hablé. — *Tina and Lia are the doctors I spoke with.*

PS-26 Em um hospital. Complete a seguinte conversa entre dois pacientes em um hospital.

PACIENTE 1: Os médicos (1) ______________ trabalham neste hospital são muito simpáticos.

PACIENTE 2: Concordo. As enfermeiras também são simpáticas, mas há uma de (2) ______________ não gosto.

PACIENTE 1: Ah, é. Quem é ela?

PACIENTE 2: é uma com (3) ______________ estava falando hoje de manhã.

PACIENTE 1: Não sei de (4) ______________ se trata.

PACIENTE 2: Sabe, sim. é uma nova, uma (5) ______________ acabam de contratar.

PACIENTE 1: Ah, então deve ser por isso. Ela deve estar nervosa.

PACIENTE 2: Você tem razão.

Nome: ______________________________ Data: ____________________

Lição 12

Gender in Portuguese and Spanish nouns

◆ Even though most Portuguese and Spanish nouns coincide in gender, there are a few that are feminine in Portuguese and masculine in Spanish or vice versa.

Feminine to masculine

PORTUGUESE	SPANISH	
feminine	masculine	
a análise	**el análisis**	*analysis*
a árvore	**el árbol**	*tree*
a cor	**el color**	*color*
a cútis	**el cutis**	*skin*
a desordem	**el desorden**	*disorder*
a dor	**el dolor**	*pain*
a equipe	**el equipo**	*team*
a estreia	**el estreno**	*debut*
a macieira	**el manzano**	*apple tree*
a oliveira	**el olivo**	*olive tree*
a origem	**el origen**	*origin*
a pétala	**el pétalo**	*petal*
a ponte	**el puente**	*bridge*

Masculine to feminine

PORTUGUESE	SPANISH	
masculine	feminine	
o computador	**la computadora**	*computer*
o costume	**la costumbre**	*habit*
o creme	**la crema**	*cream*
o ensino	**la enseñanza**	*teaching*
o gravador	**la grabadora**	*recorder*
o joelho	**la rodilla**	*knee*
o leite	**la leche**	*milk*
o legume	**la legumbre**	*vegetable*
o mel	**la miel**	*honey*
o nariz	**la nariz**	*nose*
o paradoxo	**la paradoja**	*paradox*
o protesto	**la protesta**	*protest*
o riso	**la risa**	*smile*
o sal	**la sal**	*salt*
o sangue	**la sangre**	*blood*

PS-27 Famílias de palavras. Organize as palavras portuguesas das duas listas abaixo em "famílias" de acordo com o sentido.

a análise – a árvore – a cor – a cútis – a desordem – a dor – a equipe – a estreia – a macieira a oliveira – a origem – a pétala – a ponte
o computador – o costume – o creme – o ensino – o gravador – o joelho – o leite – o legume o mel – o nariz – o paradoxo – o protesto – o riso – o sal – o sangue

MODELO: • **Família:** Aparelhos eletrônicos
o computador, o gravador

1. Alimentos

____

____

2. Corpo humano

____

____

3. Natureza

____

____

4. Conceitos abstratos

____

____

Tudo vs. todo/a/os/as

- To express *everything* in Portuguese, use **tudo**, a word that does not exist in Spanish. **Tudo** is not preceded or followed by any noun and never changes its form.

Tudo está bem.	
Todo está bien.	*Everything is all right.*
Eu já comi **tudo**.	
Yo ya comí **todo**.	*I already ate everything.*
Está **tudo** aqui.	
Está **todo** aquí.	*Everything is here.*

- By contrast, **todo/a/os/as** (*all, entire, whole*) precedes (and sometimes follows) a noun and agrees with it in gender and number.

Todos os passageiros chegaram.	
Todos los pasajeros llegaron.	*All the passengers arrived.*
Todas as passageiras chegaram.	
Todas las pasajeras llegaron.	*All the (female) passengers arrived.*
Passei a manhã **toda** esperando.	
Pasé **toda** la mañana esperando.	*I spent the entire morning waiting.*
Eu conheci **todo** o país.	
Yo conocí **todo** el país.	*I got to know the whole country.*

PS-28 As viagens. Complete a conversa entre Paula e André com **tudo** ou **todo/a/os/as**.

PAULA: O que você fez em suas últimas férias?

ANDRÉ: Eu fiz um pouco de (1) ______________. (2) ______________ os dias eu fazia uma atividade diferente.

PAULA: E você conseguiu ler (3) ______________ os livros que queria?

ANDRÉ: Consegui, sim. Consegui também fazer (4) ______________ as atividades e (5) ______________ as viagens que queria.

PAULA: De qual viagem você mais gostou?

ANDRÉ: Gostei de (6) ______________.

PAULA: Mas, você não tem uma pequena preferência?

ANDRÉ: Na verdade, (7) ______________ o que fiz foi interessante. Mas, talvez tenha gostado mais de fazer ecoturismo.

PAULA: O que é ecoturismo?

ANDRÉ: Bem, não sei (8) ______________ sobre o assunto. Sei apenas que é uma forma de turismo que procura preservar o meio ambiente e a melhoria do bem-estar das populações locais.

PAULA: Isso me parece muito interessante. Em minhas próximas férias quero fazer ecoturismo.

Lição 13

Gender in Portuguese and Spanish: Changes in meaning

- There are a few words in Spanish that have two genders and two different respective meanings. Their Brazilian Portuguese equivalents sometimes have just one gender but still maintain the distinct meanings; in other cases, a non-cognate word assumes one of the meanings.

PORTUGUESE	SPANISH
o banco	**el banco**
O Banco Mundial tem 7.000 economistas trabalhando no mundo todo.	**El Banco** Mundial tiene 7.000 economistas trabajando en todo el mundo.
The World Bank has 7,000 economists working all over the world.	
os bancos	**la banca**
Os bancos entrarão em greve na segunda.	**La banca** hará huelga el lunes.
Banks/Banking sector will go on strike on Monday.	
o coma	**el coma**
O coma é um estado similar à anestesia.	**El coma** es estado similar a la anestesia.
Coma is a state similar to (being under) anesthesia.	
a vírgula	**la coma**
A vírgula é um sinal de pontuação.	**La coma** es un signo de puntuación.
Comma is a punctuation mark.	
o cometa	**el cometa**
O cometa Halley é grande e brilhante.	**El cometa** Halley es grande y brillante.
Halley's Comet is big and shines brightly.	
o papagaio	**la cometa**
As crianças empinam **os papagaios** na praia.	Los niños vuelan **las cometas** en la playa.
Children fly kites on the beach.	
a frente	**el frente**
Recebemos o relatório **da frente** da batalha.	Recibimos el informe **del frente** de la batalla.
We received the report from the battlefront.	
a testa	**la frente**
Sua mãe o beijou **na testa.**	Su madre lo besó en **la frente.**
His mother kissed him on the forehead.	
a margem	**el margen**
A margem da página é estreita.	**El margen** de la página es estrecho.
The page margin is narrow.	
a margem	**la margen**
A margem do rio é larga.	**La margen** del río es ancha.
The river margin is wide.	

Nome: ______________________________ Data: ____________________

PORTUGUESE	SPANISH
o guia	**el guía**
Onde está **o guia** da excursão?	¿Dónde está **el guía** de la excursión?
Where is the tour guide?	
o guia	**la guía**
Este livro é **um guia** excelente da cidade.	Este libro es **una guía** excelente de la ciudad.
This book is an excellent guide to the city.	
o trompete	**la trompeta**
O trompete é do músico.	**La trompeta** es del músico.
The trumpet belongs to the musician.	
o trompetista	**el trompeta**
O trompetista trabalha aqui.	**El trompeta** trabaja aquí.
The trumpet player works here.	

PS-29 Quero ir brincar. Complete a conversa entre Danielle e a mãe dela com palavras do quadro abaixo.

banco – coma – vírgula – cometa – papagaio – frente – testa – margem guia – trompete - trompetista

DANIELLE: Mamãe, hoje gostaria de empinar (1) ____________.

MÃE: Onde?

DANIELLE: Na (2) ____________ do rio.

MÃE: Mas, hoje você não tinha aula de (3) ____________?

DANIELLE: Tinha, sim. Mas, não quero mais ser (4) ____________. Quero ser pianista. Também pensei em trabalhar com turismo. Talvez ser (5) ____________ de excursões.

MÃE: Nossa! Quantas ideias diferentes. Enfim, tudo bem. Você pode ir brincar com a condição de me fazer um favor.

DANIELLE: Qual seria?

MÃE: Você precisaria ir ao (6) ____________ pegar dinheiro para mim.

DANIELLE: Tudo bem, mamãe. Mas, antes quero uma beijoca.

MÃE: Sim, sim. Uma beijoca na (7) ____________ e não na bochecha, não é mesmo?

DANIELLE: Claro que sim.

The future subjunctive

- While Portuguese has a very active future subjunctive, it is virtually disappearing in Spanish. In Spanish, the future subjunctive is limited to literary or judicial texts, whereas in Portuguese it is common in both formal and informal discourse. In Portuguese, the future subjunctive expresses a future action. In Spanish, the present subjunctive expresses both future and present actions. Compare the following examples.

PORTUGUESE	SPANISH	
(future subjunctive)	(present subjunctive)	
Quando **for** ao Brasil, quero fazer ecoturismo.	Cuando **vaya** a Brasil, quiero hacer ecoturismo,	*When I go to Brazil, I want to do ecotourism.*
Enquanto não **tiver** o visto não poderá viajar.	Mientras no **tenga** la visa no va a poder viajar.	*As long as he/she doesn't have a visa, he/she won't be able to travel.*
Logo que **chegarmos** ao hotel, ligaremos para você.	Tan pronto **lleguemos** al hotel, te llamaremos.	*As soon as we get to the hotel, we'll call you.*
Quero jantar depois que eles **saírem**.	Quiero cenar después que ellos **salgan**.	*I want to have dinner after they leave.*
Vou pedir-lhe quando **voltar** de viagem.	Voy a pedírselo cuando **regrese** del viaje.	*I'm going to ask him/her when he/she returns from the trip.*

PS-30 A reciclagem. Tia Maira está ensinando os sobrinhos dela a reciclarem materiais. Complete a conversa com formas apropriadas do futuro do subjuntivo.

TIA MAIRA: Crianças, quando vocês (1) ______________ (reciclar) o lixo, é importante saber as cores das latas.

PATRÍCIA: Com certeza, quando nós (2) ______________ (começar) a separar o lixo, vamos prestar muita atenção.

TIA MAIRA: Se vocês (3) ______________ (ter) alguma dúvida, o que farão?

DUDU: Assim que (4) ______________ (surgir) algum problema, vamos consultar a Internet.

TIA MAIRA: Aconselho-os a não fazer nada se não (5) ______________ (estar) convencidos de que conhecem os procedimentos.

PATRÍCIA: Não se preocupe demais, titia. Lembre-se que fizemos ecoturismo no último verão. Nosso guia nos ensinou muito sobre conservação ambiental. Mas, se (6) ______________ (precisar), certamente entraremos em contato com a senhora.

TIA MAIRA: Se (7) ______________ (querer), posso vir ajudá-los nas primeiras vezes.

DUDU: Não achamos que seja preciso. No entanto, sempre que (8) ______________ (estar) confusos, vamos ligar para a senhora.

TIA MAIRA: Estarei esperando. Assim que o telefone (9) ______________ (tocar), atenderei correndo.

PATRÍCIA: Puxa, titia. Como a senhora é estressada!

Nome: ______________________________ Data: ____________________

Lição 14

Correspondences in word formation: -dad/-dade

◆ Many Spanish nouns ending in **-dad** have Portuguese equivalents that end in dade. Complete a conversa entre Danielle e a mãe dela com palavras do quadro acima.

PORTUGUESE	SPANISH	
atividade	**actividad**	*activity*
adversidade	**adversidad**	*adversity*
capacidade	**capacidad**	*capacity*
comunidade	**comunidad**	*community*
dignidade	**dignidad**	*dignity*
diversidade	**diversidad**	*diversity*
especialidade	**especialidad**	*specialty*
facilidade	**facilidad**	*facility*
oportunidade	**oportunidad**	*opportunity*
realidade	**realidad**	*reality*
sociedade	**sociedad**	*society*
unidade	**unidad**	*unity*
verdade	**verdad**	*truth, verity*

PS-31 Os brasileiros. Fernanda é estudante de pós-graduação em Sociologia nos Estados Unidos e está entrevistando um importante sociólogo brasileiro. Complete a conversa deles com palavras da lista abaixo. Algumas palavras poderão ser usadas mais de uma vez.

atividade – adversidade – capacidade – comunidade – dignidade
diversidade – especialidade – facilidade – dificuldade – oportunidade
realidade – sociedade – unidade – verdade – igualdade

FERNANDA: Você acha que a (1) ______________ brasileira mudou nos últimos anos?

MARCOS: Na (2) ______________ acho que mudou muito. Mas ainda temos um longo caminho a percorrer.

FERNANDA: Você poderia dar exemplos concretos?

MARCOS: Por exemplo, não acredito que haja as mesmas (3) ______________ de estudo e trabalho para negros e brancos. Os negros enfrentam mais (4) ______________ que os brancos.

FERNANDA: Você acha que não existe democracia racial no país?

MARCOS: Devolvo sua pergunta com outra. Quem mora nas (5) ______________ pobres? Uma maioria de brancos ou de negros?

FERNANDA: é, entendo e concordo com sua posição. Realmente temos que repensar as relações raciais e procurar (6) ______________ para todos. é fundamental respeitar a (7) ______________. Obrigada pela entrevista. é sempre bom conversar com um especialista.

MARCOS: Veja bem, minha (8) ______________ não é exatamente a questão das relações raciais no Brasil. Mas, é claro que todo sociólogo reflete bastante sobre esse assunto. Finalmente, quero insistir no fato de que não devemos ficar totalmente pessimistas. A (9) ______________ brasileira tem dado passos minúsculos nessa área, mas tem progredido. Também, infelizmente, há retrocessos.

The past participle and the past perfect

- Past participles are very similar in Portuguese and in Spanish. However, there are three Portuguese verbs—**trair** (*to betray*), **pagar** (*to pay*), and **gastar** (*to spend*)—whose participles have different meanings in Spanish.

PORTUGUESE		SPANISH	
traído	*betrayed*	**traído**	*brought*
pago	*paid*	**pago**	*payment*
gasto	*worn*	**gasto**	*expense*

- The past perfect is also very similar in Portuguese and in Spanish. In Portuguese, however, the auxiliary **ter** is used in addition to **haver.** In fact, **ter** is much more common in spoken Portuguese, while **haver** tends to be used primarily in writing.

Eu **tinha falado** com eles antes de chegar.
Eu **havia falado** com eles antes de chegar.
Yo **había hablado** con ellos antes de llegar. *I had spoken with them before arriving.*

VAMOS PRATICAR

PS-32 Um confronto. Complete a conversa entre o chefe e o administrador de uma empresa com particípios passados dos verbos entre parênteses.

CHEFE: Você pagou os funcionários?

ADMINISTRADOR: Os funcionários foram (1) _______________ (pagar) na semana passada. Você já tinha (2) _______________ (trazer) esta questão para discutirmos ontem. Não entendo porque continua com este assunto como se fosse um disco quebrado.

CHEFE: Paulo, parece que você não entende. Eu já lhe repeti mil vezes que no passado fui (3) _______________ (trair) por um funcionário.

ADMINISTRADOR: Sim, sim. A velha história. Ele disse que tinha (4) _______________ (pagar) os funcionários e não pagou. Em resumo, você foi (5) _______________ (roubar).

CHEFE: Exatamente. E, além disso, muito dinheiro foi (6) _______________ (gastar) para pagar os advogados que trabalharam no caso.

ADMINISTRADOR: Bem, você tem razão. Mas, agora o caso é diferente. Já nos conhecemos há muitos anos. Você se lembra de quando fomos (7) _______________ (apresentar) por um amigo comum?

CHEFE: é claro que sim. Além disso, você é (8) _______________ (conhecer) nos meios profissionais como uma pessoa honestíssima. Você tem uma reputação inquestionável. Desculpe-me, mas fiquei (9) _______________ (traumatizar) com o caso.

ADMINISTRADOR: Deixa isso pra lá. Hoje temos uma agenda cheia. Vamos discutir o que interessa.

CHEFE: Concordo.

Nome: ______________________________ Data: ____________________

Lição 15

Correspondences in word formation: diminutives

- The Portuguese diminutive endings **-inho(a)** and **-zinho(a)** correspond to the Spanish endings **-ito(a)** and **-cito(a).**

PORTUGUESE	SPANISH
agorinha	**ahorita**
amorzinho	**amorcito**
avozinha	**abuelita**
beijinho	**besito**
bonequinha	**muñequita**
cafezinho	**cafecito**
casinha	**casita**
dorzinha	**dolorcito**
elefantinho	**elefantito**
irmãozinho	**hermanito**
lugarzinho	**lugarcito**
pequenininho	**pequeñito**
pobrezinho	**pobrecito**

PS-33 Uma conversa. Complete o diálogo com os diminutivos da lista abaixo. Algumas palavras podem ser usadas mais de uma vez.

agorinha – amorzinho – avozinha – beijinho – bonequinha – cafezinho – casinha dorzinha – elefantinho – irmãozinho – lugarzinho – pequenininho – pobrezinho

MÃE: Gabriela, meu (1) ________________ vem aqui, por favor.

FILHA: Precisa ser (2) ________________?

MÃE: Precisa, sim, minha (3) ________________. Vamos à casa de sua (4) ________________.

FILHA: Posso levar minha (5) ________________? E o meu (6) ________________, ele também vai?

MÃE: O Cauê está com uma (7) ________________ de cabeça. Então, ele vai ficar aqui em casa dormindo. O papai vai ficar com ele.

FILHA: Ah (8) ________________! Não sabia que ele estava com dor.

MÃE: Não se preocupe. Já o levei ao médico e está tudo bem.

The personal infinitive

- The personal infinitive exists in Portuguese but not in Spanish. The personal infinitive is often used in Portuguese where a subjunctive would be commonly used in Spanish.

PORTUGUESE	SPANISH	
É preciso **fazermoss** investimentos em tecnologia.	Es necesario **que hagamos** inversiones en tecnología.	*It is necessary that we make investments into technology.*
É melhor **virem** trabalhar em nosso laboratório.	Es mejor **que vengan** a trabajar en nuestro laboratorio.	*It is better that they come to work in our lab.*
Eu pedi para eles não **comprarem** nada *on-line.*	Les pedí **que no compraran** nada en línea	*I asked them not to buy anything online.*
Vão fazer pesquisas até **descobrirem** a cura.	Van a hacer investigaciones hasta **que descubran** la cura.	*They will conduct research until they discover the cure.*

PS-34 É difícil encontrarmos tempo para tudo. Complete o diálogo entre Lelê e Lucas, dois estudantes de Engenharia Aeroespacial, com formas apropriadas do infinitivo pessoal dos verbos entre parênteses.

LELÊ: Seria ótimo nós (1) ______________ (conseguir) uma entrevista para (2) ______________ (trabalhar) no Centro de Pesquisas Espaciais.

LUCAS: Seria mesmo. Mas, antes de eles nos (3) ______________ (chamar), precisamos estar preparados.

LELÊ: Concordo. é melhor você e eu (4) ______________ (fazer) uma pesquisa para saber mais sobre os trabalhos que eles desenvolvem.

LUCAS: Será difícil (5) ______________ (encontrar) tempo para fazer essa pesquisa. Já temos que estudar tanto para os exames finais.

LELÊ: Vamos ter que ficar acordados até (6) ______________ (terminar) de estudar para o exame de amanhã.

LUCAS: Mas, podemos ficar só até umas três porque o exame é às oito. é melhor não (7) ______________(abusar) de nossa energia.

LELÊ: Você tem razão. é pior (8) ______________ (gastar) toda nossa energia na preparação e (9) ______________ (ir) mal no exame.

LUCAS: Mas, depois do exame, vamos preparar nossa entrevista.

LELÊ: Combinado.